Traumdeutung – Das Praxisbuch

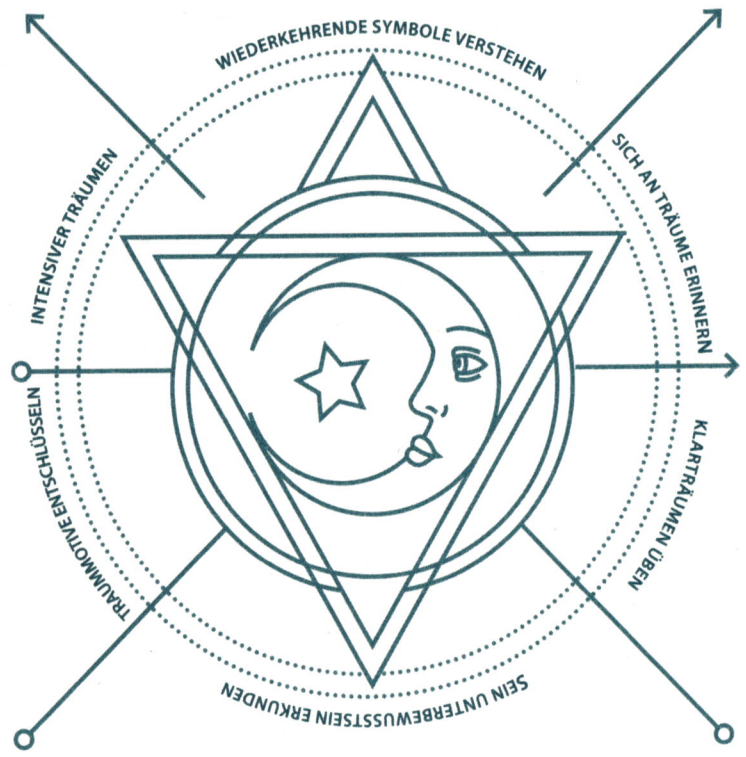

WIEDERKEHRENDE SYMBOLE VERSTEHEN

INTENSIVER TRÄUMEN

SICH AN TRÄUME ERINNERN

TRAUMMOTIVE ENTSCHLÜSSELN

KLARTRÄUMEN ÜBEN

SEIN UNTERBEWUSSTSEIN ERKUNDEN

Traumdeutung

Das Praxisbuch

Aus dem Englischen von
Yvonne Eglinger

Anaconda

Lizenzausgabe mit freundlicher Genehmigung.
Titel der amerikanischen Originalausgabe:
How to Interpret Dreams. A Practical Guide. Avon, MA: Adams Media
Copyright © 2017 by Simon & Schuster, Inc.

Penguin Random House Verlagsgruppe FSC® N001967

Die Deutsche Nationalbibliothek verzeichnet diese Publikation in
der Deutschen Nationalbibliografie; detaillierte bibliografische Daten
sind im Internet unter http://dnb.d-nb.de abrufbar.

© dieser Ausgabe 2018, 2021 by Anaconda Verlag, einem
Unternehmen der Penguin Random House Verlagsgruppe,
Neumarkter Straße 28, 81673 München
Alle Rechte vorbehalten.
Umschlagmotiv und Innenillustrationen:
© 123RF/Daria Solomennikova
Umschlaggestaltung: Druckfrei. Dagmar Herrmann, Bad Honnef,
nach der Titelgestaltung der amerikanischen Originalausgabe von
Stephanie Hannus
Satz und Layout: InterMedia – Lemke e. K., Heiligenhaus
Druck und Bindung: CPI books GmbH, Leck
Printed in Czech Republic
ISBN 978-3-7306-0572-1
www.anacondaverlag.de

Inhalt

Einleitung

Jeder Mensch träumt. Träume sind wichtig für unser seelisches Wohlbefinden. Aber was wollen sie uns sagen? Dieses Buch wird Ihnen dabei helfen, sich an Ihre Träume zu erinnern und deren Bedeutung zu entschlüsseln. Hier finden Sie vielfältige Anregungen, von Erklärungen zu Freuds und Jungs Traumdeutungstheorien bis hin zum gelenkten Träumen, wie es Schamanen und andere Mystiker praktizieren. Vor allem bekommen Sie die Hilfsmittel an die Hand, um Ihre eigenen Träume zu deuten und dadurch tief in Ihr Innerstes vorzudringen.

Durch Träume will uns unser Verstand oftmals Dinge mitteilen, die dem Bewusstsein nicht direkt zugänglich sind. Ein Traum kann tief aus dem Unterbewusstsein schöpfen und lange verschüttete Erinnerungen und Gefühle zurück an die Oberfläche holen. Träume sind zudem häufig Ausdruck von etwas Schöpferischem. Beim Träumen sprengen wir die Fesseln des Verstandes und können vieles, was im wachen Zustand ganz undenkbar wäre: fliegen, unsichtbar werden oder an sonderbare Orte reisen.

Wenn Ihnen die verschiedenen Traumsymbole vertrauter geworden sind (eine ausführliche Übersicht bietet Teil IV dieses Buchs), wird es Ihnen leichter fallen, Ihre Träume zu verstehen und Muster wiederzuerkennen, denn manche Symbole tauchen häufiger auf als andere. In Ihrem Traumtagebuch sollten Sie nicht nur den Inhalt Ihrer Träume festhalten, sondern auch über mögliche Deutungen nachdenken.

Machen wir uns also jetzt auf die Reise durch die außergewöhnliche und faszinierende Welt Ihrer eigenen Traumlandschaft.

Teil 1

Traumdeutung – erste Schritte

Kapitel 1

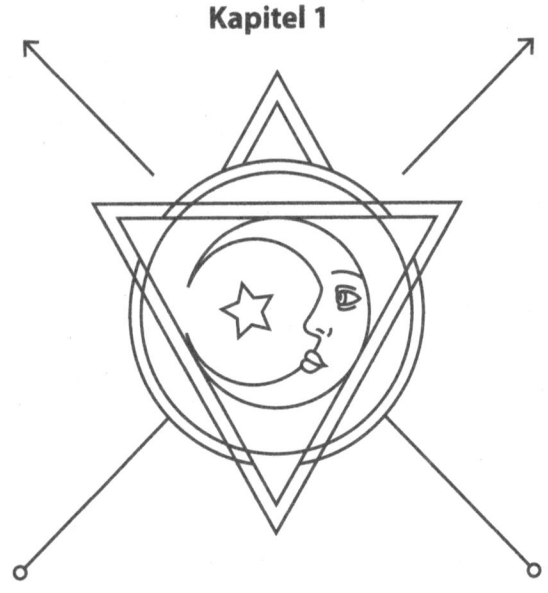

Grundlagen der Traumdeutung

Unsere Träume sind wohl das spannendste Thema, mit dem man sich befassen kann. Sie sind für jeden Menschen einzigartig, und doch schaffen sie für uns alle eine Verbindung zu den Randbereichen unserer Seele und darüber hinaus. Alle Menschen, gleich welcher Herkunft, Sprache oder Religion, träumen. Fraglos haben Träume einen tieferen Sinn. Aber was genau bedeuten sie?

Träume verstehen

Die zahlreichen Traumtypen lassen sich klassifizieren. Allerdings kann ein einzelner Traum eine Kombination aus zwei oder sogar drei Traumtypen sein. Wie soll man sie also unterscheiden? Es gibt fünf Hauptgruppen von Träumen:

- Entlastungsträume
- Wunschträume
- Wahrträume (Prophezeiungen) mit einer Botschaft
- Astralträume
- Problemlösende Träume

Im Verlauf Ihrer Lektüre werden Sie mehr über das Wesen und den Ursprung von Träumen erfahren. Sie werden feststellen, dass die Klassifizierung der wichtigste Schritt ist, um Ihre Träume besser zu verstehen.

Wir alle träumen

Studien haben gezeigt, dass jeder Mensch träumt und dass auch viele Tiere träumen – sogar Haustiere! Alle Vögel und Säugetiere träumen. Erstaunlich: Kaltblüter sind die einzigen Wirbeltiere, die es nicht tun.

Entlastungsträume

Sorgen, Unsicherheit, Enttäuschungen und Ängste lassen sich im wachen Zustand oft nicht richtig mitteilen und drängen doch danach, Gehör zu finden. Kummer, Anliegen und Zweifel, die das Bewusstsein überfordern, wandern geradewegs ins Unbewusste und kommen in Entlastungsträumen zum Ausdruck. Entlastungsträume sind üblicherweise konfus. Sie folgen keinem logischen Verlauf und lassen sich häufig als Albträume klassifizieren. Wenn Sie im Traum von etwas Bösem gejagt werden oder davor fliehen müssen, erleben Sie in der Regel einen Entlastungstraum. Fachleute sind der Ansicht, dass das Ungeheuer oder der Dämon, vor dem Sie davonlaufen, eigentlich Sie selbst sind. Wollen Sie, dass der Entlastungstraum, dieser Albtraum, verschwindet? Gehen Sie das

Problem an, das Sie belastet, und die bösen Geister werden Sie fortan in Ruhe lassen.

Wunschträume

Viele Menschen verwechseln Wunschträume mit prophezeienden Wahrträumen, weil Wunschträume eine noch bevorstehende Phase des Lebens abzubilden scheinen. Der Träumende fragt sich unweigerlich, ob sein Traum bald Wirklichkeit werden könnte. Aber das ist bei Wunschträumen nicht der Fall. Ein Wunschtraum versetzt Sie in eine Situation, die Sie sich zuvor möglicherweise vorgestellt oder erträumt haben. Sie könnten zum Beispiel davon träumen, im Lotto zu gewinnen oder wie erhofft befördert zu werden.

Ein gutes Merkmal zur Unterscheidung von Wunschträumen und Wahrträumen lautet: Wahrträume haben immer eine sinnvolle Reihenfolge. Die Vorgänge im Traum vollziehen sich so wie im echten Leben. Wenn Ihr Traum dagegen ungeordnet wirkt und keinen rechten Sinn ergibt, handelt es sich eher nicht um einen Wahrtraum.

Wahrträume (Prophezeiungen) mit einer Botschaft

Prophetische Wahrträume laufen schlüssig ab, die Ereignisse haben eine kausale Abfolge. Interessant: Man muss keineswegs über hellseherische Fähigkeiten verfügen, um einen Wahrtraum zu träumen. Im Gegenteil erleben viele Menschen, die im Wachzustand für Übernatürliches empfänglich sind oder stark auf Eingebungen reagieren, niemals einen Wahrtraum, während Menschen ohne außersinnliche Veranlagung durchaus in dieser Weise träumen. Wahrträume können verwirrend sein, da sie oftmals eine Warnung enthalten, ohne dass der Träumende genügend Informationen erhält, um entsprechend vorbeugen zu können. Haben Sie Geduld, wenn Ihnen so etwas widerfährt. Bitten Sie am nächsten Abend unmittelbar vor dem Einschlafen laut um weitere Hilfe, und auch am übernächsten, bis es Wirkung zeigt. Nehmen Sie Ihre Träume grundsätzlich ernst. Irgendwann wird es sich auszahlen.

Astralträume

Ob wir uns daran erinnern oder nicht, wir alle haben Astralträume oder »Begegnungen«, wie sie auch genannt werden. Geliebte Verstorbene und persönliche Seelenführer, die uns bei wichtigen Entscheidungen beistehen, begegnen uns manchmal im Schlaf. Da die Traum- und Geisterwelt weder zeitlich noch räumlich eingeschränkt ist, finden wir uns vielleicht träumend in Paris wieder und spazieren mit einem alten Freund, der schon vor Jahren gestorben ist, am Ufer der Seine entlang oder liefern uns mit unserem Urgroßvater eine Schneeballschlacht.

Astralträume lassen sich anhand von zwei Merkmalen gut identifizieren. Erstens: Was in Astralträumen geschieht, vollzieht sich wie im Wahrtraum in plausibler Reihenfolge. Zweitens: Geister sind von Natur aus zufrieden mit ihrer Lage und möchten Ihnen das auch vermitteln. Wenn Sie aus irgendeinem Grund den Eindruck haben, dass ein Geist böse ist oder auch nur traurig oder wütend, dann vermischen Sie vermutlich einen Entlastungstraum mit einer astralen Begegnung.

Lassen Sie Astralträume zu

Wenn Sie eine astrale Begegnung mit einem geliebten Verstorbenen haben, kann sich ein Entlastungstraum dazwischenschalten. Aus Angst, Trauer oder Entsetzen weisen wir die Person im Traum möglicherweise zurück, auch wenn sie uns bloß mitteilen möchte, dass es ihr gut geht. Geister sind grundsätzlich glückliche Wesen! Furcht hat nur der Träumende.

Problemlösende Träume

Sind Sie schon einmal grübelnd ins Bett gegangen und mit einer klaren Lösung für Ihr Problem wieder aufgewacht? Es heißt nicht umsonst, dass man manchmal »eine Nacht drüber schlafen« sollte. Oft kennt unser Unterbewusstsein bereits die Antwort auf eine Frage und fördert sie schneller zutage als der wache Verstand. Mehr noch: Astral- und problemlösende Träume können verschmelzen und uns Dinge aufzeigen, von denen unser Bewusstsein noch gar keine Kenntnis hatte. Ob wir uns daran erinnern oder nicht, so manches Wissen verdanken wir Quellen außerhalb unseres Selbst – astralen Begegnungen. Zum Beleg schauen Sie sich doch nur einmal die vielen genialen Köpfe an, die rein »zufällig« im Traum eine Eingebung hatten.

Produktiv geträumt

Wussten Sie, dass der berühmte Künstler Paul Gauguin in seinen Gemälden Traumbilder wiedergegeben hat, oder dass Albert Einstein die Relativitätstheorie nach einer Vision niederschrieb, die ihn im Schlaf ereilte? Edisons Glühbirne und Mendelejews Periodensystem sind ebenfalls von Träumen inspiriert. Alles Zufall? Sicher nicht!

Träume auf Zelluloid

Auch Hollywood wurde durch Traumvisionen beeinflusst. Viele Stars der Filmgeschichte haben sich von nächtlichen Eingebungen anregen lassen. Verlässlichen Quellen zufolge wurde Ingmar Bergmans Film *Schreie und Flüstern* durch einen Traum inspiriert.

Die Geschichte des Traums steckt selbst voller spannender Geschichten wie der folgenden, die belegt, wie fruchtbar unserer nächtlichen Eingebungen sein können: Der Physiker Niels Bohr träumte, dass Planeten an Fäden um die Sonne kreisen.

Daraufhin entwickelte er seine Theorie über die Bewegung der Elektronen – et voilà: Das Atommodell war geboren. Richard Bach, der Autor von *Die Möwe Jonathan*, erträumte buchstäblich die zweite Hälfte seines Buchs, und zwar acht Jahre, nachdem er den ersten Teil verfasst hatte.

Der englische Dichter Samuel Taylor Coleridge nickte eines Nachmittags ein, nachdem er Opium als Schmerzmittel eingenommen hatte. Die letzten Worte, die er vor dem Einschlafen las, lauteten: »Hier ließ der Khan Kubla einen Palast errichten.« Drei Stunden später erwachte Coleridge mit Hunderten Gedichtzeilen im Kopf. Rasch schrieb er die ersten Verse von *Kubla Khan: or, A Vision in a Dream* nieder:

> *Khan Kubla baut' in Xanadu*
> *Den Freudendom, so hoch und hehr,*
> *Wo Alph, das heil'ge Wasser, drang*
> *Durch unermess'nen Höhlengang,*
> *Tief in ein sonnenloses Meer.*[1]

Nachdem Coleridge vierundfünfzig Verse zu Papier gebracht hatte, störte ihn ein Besucher, und als er sich eine Stunde später wieder an die Arbeit machen wollte, war die Inspiration dahin »wie Spiegelungen auf einem fließenden Strom«. Träume sind flüchtig – man muss sie aufschreiben.

Schreiben Sie Ihre Träume nieder

Schlaf- und Traumforschern zufolge haben wir zehn Minuten nach dem Aufwachen knapp 90 Prozent unserer Träume bereits wieder vergessen. Deshalb ist es so wichtig, sie sofort festzuhalten!

Ein kurzer Blick in die Geschichte

Die alten Ägypter versuchten, Träume als Prophezeiungen zu deuten. Ein Traumbuch aus Papyrus, das wohl aus dem 15. Jahrhundert v. Chr. stammt, erläutert eine Reihe von Traumsymbolen. Wenn zum Beispiel jemand träumte, dass ihm die Zähne ausfallen, planten seine Verwandten, ihn zu ermorden.

Im alten Griechenland galten Träume als Bindeglied zu höheren Mächten. Menschen legten sich mit Schlangen in Tempeln schlafen und hofften auf Heilungsträume, da die Tiere für sie Heilung symbolisierten. Im 2. Jahrhundert n. Chr. galt der griechische Wahrsager Artemidor als überaus fähiger Traumdeuter (der selbst noch von Sigmund Freud bewundert wurde). Artemidors Bücher über Träume wurden jahrhundertelang weitergegeben und sogar zur Zeit der frühen Aufklärung im 18. Jahrhundert noch konsultiert.

Dabei hatten große Denker der Renaissance bereits zuvor die Bedeutsamkeit von Träumen bestritten. Obwohl er Hamlet wortreich über das Wesen der Träume reden ließ, nannte Shakespeare sie auch »Kinder eines müßgen Hirns«. Für den Dichter John Dryden waren sie eine Folge von Verdauungsbeschwerden und Blutinfektionen. Diese grundsätzliche Skepsis Träumen gegenüber hielt sich bis ins 19. Jahrhundert, als man sie als Folge äußerer Reize zu deuten begann. Der aufs Dach trommelnde Regen galt zum Beispiel als Auslöser für den Traum von einem einstürzenden Hausdach. Abgesehen von solch sehr direkten Umsetzungen sprach man Träumen keinen tieferen Sinn mehr zu. Doch dann kam Freud. (Zu Freuds Traumdeutung, s. Kapitel 2.)

Oneiromantie

Oneiromantie, die Weissagung durch Träume, soll ursprünglich von den Römern betrieben worden sein. Sie glaubten, dass Traumereignisse ebenso wahr seien wie Warnzeichen im echten Leben.

Achtung, Prophezeiung!

Wie lassen sich die Informationen entschlüsseln, die einem im Wahrtraum übermittelt werden? Oft kommt in Träumen eine Zahl vor, aber man weiß nicht, ob es sich um ein Datum, eine sonstige Zeitangabe oder gar um einen Geldbetrag handelt. Zur Erinnerung: Sofern Ihr Unterbewusstsein nicht einen Wahrtraum mit einem (durch Angst oder Sorge verursachten) Entlastungstraum kombiniert, ist der Wahrtraum normalerweise farbig und hat eine plausible Abfolge. Hier eine kleine Auswahl von Verfahren zum Deuten von Traumsymbolen.

Metaphern
Die Metapher als Stilmittel kombiniert Begriffe aus verschiedenen Bedeutungszusammenhängen, sie meint etwas »im übertragenen Sinn«. »In Arbeit versinken« ist eine Metapher. Wenn Sie in einem Trauminhalt etwas als Metapher erkennen, kann Ihnen das helfen, den Sinn eines auf den ersten Blick verwirrenden Bildes zu durchschauen.

Auf die Deutung kommt es an
»Alle Träume nutzen dem Menschen, so er sie nur richtig zu deuten versteht.« (Edgar Cayce) Bedeutsame Traummetaphern können zum Beispiel sein: »im Dunkeln« (ein Geheimnis oder eine vor Ihnen verborgene Wahrheit) oder »stürmische See« (die oft auf eine Beziehung kurz vor dem Scheitern verweist).

Ein Beispiel: Eine Frau, die vor dem Zubettgehen Tarotkarten gelegt hatte, träumte, dass sie einen Holzstiel, der eine Zimmerpflanze aufrecht hielt, gegen einen neuen austauschen wollte. Doch der neue Stiel ließ sich nicht in die Erde stecken. Da schob sich eine Hand in ihr Sichtfeld und hielt ihr eine bunte Tarotkarte hin – Die Kraft –, die sie zusammen mit dem Stiel mühelos in die Erde steckte. Die Pflanze schmiegte sich sogleich an ihre neue Stütze und die Frau betrachtete zufrieden ihr Werk. Sie spürte, dass der ausgetauschte Stiel eine Metapher dafür war, dass ihr schon bald eine Veränderung ihres »Stils« bei der Verrichtung bestimmter Aufgaben bevorstand, daher der »Stielwechsel«. Die Kraft-Karte zeigte an, dass sie die nötige Energie besaß, um diesen Wandel erfolgreich zu vollziehen. Tief im Innern wusste sie, dass sie bereit dazu war.

Wortspiele

Eine weitere Methode zum Entschlüsseln von Bedeutungen ist die Suche nach möglichen Wortspielen. Ein Traum von Bob Hope, der einer lebensgefährlichen Situation entrinnt, mag einem haarsträubend und seltsam erscheinen. Nimmt man die Traumelemente jedoch als eine Art Wortspiel, ergibt sich eine Botschaft: Die Hoffnung (englisch: *Hope*) stirbt zuletzt. Taucht in Ihren Träumen ein abwegiges Bild oder eine vollkommen beliebig erscheinende Person auf, könnte die Suche nach Wortspielen die wahre Bedeutung enthüllen.

Archetypen: alt und adaptiert

Ein Archetyp ist ein Symbol oder Motiv, das einer allen Menschen gemeinsamen Seelenschicht entspringt. C. G. Jung nannte diese Schicht das kollektive Unbewusste. Er glaubte, dass wir den Symbolen und Motiven unsere ganz persönliche Prägung verleihen. Archetypen sind in Mythologie, Brauchtum und Religion weit verbreitet. Ein bekanntes Motiv der Mythologie ist der Held, der auch in modernen Medien wie dem Film in Erscheinung tritt.

Ob er nun Apoll, König Artus oder Luke Skywalker heißt, der Held folgt einem klaren Muster: Zunächst reißt ihn etwas aus seinem bisherigen Leben – Joseph Campbell hat das den »call to adventure« genannt. Im Fall von Luke Skywalker werden seine Tante und sein Onkel ermordet. Daraufhin begibt sich der Held auf eine Selbstfindungsreise, bei der er Bösewichten und Katastrophen trotzen und Prüfungen bestehen muss, um daran zu wachsen und eine besondere Kraft in sich zu entdecken. Für Luke ist dieses Erweckungserlebnis der Zugang zur Macht.

Archetypen bedeuten Wandel

Der Held erreicht natürlich immer sein Ziel. Luke Skywalker rettet das Universum vor Darth Vaders Reich des Bösen und entdeckt seine wahre Herkunft. Doch das Ziel bedeutet keineswegs das Ende der Reise; mit seiner neu erworbenen Weisheit muss der Held nun ins normale Leben zurückkehren, um seinen Mitmenschen zu dienen. Luke erreicht dies, indem er zum Jedi-Meister wird und sein Wissen weitergibt.

Wenn Ihnen im Traum ein Archetyp begegnet, werden Sie ihn vielleicht nicht bewusst als solchen erkennen, aber er wird in Ihrem Innern ein Gefühl der Stimmigkeit, einen »Klick« auslösen.

Im folgenden Traum springt die archetypische Figur die Träumerin buchstäblich an:

Ich betrete ein Zimmer mit vier Türen und einer Art Podium in der Mitte, auf dem ein wasserspeierartiger Teufel sitzt. Das Zimmer ist lichtdurchflutet. Ich empfinde keine Angst. Ich gehe durch das Zimmer, schließe drei der Türen, trete dann durch die vierte und ziehe sie hinter mir zu. Jetzt bin ich in einem Raum mit kleineren Wasserspeierwesen. Mit einem Mal verwandeln sie sich in Menschen. Ich sehe noch einmal nach dem großen Wasserspeier in dem anderen Zimmer, und auch er verwandelt sich in einen Menschen.

Im Leben der Bibliothekarin Vicki gingen zum Zeitpunkt dieses Traums grundlegende Veränderungen vor sich. Sie löste sich von ihrem alten Selbst, das sie als das Klischee einer oberlehrerhaften grauen Maus beschrieb. Die neue Vicki entdeckte ganz andere Seiten an sich, tiefer liegende Bereiche ihrer Persönlichkeit, denen sie bisher immer mit Angst begegnet war. Der Traum ergab in ihren Augen einen eindeutigen Sinn und war für sie leicht zu entschlüsseln.

Klassische Archetypen

Was könnten weitere klassische Archetypen in Ihren Träumen sein? Wasser oder ein Hund stehen oft für Ihre Mutter. Die Sonne kann Ihren Vater darstellen. Ein Baum könnte für Ihren Verstand stehen. Eine Schlange kann auf Sexualität oder Heilung verweisen.

Das Podium im Zimmer war ein Altar und der Wasserspeier der Teufel – Ausdruck der Untiefen von Vickis Persönlichkeit. Dass das Zimmer von Licht durchflutet wurde, war bedeutsam für sie. Um als Mensch ganz zu sich zu finden, erhellte sie ihre dunkle Seite. Dass alle Wasserspeier sich in Menschen verwandelten, war Ausdruck dafür, dass wir alle unsere dunklen Seiten haben, in die wir Licht bringen sollten.

Woran glauben Sie?

Archetypen verweisen stets auf eine tiefere Bedeutungsebene. Versuchen Sie immer, den größeren Zusammenhang zu erkennen, bevor Sie sich den Details widmen. Nachdem Sie die übergeordnete Bedeutung eines Archetyps bestimmt haben, überlegen Sie, was Sie in Bezug auf diese Bedeutung empfinden.

Das Schlangensymbol

Lesen Sie den folgenden Bericht und fragen Sie sich, wie Sie selbst auf einen solchen Traum reagieren würden. Bevor Sie sich die Deutung des Traums ansehen, versuchen Sie ihn zunächst für sich zu entschlüsseln und zu erklären, warum die Person ihn geträumt haben könnte. Dieser Traum heißt »Schlangen«:

> *Ich gehe durch hohes Gras, das mir bis zu den Knien reicht und an ihnen entlangstreift. Ringsum höre ich Geraschel und laufe schneller, weil ich die freie Fläche ein Stück vor mir erreichen will. Ich weiß, dass das Rascheln von Schlangen stammt.*
>
> *Das Geraschel wird lauter, wie das Lärmen tausender Grillen, die nach Regen lechzen. Ich fange an zu rennen. Ich renne noch, als ich die Freifläche erreiche und geradewegs in ein Schlangennest gerate. Sie sind überall, winden und schlängeln sich und klappern leise. Aber noch schlimmer als die Schlangen ist die Erkenntnis, dass ich barfuß bin und ihnen nur entkommen kann, wenn ich durch sie hindurchgehe. Also laufe ich los. Und ich schaffe es durch das Schlangennest, ohne gebissen zu werden.*

In der griechischen und römischen Antike waren Schlangen das Symbol der Heilkunst. In der Bibel verkörpert die Schlange Versuchung und verbotenes Wissen. Im Märchen ist sie häufig eine Schwindlerin – weise, aber arglistig. Das uralte Bild der Schlange, die sich selbst in den Schwanz beißt, steht für die Natur, die sich aus sich selbst erneuert. C. G. Jung hielt Schlangen für archetypisch, ihm zufolge symbolisieren sie ein Bewusstsein für die zentralen Kräfte des Lebens und der Natur.

Individuelle Symbole

Achten Sie stets darauf, was ein Symbol für Sie persönlich bedeutet. Eine Möwe kann für Freiheit, Unabhängigkeit, Frieden und Hoffnung stehen. Wenn Sie jedoch Angst vor Vögeln haben oder die Tiere einfach nicht ausstehen können, nützen Ihnen die besten Traumbücher nichts. Beziehen Sie jede Situation und jedes Symbol auf sich selbst.

Die Frau, die den oben beschriebenen Traum hatte, löste sich gerade von ihrer katholischen Herkunft. Sie wollte sich mit Dingen befassen, die ihre Religion nicht duldete. Daher musste sie ihre Ansichten und Gefühle zum Zeitpunkt des Traums in Beziehung zum geträumten Archetyp setzen.

Sie deutete den Traum in dem Sinne, dass sie durchaus Angst hatte vor den möglichen Folgen ihrer Suche, sie jedoch alles unbeschadet überstehen würde. Sie empfand den Traum als Bestätigung ihrer Überzeugung, dass ihr Vorhaben ein notwendiger Schritt in ihrer Persönlichkeitsentwicklung sei.

Zugleich sah sie den Traum auf einer ganz anderen Ebene als Verweis auf die Situation an ihrem Arbeitsplatz, wo sie sich wie »von Schlangen umgeben« fühlte – eine Metapher, die auf böswilliges Getratsche hindeutete. Da die Schlangen im Traum sie nicht bissen, ging sie davon aus, jede üble Nachrede unbeschadet zu überstehen.

Wenngleich die Schlange als archetypisches Symbol gilt, bezog sich die Hauptbedeutung für diese träumende Frau unmittelbar auf ihren Alltag. Sie brauchte keinen Psychologen, der ihr den Traum aufschlüsselte. Nachdem sie sich an ihn erinnert und ihn aufgeschrieben hatte, machte die Metapher in ihr »klick«. Sie wusste, worauf der Traum verwies. Hören Sie also immer auf Ihr Bauchgefühl, wenn Sie Träume ausdeuten, so finden Sie die richtige Erklärung. Versprochen.

Kapitel 2

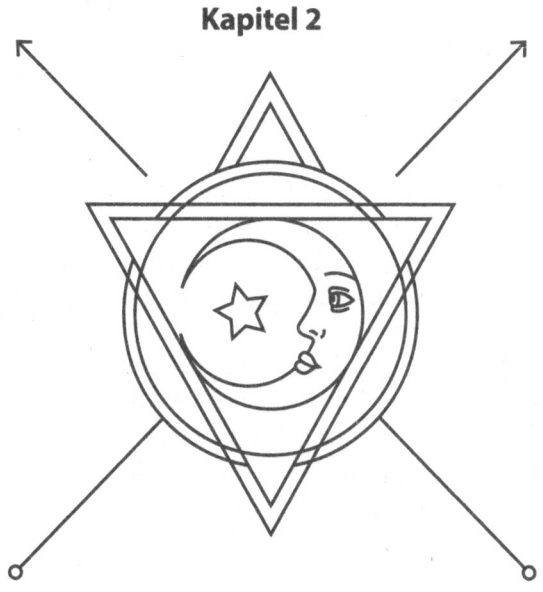

Warum träumen wir?

Etwa ein Drittel unserer Lebenszeit verbringen wir schlafend. In fünfundsiebzig Lebensjahren verschlafen wir also etwa fünfundzwanzig Jahre. Das ist eine ganze Menge Zeit zum Träumen! Und doch hat die Wissenschaft erst seit recht kurzer Zeit ein besseres Bild von den Vorgängen und dem Zweck unserer Träume.

Realität oder Fantasie: Grundlegendes zum Schlaf

In rund 20 Prozent unserer Schlafenszeit träumen wir. Im Leben eines durchschnittlichen Menschen ereignen sich weit über 100.000 Träume. In einer normalen Nacht durchläuft man vier Phasen, die sich durch die Frequenz der Gehirnwellen, die Augenbewegungen und die Muskelanspannung unterscheiden lassen:

- **Beta:** Sie sind noch wach.
- **Alpha:** Sie sind entspannt, haben die Augen geschlossen und befinden sich zwischen Wachen und Schlafen. Jetzt können Sie in die REM-Phase eintreten (REM steht für Rapid Eye Movement, also schnelle Augenbewegungen).
- **Theta:** Sie schlafen und befinden sich dabei eventuell noch in der REM-Phase.
- **Delta:** Sie schlafen tief, tiefer als in der REM-Phase und zu tief für Träume.

Die Beta-Phase

In dieser ersten Schlafphase verändert sich die Hirnfrequenz: Die Beta-Wellen des normalen, wachen Geistes gehen in Alphawellen zwischen acht und zwölf Hertz über. Puls, Blutdruck und Körpertemperatur sinken leicht. Die Muskeln entspannen sich allmählich und Sie erleben wechselnde Gefühlszustände. Hypnagoge »einschläfernde« Bilder – Traumszenen, die häufig mit den letzten Gedanken vor dem Eindämmern zu tun haben – können nun in rascher Folge vor Ihrem inneren Auge vorbeiziehen. Diese Bilder wirken oft psychedelisch-grell. Trotz ihrer Kürze können diese Szenen ebenso aussagekräftig und bedeutsam sein wie längere Träume in tieferen Schlafphasen.

Die hypnagoge Phase

Die hypnagoge Phase zwischen Wachen und Schlafen bezeichnet neben dem Einschlafen auch die Zeit des Aufwachens, wenn wir uns wieder von unseren Träumen lösen. In dieser Phase sehen wir bisweilen halluzinatorische Bilder.

Die Alpha-Phase

In der zweiten Schlafphase, der Alpha-Phase, verstärkt sich das Gefühl des Forttreibens und Sie fallen in einen sanften Schlummer. Nun treten auch Theta-Wellen in Ihrer Hirnwellenstruktur auf, die sich durch rasche Ausschläge der Hirnaktivität auszeichnen. Auf einem Elektroenzephalogramm (EEG) bilden diese Wellen ein stetiges Auf und Ab und gelten als Kennzeichen echten Schlafs. Menschen, die man während dieser Phase weckt, behaupten allerdings, gar nicht geschlafen, sondern nur »nachgedacht« zu haben.

In der Alpha-Phase treten die meisten Träume auf. Sie können jemandem beim Träumen buchstäblich zusehen, da sich seine Augen hinter den Lidern rasch hin und her bewegen. Eine solche REM-Phase dauert in der Regel mehrere Minuten. Etwa zwanzig bis fünfundvierzig Minuten nach Beginn des Schlafzyklus weicht das Auf und Ab der Hirnwellen den längeren, langsamen Delta-Wellen. Diese zeigen an, dass man in noch tieferen Schlaf sinkt.

Die Theta-Phase

In der Theta-Phase besteht das EEG zu 20 bis 50 Prozent aus Delta-Wellen, während es in der vierten, der Delta-Phase, über 50 Prozent Delta-Wellen anzeigt. Menschen, die man während der Theta-Phase weckt, sind üblicherweise desorientiert, reden wirr und wollen nur wieder einschlafen.

Die Delta-Phase

In der Delta-Phase kann die hohe Frequenz von Delta-Wellen wenige Sekunden oder auch eine ganze Stunde anhalten. Erwachsene Männer brauchen etwa neunzig Minuten für einen vollen Schlafzyklus. Nach Vollendung der ersten Delta-Phase beginnt der Zyklus von Neuem, allerdings in umgekehrter Reihenfolge; von der Delta- geht es in die Theta- und dann in die Alpha-Phase.

Wenn Sie aus dem Schlaf in die Alpha-Phase zurückkehren, verläuft diese etwas anders als direkt nach dem Einschlafen: Der Blutdruck steigt wieder an, der Pulsschlag beschleunigt sich und die Hirnwellen ähneln jenen im Wachzustand. Abgesehen von den Augenbewegungen und leichten Zuckungen der Finger und Zehen ist Ihr Körper nun praktisch wie gelähmt. Weckt man Sie während der REM-Phase auf, erinnern Sie sich vermutlich an den Großteil des kurz zuvor Geträumten.

Im Tiefschlaf

In der vierten Phase, der Delta-Phase, finden überhaupt keine Augenbewegungen statt. Ausgerechnet in dieser Phase, wenn wir am allertiefsten schlafen, kann es zum Schlafwandeln kommen. Die meisten Schlafwandler erinnern sich später nicht mehr daran.

Die erste REM-Phase dauert zwischen fünf und zehn Minuten. Anschließend durchlaufen Sie den gesamten Schlafzyklus noch drei oder vier Mal. Bei jeder Wiederholung der REM-Phase verlängert sich diese, und die Zeit zwischen den einzelnen Phasen verkürzt sich merklich. Die letzte REM-Phase kann bis zu einer Stunde andauern.

Konkret heißt das: Wenn Sie sieben Stunden schlafen, spielt sich der Großteil Ihrer Träume in den letzten beiden Stunden ab. Wenn Sie eine weitere Stunde schlafen, besteht diese achte Stunde fast ausschließlich aus Träumen. Das ist jedoch nur ein Durchschnittswert. Menschen, die weniger als acht Stunden Schlaf benötigen, sind vielleicht einfach effizientere Schläfer.

Der Weissager – Edgar Cayce

Die meisten Menschen gehen abends zu Bett, schlafen ein, träumen, stehen am nächsten Morgen wieder auf und machen weiter wie zuvor. Manche grübeln über ihre Träume nach und untersuchen die Symbolsprache und die Handlung, andere nicht. Das liegt ganz bei uns. Für einen jungen Schulabbrecher aus Kentucky namens Edgar Cayce waren die Träume und Visionen, die ihn im Schlaf ereilten, dagegen sein Lebensinhalt.

Man hat Edgar Cayce (1877–1945) den größten Seher des 20. Jahrhunderts genannt, dabei ist er niemals im Fernsehen aufgetreten, hat die Öffentlichkeit nicht gesucht und kein einziges erfolgreiches Buch geschrieben. Dennoch vollbrachte Cayce während des Großteils seiner siebenundsechzig Lebensjahre im Schlaf Außergewöhnliches. Er diagnostizierte Krankheiten mit verblüffender Genauigkeit und empfahl die passende Therapie. Seine Methoden waren für die damalige Zeit ganz und gar unkonventionell, haben nach seinem Tod aber ungeheuren Zulauf erfahren. Cayce wusste von einer Person oft nichts als den Namen und genauen Aufenthaltsort, und doch konnte er ihren Gesundheitszustand exakt beschreiben und Behandlungsmethoden empfehlen, von denen er im wachen Zustand keinerlei Kenntnis zu haben behauptete.

Cayce gab vielen Menschen, die ihn um medizinischen Rat baten, sogenannte »Lebenslesungen«. Diese Lesungen behandelten eine Vielzahl an Themen von spirituellen über Liebes- und Beziehungsfragen bis hin zu Geschäftsangelegenheiten, früheren Leben, Prophezeiungen und Träumen. Über 14.000 dieser Lesungen hat die Association for Research and Enlightenment in Virginia Beach archiviert, über 1.000 davon beschäftigen sich mit Träumen.

Wie der Schweizer Psychiater C. G. Jung glaubte Cayce, dass viele Träume hellseherische Qualität haben. Beide Männer träumten von ihrem eigenen Tod. Beide träumten lange vor den tatsächlichen Ereignissen von der Machtergreifung Hitlers und dem Beginn des Zweiten Weltkriegs. Vor allem aber glaubten beide Männer – Zeitgenossen, die die halbe Welt und vollkommen unterschiedliche Weltsichten voneinander trennten – daran, dass Träume unsere persönlichsten Quellen zur Selbsterkenntnis sind.

Cayce hielt Traumsymbole genau wie Jung für höchst individuell; geläufige Symbole lege jeder Mensch entsprechend der eigenen Wahrnehmung und Auffassung aus. Dennoch ergaben sich aus Cayce' Lesungen für manche Symbole auch allgemeine Deutungen:

- **Angeln:** die Suche des Menschen nach einer höheren Bewusstseinsebene
- **Boot:** die Lebensreise
- **Feuer:** reinigender Zorn, auch Zerstörung
- **Fisch:** Christus, Spiritualität, die spirituelle Reise oder spirituelle Kräfte
- **Haus:** der Körper, das Selbst
- **Mandala:** die seelische Verfassung des Träumenden, Streben nach Ganzheit
- **Nacktheit:** Ausgesetztsein oder Empfindlichkeit gegenüber Kritik anderer
- **Schlamm und Gestrüpp:** Bedürfnis nach Reinigung, Läuterung
- **Schlange:** Weisheit, Sex oder beides
- **Tiere:** positive und negative menschliche Eigenschaften (je wilder das Tier, desto primitiver der Affekt)
- **Wasser:** das Unbewusste, der Quell des Lebens, eine spirituelle Reise

Cayce glaubte, dass sich Träume vier allgemeinen Kategorien zuordnen lassen: körperliche Probleme, Selbstbeobachtung, übersinnliche Wahrnehmungen und spirituelle Orientierung. C. G. Jungs Gliederung ist komplexer und lässt den Blick des Psychologen erkennen. In ihren Ansichten über Träume und deren Bedeutung stimmen die beiden dennoch oft auffällig überein.

Obwohl sie sich nie über Traumsymbole ausgetauscht haben, könnten sie ihre Deutungen aus derselben Quelle gewonnen haben. Cayce nannte sie »das universelle Bewusstsein«, Jung »das kollektive Unbewusste«.

Der Realist – Sigmund Freud

Auch wenn uns seine Ansichten heutzutage stark auf sexuelle Aspekte fixiert scheinen, hat Sigmund Freud (1856–1939) die Art verändert, wie Menschen ihre Träume sehen. Mit einem Mal nahmen die metaphorischen Panoramen unserer nächtlichen Streifzüge eine persönliche, innerliche Bedeutung an. Der berühmte Wiener Psychiater ebnete damit den Weg aus seiner gehemmten Epoche, in der jede Erwähnung von Sex tabu war. Freud zufolge sind Träume der Ausdruck unerlaubter sexueller Begierden, die bereits in der Kindheit entstehen.

Wie die alten Griechen glaubte Freud, dass Träume, wenn man sie erst richtig verstanden hat, heilsam wirken können. Wo sich die Griechen allerdings körperliche Heilung erhofften, dachte Freud an die Linderung seelischer Leiden. Für ihn dienten die meisten Träume der »Wunscherfüllung« unterdrückter sexueller Sehnsüchte, was C. G. Jung ganz anders sah.

Dieser Widerstreit führte schließlich zum Bruch zwischen den beiden Psychotherapeuten. Jung sah in der Sexualität nur eines von vielen Motiven in unseren Träumen. Träume würden das Unbewusste nicht verschleiern, sondern enthüllen. Er schlug damit letztlich einen völlig anderen Weg ein als Freud.

Das kollektive Unbewusste – C. G. Jung

Der Schweizer Carl Gustav Jung (1875–1961) ist heute, Jahrzehnte nach seinem Tod, vermutlich bekannter als zu seinen Lebzeiten. Er war zunächst Freuds Schüler, wandte sich später jedoch von dessen sehr wörtlicher Übertragung unserer Traumerlebnisse ab. Seine Forschungen führten Jung weit über klar definierte Traumsymbole hinaus bis in übersinnliche und bis dahin unergründete Gefilde der menschlichen Seele. Er entwarf die Theorie eines »kollektiven Unbewussten«, durch das alle Menschen unabhängig von Rasse, Herkunft oder Religion in Form eines gemeinsamen Wissens- und Erfahrungsschatzes verbunden sind, der sich oft in Träumen äußert.

Alles schon vorhanden

Was genau umfasst das kollektive Unbewusste? In ihm finden sich psychologische Archetypen: Prägungen, Erzählungen, Märchen und Sagen, die von Geburt an unser geistiges Erbe ausmachen. Wir müssen Archetypen also nicht erst erschaffen – sie sind bereits in uns vorhanden. Deshalb war Jung überzeugt, dass die Archetypen in unseren Träumen grundsätzlich für alle Menschen das Gleiche bezeichnen.

Jungs Befassung mit esoterischen Themen – Telepathie, Vorausahnung, Astrologie, das I Ging, Tarot, Poltergeister und Spuk – brachte eine seiner wichtigsten Theorien hervor: Er entdeckte bedeutungsvolle Muster in scheinbar ganz zufälligen Ereignissen, ein Phänomen, das er als Synchronizität bezeichnete. Obwohl solche »Zufälle« nicht durch ein Ursache-Wirkung-Prinzip zu erklären sind, glaubte er, die Synchronizität verweise auf eine allem zugrunde liegende natürliche Struktur. Dies galt ihm als Erklärung für Vorausahnungen, wie sie im folgenden Traum zutage treten.

In seiner Autobiografie *Erinnerungen, Träume, Gedanken* berichtet Jung von einem Traum, in dem er ein Gartenfest besuchte. Seine Schwester und eine gemeinsame Freundin aus Basel, die Jung gut kannte, waren ebenfalls unter den Gästen. Im Traum wusste er, dass diese gemeinsame Bekannte sterben würde, nach dem Aufwachen konnte er sich jedoch nicht mehr daran erinnern, wer sie war, obwohl ihm der Traum selbst noch klar vor Augen stand. »Einige Wochen später«, so schreibt er, »erhielt ich die Nachricht vom tödlichen Unfall einer befreundeten Dame. Da wusste ich sofort: sie war es, die ich im Traum gesehen, aber nicht erinnert hatte.«[2]

Viele seiner Erkenntnisse über das Unbewusste gewann Jung ursprünglich aus Träumen, die eine seiner wichtigsten Informationsquellen darstellten – eine Verbindung zu den tieferen Geheimnissen, denen er den Großteil seiner Studien widmete. Seine Theorien zum kollektiven Unbewussten, zu Archetypen, Synchronizität und Traumdeutung haben die Psychologie grundlegend verändert, vertieft und breiteren Schichten zugänglich gemacht.

Jung begriff wie viele andere Träumende in diesem Kapitel, dass das Träumen eine uralte Kunst ist – eine verlorene Kunst, die ihrer Wiederentdeckung harrt.

Moderne Ansätze – Judith Orloff

In der westlichen Welt bekennen Psychiater in der Regel nicht, hellseherische Fähigkeiten zu haben, selbst wenn sie davon überzeugt sind. Warum nicht? Weil sie riskieren, sich lächerlich zu machen und bestenfalls der Scharlatanerie bezichtigt, schlimmstenfalls als geisteskrank abgestempelt zu werden. Judith Orloff jedoch, Psychiaterin aus Los Angeles, wagte den Schritt und veröffentlichte ihr Buch *Second Sight* (dt. *Jenseits der Angst*).

Träume im Mutterleib

Träume waren schon immer ein wesentliches Element in Judith Orloffs Leben. »Träume sind mein Kompass und meine Wahrheit; sie leiten mich und verbinden mich mit dem Göttlichen«[3], schreibt sie. Der früheste Traum, an den sie sich als Erwachsene unter Hypnose erinnern konnte, fand noch im Mutterleib statt, als Orloffs Mutter gerade im fünften Monat schwanger war. An der Außenseite der Gebärmutter hatten sich Myome gebildet, gutartige Tumoren, die nach innen drückten. Orloff konnte sich an die Geräusche der Operation erinnern und dass sie an einem dunklen, feuchten, befremdlichen Ort erwachte. Sie versuchte verzweifelt, nach Hause zurückzukehren, wusste aber nicht, wo dieses Zuhause sein sollte.

Da begann sie von einem kleinen Bauernhaus zu träumen. Eine blonde Frau trat mit ihrem Mann und den zwei jugendlichen Söhnen vor die Tür, um Orloff zu begrüßen. Diese empfand sofort eine innige Verbindung zu den vieren, als wären sie ihre wirkliche Familie und als hätten diese Menschen ihr bis zu ihrer Geburt Gesellschaft geleistet.

Das Leben in Träumen zurückverfolgen

Judith Orloff ist überzeugt, dass jeder von uns eine »Traumgeschichte« hat. Wenn wir dieser Geschichte nachgehen, werden wir so manche Lücke in unserem Leben schließen können, egal wie weit ein Traum zurückreicht. Das derart gewonnene Wissen lässt uns oftmals verborgene Erinnerungen wachrufen, die uns zeigen, wer wir sind.

Orloff unterscheidet zwei Hauptarten von Träumen mit jeweils mehreren Unterkategorien, und zwar psychologische und übersinnliche Träume. Die meisten Träume fallen ihr zufolge unter die erste Kategorie.

In psychologischen Träumen können Sorgen, Ängste und Unsicherheiten zutage treten. Manchmal nehmen sie die Form von Albträumen an oder sind einfach sehr unangenehm. Auch Führungsträume, in denen jemandem eine Richtung gewiesen oder die Lösung für ein Problem aufgezeigt wird, gehören in diese Kategorie.

Wenn Sie einen Führungstraum analysieren, müssen Sie auf bestimmte Hinweise achten, auf Merkmale, die Ihre Aufmerksamkeit erregen. Das kann ein Wort, ein Satz oder ein bestimmtes Bild sein – oder auch etwas ganz anderes.

Übersinnliche Träume lassen sich laut Orloff in zwei Arten unterteilen: präkognitive Träume und Heilungsträume. In präkognitiven Träumen liegt das Augenmerk auf einem zukünftigen Ereignis, das Sie nicht unbedingt persönlich betreffen muss. In Heilungsträumen erhalten Sie möglicherweise einen Hinweis darauf, wie Sie mit einem körperlichen Leiden umgehen können. Vielleicht erleben Sie auch eine Art metaphorische Heilung, die sich tatsächlich körperlich auswirkt.

Wunder der Gegenwart – William Brugh Joy

Persönliche Wandlungsprozesse erfährt jeder Mensch auf andere Weise. Und manchmal dient ein körperliches Leiden als Katalysator, um diesen gesamten Prozess in Gang zu setzen. Für William Brugh Joy war eine lebensbedrohliche Krankheit (chronische Entzündung der Bauchspeicheldrüse) im Jahr 1974 der Auslöser, seine florierende Arztpraxis in Los Angeles aufzugeben. Nach nur sechs Wochen war er geheilt, doch da hatte er sich bereits auf eine lebensverändernde Reise begeben, die bis heute andauert. Träume waren und sind für ihn ein bedeutender Teil auf seinem Weg.

Ein Traum gab auch die Inspiration für Brugh Joys erstes Buch *Der Weg der Erfüllung*. In diesem Traum unterschrieb er sein eigenes Krankenblatt und bemerkte das furchtbare Durcheinander darauf. Er brachte die Angaben in Ordnung, und ihm fiel auf, dass seine Unterschrift sonderbar aussah. Sein Nachname stand an erster Stelle, wie auf einem Totenschein. Rechts war der Name mit einem Sternchen und einem Verweis versehen: »Siehe obigen Kasten«. In diesem Textkasten wiederum stand in roter Schrift und Großbuchstaben: »BITTE BE-EILEN SIE SICH!«

Für Brugh Joy war die Bedeutung des Traums offenkundig: Sein Material zur persönlichen Transformation, das er in Seminaren einsetzte, musste neu geordnet werden, er musste es anschaulicher und knapper fassen. Eines Nachmittags, als er sich gerade für ein Nickerchen hingelegt hatte und bereits eindöste, kam ihm die Idee einer Gliederung in elf Kapiteln. Eine Stimme befahl ihm, wieder aufzustehen und dieses Konzept für ein Buch niederzuschreiben, und das tat er.

In seinen Workshops und Vorträgen zur Transformation räumt Brugh Joy der Traumdeutung einen besonderen Stellenwert ein. Er betont ähnlich wie Jung und Cayce, dass das Ziel über das Verstehen des jeweiligen Traums hinaus in Selbsterkenntnis bestehen sollte, sodass man seine Träume auch zukünftig besser analysieren kann.

Feste Bedeutungen … oder doch nicht?

Im Gegensatz zu Jung und Cayce, die bestimmten Symbolen einen klaren Sinngehalt zuschrieben, glaubt Brugh Joy nicht an eine feste Bedeutung von Traumsymbolen. Für ihn kann zum Beispiel Wasser in einem Traum das Unbewusste und in einem anderen unsere Gefühle darstellen.

Brugh Joy erläutert: »Die besten Traumanalytiker gehen intuitiv vor, und dies gilt auch für die besten Traumanalysen.«[4] Wenn man die richtige Interpretation für einen Traum gefunden hat, empfindet man ihm zufolge einen »Klick« (diesen Begriff verwendet auch Orloff), ein intuitives Gefühl, dass man sich auf der richtigen Fährte befindet.

Brugh Joys Traumdeutung

Zur Ausdeutung seiner eigenen Träume nutzt Brugh Joy sieben mögliche Perspektiven:

1. die physische
2. die sexuelle
3. die emotionale
4. die allgemein-menschliche
5. die höhere kreative
6. die mental-intellektuelle und
7. die universelle

Brugh Joy befürwortet den Einsatz von Tarotkarten als Methode zur Traumanalyse. »Das Tarot arbeitet hauptsächlich mit den symbolischen, nichtrationalen Aspekten des Bewusstseins, dem gleichen Zustand, aus dem die Träume etwas mitteilen.«[5] Wenn man die Karten mischt und auf eine bestimmte Weise legt, ist das ähnlich, als würde man mit einem Traum konfrontiert. In beiden Fällen sieht man ein Mosaik, ein Muster, das man deutet.

Auf der Suche nach Mustern

In seinem zweiten Buch *Avalanche* nennt Brugh Joy jene Art Mosaiken, wie sie zum Beispiel durch Tarotkarten entstehen, »Musterprojektionen«. Solche Muster gibt es auch in der Astrologie und der Zahlenmystik. Brugh Joy zufolge sind sie außerdem an weniger naheliegenden Orten zu finden, etwa in Wolkenformationen. Er glaubt, dass die tieferen Schichten der Seele »ein Muster auf die Wolken projizieren können, das sich auf eine zuvor gestellte Frage bezieht«. Wer Muster auf diese Weise zu lesen gelernt hat, wird auch seine Träume leichter deuten können.

Durch Traumdeutung öffnen wir uns den Tiefenschichten unserer Seele und beginnen, uns und unser Leben auf ganz neue Art zu betrachten. Sind wir uns dieser Muster erst einmal bewusst, offenbaren sie sich manchmal auch im wachen Zustand. Brugh Joy gibt ein erstaunliches Beispiel aus eigener Anschauung, das ihm auf Hawaii widerfahren ist.

Dort unterhielt er sich mit einer jungen Frau, der kurz zuvor die Brust operativ entfernt worden war, über Engel. Obwohl sie eine hervorragende Prognose erhalten hatte, spürte Brugh Joy, dass sie sich auf ihren Tod einstellte. Während die beiden miteinander sprachen, zog eine einzelne Möwe an ihnen vorüber, stieg dann schnurgerade in den Himmel auf und verschwand. In diesem Augenblick wusste Brugh Joy mit absoluter Sicherheit, dass die Frau schon bald sterben würde. »Durch das sehr ungewöhnliche Flugmuster der Möwe war mir ein Omen übermittelt worden. Ich kann gar nicht sagen, wie verstörend dieser Vorgang für meinen eigenen Verstand ist, und ich kann ihn auch nicht erklären.« Ein Jahr später war die Frau tot.

Solch äußere Muster lassen sich mit den Symbolen aus Wachträumen vergleichen (s. Kapitel 11: Klarträume). Wenn Sie mit Ihren Traumerkundungen weiter fortschreiten, werden Ihre Erkenntnisse auch im Wachen Einfluss auf Ihr Leben nehmen. Davor sollten Sie sich nicht fürchten.

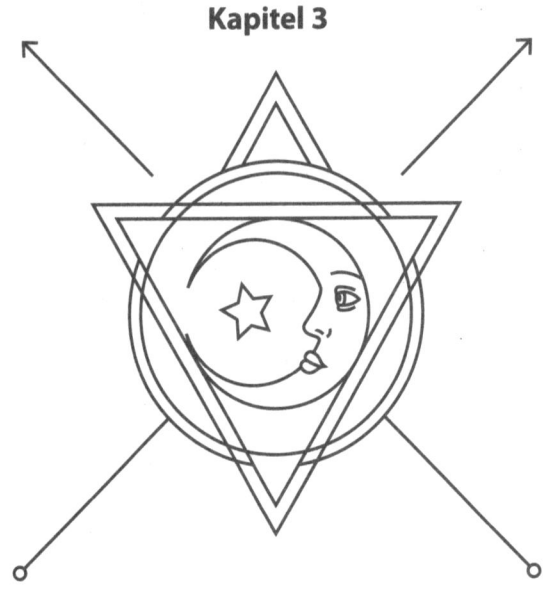

Kapitel 3

Wie man sich an Träume erinnert

Manchmal sind unsere Träume so erschreckend oder lebendig, dass wir mitten in der Nacht aufschrecken. Dann denken wir unweigerlich: »Den vergesse ich bestimmt nicht.« Aber am nächsten Morgen ist er weg. Man erinnert sich gerade noch vage an die Stimmung des Traums, oder vielleicht sind kurze Episoden im Gedächtnis haften geblieben wie Einblendungen in einem Film.

Fantasien zurückholen

Am besten bleiben Träume uns in Erinnerung, wenn wir sie gleich nach dem Aufwachen festhalten. Werden Sie nach einem Traum normalerweise gar nicht wach, versuchen Sie sich vor dem Einschlafen selbst dazu aufzufordern. Mithilfe dieser Technik kann man sich bis zu vier oder fünf Träume pro Nacht wieder ins Gedächtnis rufen. Es ist nur eine Frage der Übung.

Machen Sie sich Notizen

Legen Sie sich einen Notizblock ans Bett und schreiben Sie Stichwörter auf, oder nehmen Sie sie akustisch auf. Ihr Gekritzel ist anfangs vielleicht kaum zu entziffern, aber mit der Zeit lernen Sie, auch schlaftrunken leserlich genug zu schreiben, um den Traum später in ein Traumtagebuch übertragen zu können. Der zweitbeste Zeitpunkt dazu ist der Morgen gleich nach dem Aufwachen. Fachleute sehen einen engen Zusammenhang zwischen der Art, wie man morgens aufwacht, und der Fähigkeit, sich an Träume zu erinnern.

Alle Menschen träumen

Viele Menschen glauben, dass sie gar keine Träume haben, bloß weil sie sich nicht mehr an sie erinnern können. Aber es ist klar erwiesen: Alle Menschen träumen! Wenn Sie nur wollen, werden Sie sich in jedem Fall erinnern. Je mehr Sie üben, desto leichter wird es.

Ein Trick besteht darin, den Wecker fünfzehn bis fünfundzwanzig Minuten vor der Zeit zu stellen. Drücken Sie sofort die Schlummertaste und dösen Sie noch etwas weiter. In dieser Phase werden Sie Ihre anschaulichsten Träume haben, und Sie sollten auch in der Lage sein, sich später an sie zu erinnern.

Wenn Sie zum zweiten oder dritten Mal aufwachen, öffnen Sie nicht gleich die Augen. Bleiben Sie einfach einige Minuten liegen und denken Sie an Ihre Traumbilder zurück. Wenn Ihnen das nicht gelingt, nehmen Sie Ihre bevorzugte Schlafposition ein. So kann man unter Umständen ein Traumfragment wieder heraufbeschwören. »Aus (bislang) ungeklärten Gründen«, schreibt

Patricia Garfield in ihrem Buch *Kreativ träumen*, »kann man sich durch die behutsame Veränderung seiner Körperlage oft noch an weitere Traumbilder erinnern.«

Lassen Sie es zu

Am besten schreibt man seinen Traum ganz schlicht und ohne jede Wertung auf, als hätte ein anderer die Geschichte erlebt. Später, wenn Sie den Traum ausdeuten, erkennen Sie vielleicht, dass eine befremdliche oder triviale Begebenheit einen viel tieferen Sinn hat, als Sie zunächst dachten. Anfangs erinnern Sie sich möglicherweise nur bruchstückhaft – an ein Bild, ein Wort oder ein Gesicht. Mit etwas Übung werden jedoch auch längere Episoden Ihres letzten Traums zu Ihnen zurückkehren. Und diese Episoden können wiederum die Erinnerung an einen weiter zurückliegenden Traum wecken. Dieser Prozess wird sich irgendwann verselbstständigen und Ihnen so in Fleisch und Blut übergehen wie das morgendliche Zähneputzen.

Bei der Rückbesinnung können uns bestimmte Anhaltspunkte von Nutzen sein. Oftmals sind unsere Gedanken und Einstellungen zum Traum das größte Hindernis beim Erinnern. Ein Traum kann zum Beispiel so abwegig sein, dass wir beim Aufwachen ganz sicher sind, uns später an ihn zu erinnern – nur um ihn kurz darauf schon wieder vergessen zu haben.

Erinnerungsübung

Um die Bereiche zu bestimmen, die Sie durch Ihre Träume gern besser verstehen würden, versuchen Sie, wichtige Aspekte Ihres Lebens zu benennen. Haben Sie diese erst einmal erkannt, erhalten Sie eine klarere Vorstellung davon, was Sie von Ihrem träumenden Selbst erfragen möchten. Beginnen Sie mit den folgenden Themen:

- **Denken Sie über Ihre Beziehungen nach.** Wie sehen Ihre engsten Beziehungen aus? Fühlen Sie sich wohl oder unwohl im Verhältnis zu Ihrem Partner oder anderen wichtigen Personen in Ihrem Leben? Erkennen Sie gewisse Muster in den Beziehungen zu Ihren Eltern, Geschwistern, anderen Verwandten oder zu Ihren Freunden? Wenn Sie die Wahl hätten, was würden Sie ändern? Wie sähen Ihre Beziehungen in einer idealen Welt aus?

- **Denken Sie** über **Arbeit und Karriere nach.** Würden Sie in Bezug auf Ihre Arbeit gern etwas verändern? Wie viel Geld möchten Sie im Idealfall gern verdienen? Was denken Sie über Ihren Chef und Ihre Kollegen?

- **Bewerten Sie Ihre Gesundheit und körperliche Verfassung.** Mögen Sie Ihr Aussehen und fühlen Sie sich wohl in Ihrer Haut? Was würden Sie am ehesten an Ihrem Äußeren verändern, wenn Sie könnten? Wie steht es um Ihre Gesundheit? Haben Sie chronische Beschwerden? Waren Sie in letzter Zeit beim Arzt? Wie sieht Ihr ideales Selbstbild aus?

- **Denken Sie** über **Ihre Spiritualität nach.** Woran glauben Sie? Wie fühlen Sie sich in Bezug auf Ihr Seelenleben? Wie würden Sie sich in spiritueller Hinsicht gern weiterentwickeln?

- **Denken Sie ganz allgemein über Ihr Leben nach.** Wo würden Sie in sechs Monaten gern stehen? Wo in einem Jahr oder in fünf Jahren? Gibt es in Ihrem Leben irgendwelche Orientierungshilfen?

Ihr Traumtagebuch

Viele Buchläden bieten leere gebundene Bücher an, einige sind sogar speziell als Traumtagebuch konzipiert, mit genügend Platz, um Datum und Uhrzeit eines Traums einzutragen, ihn zu beschreiben und auszudeuten.

Wenn Sie im Bett zu undeutlich schreiben, übertragen Sie Ihre Notizen in ein zu diesem Zweck geführtes Heft oder tippen Sie sie ab. Wenn Sie ein Notebook verwenden, legen Sie es sich ans Bett und halten Sie Ihre Träume gleich nach dem Aufwachen fest. Legen Sie Ihr Notizbuch und eine kleine Taschenlampe auf den Nachttisch, neben sich auf den Boden oder sogar unter das Kopfkissen. Wenn Sie Ihre Träume nachts nur rasch hinkritzeln oder ins Diktiergerät sprechen, legen Sie eine Tageszeit fest, zu der Sie die Aufzeichnungen in Ihr Traumtagebuch übertragen.

Helfen Sie Ihrem Geist auf die Sprünge

Notieren Sie beim Beschreiben eines Traums möglichst viele Details. Die berühmten W-Fragen – wer, wo, was, wann und wie – geben hervorragende Orientierung. Waren Sie im Traum allein? Wenn nicht, wer war sonst noch bei Ihnen? Freunde? Familienmitglieder? Fremde? Sofern zutreffend, was haben Sie oder andere im Traum getan? War es Tag oder Nacht? Hell oder dunkel? An welchem Ort haben Sie sich befunden? Wie hat sich der Traum für Sie »angefühlt«? War seine Atmosphäre vertraut? Seltsam? Angenehm?

Wie hell ist Ihr Traum?

William Brugh Joy schreibt den Lichtverhältnissen in Träumen große Bedeutung zu. Wirkt ein Traum sehr farbig und strahlend, spiegelt er ihm zufolge einen »überbewussten« Zustand wider, also die weiter entwickelten Bereiche unseres Bewusstseins. Bei Brugh Joy selbst waren solche Träume fast immer hellseherisch. Ist das Licht weich und geheimnisvoll, in Sepiatönen gehalten wie bei einem alten Bild oder aber schwarzweiß, stammt der Traum aus weniger gut entwickelten Bereichen unseres Bewusstseins. Noch dunklere Träume stammen vermutlich aus dem tieferen Unbewussten.

Wenn Sie einen Traum aufschreiben, sollten Sie auf jeden Fall auch festhalten, wie Sie sich unmittelbar nach dem Erwachen gefühlt haben. Was war die vorherrschende Empfindung? Ein Hochgefühl? Angst? Trauer? Freude? Wenn Sie den Traum später noch einmal durchgehen, fallen Ihnen vielleicht weitere Details ein. Möchten Sie sich an Träume erinnern, notieren Sie zudem, woran Sie vor dem Zubettgehen gedacht haben. Das könnte Hinweise auf die Bedeutung geben.

Vielleicht erinnern Sie sich nicht immer sehr gründlich an Ihre Träume – manchmal wissen Sie nur noch, *dass* Sie etwas geträumt haben. Dann kann es vorkommen, dass etwas in Ihrem Umfeld später am Tag oder einige Tage darauf im wachen Zustand die Erinnerung wieder hervorruft. In diesem Fall sollten Sie auch das Ereignis oder Erlebnis niederschreiben, das die Erinnerung erneut heraufbeschworen hat, es könnte Ihnen wertvolle Hinweise auf den Sinn oder die Relevanz des Traums liefern.

Meditation und Traumerinnerung

Da die Meditation uns andere Seelenzustände eröffnet, kann auch dieses Mittel bei der Traumerinnerung von Nutzen sein. Wenn Ihr Bewusstsein zur Ruhe kommt, dringen Symbole und Bilder oft viel ungehemmter aus dem intuitiven Teil des Selbst hervor. Welche Methode die richtige für Sie ist, hängt ganz davon ab, was sich für Sie am besten anfühlt. Ein Spaziergang im Wald oder am Strand kann dabei ebenso hilfreich sein wie zehn oder zwanzig Minuten ruhigen Meditierens direkt nach dem Aufwachen.

Sollten Sie sich trotz aller Bemühungen noch immer nicht an Ihre Träume erinnern, könnte das an »unsichtbaren Ansichten« liegen. Vielleicht haben Sie tief im Herzen Angst davor, sich zu erinnern oder herauszufinden, wovon Sie tatsächlich träumen. Prüfen Sie Ihre Haltung dazu aufrichtig und Sie werden möglicherweise erkennen, was Sie am Erinnern hindert.

Erinnerungshilfen

Ein leicht veränderter Bewusstseinszustand ist der beste Zeitpunkt, um sich vorzunehmen, dass man sich an seine Träume erinnern möchte, denn dann ist der Geist offener. Nehmen Sie sich beim Einschlafen fest vor, sich an den wichtigsten Traum der folgenden Nacht zu erinnern. Wenn eine bestimmte Frage Sie umtreibt, setzen Sie es sich zum Ziel, sich den Traum zu merken, der diese Frage behandelt oder beantwortet. Wiederholen Sie die Frage beim Einschlafen mehrmals. Sorgen Sie dafür, dass Ihr Notizbuch und ein Stift griffbereit liegen.

Auch über den gesamten Tag verteilt sollten Sie sich in ruhigen Momenten dazu ermahnen, sich an Ihre Träume zu erinnern. Beschäftigt Sie eine Frage, formulieren Sie diese für sich selbst aus. Testen Sie verschiedene Vorgehensweisen, bis Sie die Ihnen hilfreichste gefunden haben. Ihre Aussichten steigen, wenn Sie wirklich daran glauben, durch Träume gewisse Einsichten erlangen zu können.

Ängsten begegnen

Träume begleiten uns immer, ob wir uns an sie erinnern oder nicht. Wenn Sie sich erst einmal mit Leichtigkeit an Ihre Träume erinnern können, werden Sie auch in der Lage sein, sich explizit Träume zu wünschen, die Sie anleiten oder sogar Hinweise auf zukünftige Ereignisse oder bestimmte Fragen geben, etwa zu Beziehungen, Gesundheit oder Beruf. Die Bitte um einen Trauminhalt, egal aus welchem Motiv heraus, wird »Trauminkubation« genannt und ist die gesündeste Art, sich mit seinen Ängsten auseinanderzusetzen.

Gestehen Sie sich Ihre Sorgen ein
Wie kann Ihnen die Trauminkubation dabei helfen, Ängsten zu begegnen? Wenn Sie sich Sorgen eingestehen und um einen bestimmten Traum bitten, haben Sie bereits mehr als die Hälfte des Weges hin zur Anerkennung und somit zur Lösung eines Problems gemeistert.

Der erste Schritt der Trauminkubation ist die Frage nach den Hauptproblemfeldern, damit man weiß, wonach man zu suchen hat. Anschließend müssen Sie entscheiden, auf welche Themen Sie sich konzentrieren wollen. Manche Experten empfehlen, sein Traumgesuch auf einen Zettel zu schreiben und diesen auf den Nachttisch oder unters Kopfkissen zu legen. Indem Sie Ihre Bitte ritualisieren, verleihen Sie ihr eine klare Form.

In ihrem Buch *Breakthrough Dreaming* empfiehlt Gayle Delaney, fünf bis zehn Zeilen über Ihr Anliegen im Traumtagebuch festzuhalten. Anschließend können Sie daraus einen Satz oder eine Frage formulieren, in der das Anliegen auf den Punkt gebracht wird. Beim Einschlafen sollten Sie diese Frage im Geiste wiederholen.

Schlafend zum Erfolg

Schlaf und Träume tun Ihnen gut und können bei vielem nützlich sein. Sogar Ihre Albträume helfen dabei, Ängste zu mindern oder Schwierigkeiten anzugehen, die Ihr waches Bewusstsein überfordern könnten. Ihre Träume mögen komplex und schwer zu enträtseln scheinen, aber nach Lektüre dieses Buches wird Ihnen vieles leichter fallen.

Manchmal muss Ihnen ein Traumbild erst wieder in den Sinn kommen, damit Sie sich überhaupt erinnern, etwas geträumt zu haben, und das Erinnerte muss nicht unbedingt logisch sein. Ein anderes Mal ist Ihnen ein Traum vielleicht gleich nach dem Aufwachen präsent, und Sie können sich jede Einzelheit ins Gedächtnis zurückrufen. Doch solange Sie in der Traumerinnerung noch nicht sehr erfahren sind, werden Sie sich oftmals nur an Bruchstücke entsinnen.

Träumen wirkt immer bereichernd, ganz gleich ob Sie sich an Ihre Träume erinnern oder nicht. Ein Geist namens Seth, der den Traumforschern und Eheleuten Jane Roberts und Robert Butts offenbar das Buch *The »Unknown« Reality* übermittelte, ließ wissen: »Ihre Träume … verändern permanent das chemische Gleichgewicht Ihres Körpers. Ein Traum kann mit der Absicht durchlebt werden, etwas zu kanalisieren, für das es in Ihrem Alltag kein Ventil gibt.«

In besagtem Buch erläutert Seth, wie man sich mit seinen Traumlandschaften vertraut machen kann:

- Stellen Sie sich vor dem Einschlafen vor, eine Traumkamera dabeizuhaben.
- Nehmen Sie sich vor, vom wichtigsten Traum der Nacht einen Schnappschuss zu machen.
- Geben Sie nicht auf, üben Sie weiter.
- Sobald Sie erste Erfolge erzielen, beschreiben Sie jede Szene, an die Sie sich erinnern können. Notieren Sie außerdem, wie Sie sich beim Träumen gefühlt haben und was Sie beim Aufschreiben des Traums empfinden.
- Halten Sie das Wetter in Ihrem Traum fest. Hat es geregnet? Schien die Sonne? Herrschte eine allumfassende Dunkelheit? Solche Wettererscheinungen verraten Ihnen viel über Ihren Seelenzustand.

Wenn Sie sich der Vorstellung einer Kamera bedienen, um Ihre Träume festzuhalten, zeigt das Ihrem inneren Selbst deutlich, dass es Ihnen mit der Traumerkundung ernst ist. Beim Einsatz dieses Hilfsmittels werden Ihnen die inneren Seelenlandschaften viel bewusster werden. Mit anderen Worten: Es kann sehr wirkungsvoll sein, sich gewissermaßen selbst einen kleinen Wink zu geben, dass man sich mehr Informationen über seine Träume wünscht.

Wunderwaffe Traummeditation

Es ist gar nicht schwer, einen meditativen Zustand zu erreichen, um so die eigenen Träume besser zu verstehen. Beginnen Sie mit fünf Minuten Meditation täglich, am besten am Morgen.

Wählen Sie dazu einen Ort, an dem Sie nicht gestört und möglichst wenig abgelenkt werden. Setzen Sie sich mit überkreuzten Beinen auf den Boden oder, wenn Ihnen das zu unbequem ist, in einen Sessel. Halten Sie sich aufrecht und achten Sie darauf, dass Ihre Füße den Boden berühren. Tragen Sie keine Schuhe und keine Kleidung, die Sie behindern könnte.

Sprechen Sie als Erstes entschlossen Ihre Absicht aus: Sie wollen sich an einen Traum erinnern oder sich mehr von einem bestimmten Traum, der Ihnen nur noch bruchstückhaft präsent ist, ins Gedächtnis zurückrufen. Atmen Sie mehrmals tief und langsam durch die Nase ein und aus. Beobachten Sie Ihre Atmung und versuchen Sie, dabei an nichts zu denken. Atmen Sie langsam durch die Nase ein, halten Sie entspannt die Luft an und zählen Sie bis sieben. Dann atmen Sie ebenso langsam wieder aus; achten Sie darauf, dass Ihre Zunge dabei Ihren Gaumen berührt. Wiederholen Sie diesen Vorgang zehn Mal.

Entspannen Sie Ihren gesamten Körper und beginnen Sie dabei entweder oben am Scheitel oder unten an den Zehenspitzen. Spüren Sie, wie sich die Verspannungen in jedem Ihrer Körperteile lösen. Lassen Sie Ihren Geist zur Ruhe kommen, indem Sie alle inneren Selbstgespräche abstellen. Sobald Sie sich dabei ertappen, einem Gedankengang zu folgen, lassen Sie diesen Gedanken einfach ziehen und bringen Sie sich dazu, in einen meditativen Zustand zurückzukehren. Warten Sie ab, bis sich von selbst ein Bild oder ein Eindruck einstellt. Das fühlt sich anders an als ein gewöhnlicher Gedanke. Vielleicht kommt es Ihnen vor wie eine Botschaft von »woanders«, von einer höheren Ebene Ihres Selbst. Wenn Ihnen das zunächst seltsam erscheint, achten Sie nicht auf solche rationalen Erwägungen und lassen Sie es einfach zu.

Sie können sich auch vorstellen, wie Sie Stufen hinabsteigen oder in einem Aufzug nach unten fahren und in Ihrem persönlichen Kinosaal ankommen. Konzentrieren Sie sich auf die Leinwand und lösen Sie sich von all Ihren Gedanken. Möglicherweise kommt schon bald ein Bild zum Vorschein, das mit Ihrem Anliegen zu tun hat.

Sobald Sie es schaffen, fünf Minuten lang zu meditieren, verlängern Sie den Zeitraum auf fünfzehn oder zwanzig Minuten. Sie müssen sich aber keine streng festgelegte Spanne setzen.

Bei der Meditation zur Traumerinnerung werden Sie sich vermutlich entspannter und mehr bei sich selbst fühlen als üblich, sodass Sie Ihre Träume leichter zurückholen können. Wenn Sie weiterhin Schwierigkeiten damit haben, fragen Sie sich vor dem Meditieren, woran das liegen könnte. Die Antwort sollte Ihnen nicht schwerfallen. Wir alle haben eine innere Stimme, die uns hilft. Lassen Sie sich helfen.

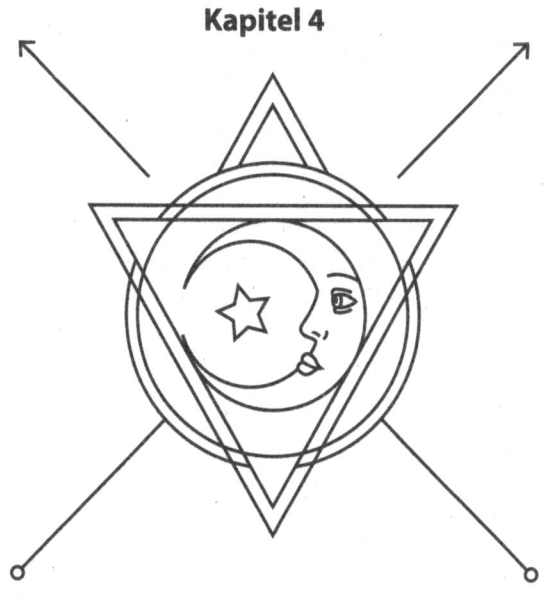

Kapitel 4

Ein Trauminterview führen

Es ist Nacht. Sie träumen. Sie wachen auf und haben keinen blassen Schimmer, was dieser Bär im Wald da eben zu bedeuten hatte. Sie zermartern sich das Hirn und fragen alle möglichen Freunde: »Was fällt dir dazu ein?« Gar nicht so einfach. Tagsüber stellen sich uns ganz andere Probleme, deshalb neigen wir dazu, Träume beiseitezuschieben oder allzu schnell wieder zu vergessen. Aber Ihre Träume zu verstehen, ist der erste Schritt, um Ihr gesamtes Leben besser zu verstehen.

Obwohl die Traumanalyse heute weniger verbreitet ist als zu früheren Zeiten, verfügen wir doch immer noch über einen reichen Schatz überlieferter Verfahren, derer wir uns bedienen können. Das Trauminterview gehört dazu, denn es hilft uns dabei, auf unsere innersten Gedanken zu hören. Oft wollen wir uns gar nicht so genau mit unseren Gefühlen auseinandersetzen. Wir verbergen sie oder wehren sie ab. Das ist nur natürlich. Dennoch finden sie unweigerlich ihren Weg in unsere Träume. Die Interviewtechnik zwingt uns dazu, die Wahrheit ans Licht zu bringen.

Wenn die Bedeutung eines Traums Ihnen schleierhaft bleibt, gehen Sie die Analyse so an, als würden Sie ein Interview führen. Auch Therapeuten nutzen die Interviewtechnik, um Patienten beim Erkennen ihrer Traumbedeutungen zu unterstützen. Zur Anwendung dieses Verfahrens braucht man allerdings nicht unbedingt einen Therapeuten, ein guter Freund oder Ihr Partner kann ebenso den Interviewer geben. Oder Sie befragen sich einfach selbst.

So geht's

Der erste Schritt besteht darin, dass Sie Ihrem Traum einen Namen geben. So können Sie ihn in Ihrem Traumtagebuch von anderen unterscheiden und vielleicht sogar ein vorherrschendes Bild oder Symbol herausfiltern. Der Interviewer – ob ein Freund oder Sie selbst – setzt es sich zum Ziel, Antworten auf die Fragen des Träumenden zu dessen jeweiligem Traum zu finden. Der Träumende sollte seinen Traum aufschreiben, damit der Interviewer diese Notizen vor sich liegen haben kann. Bevor das Interview beginnt, streicht der Interviewpartner sich die Wörter und Bilder an, die ihm besonders ins Auge springen. Er sollte den Träumenden bitten, es ihm gleichzutun. Verwenden Sie diese als mögliche Signalwörter. Halten Sie alles schriftlich fest.

Seien Sie intuitiv

Schweift der Träumende vom Thema ab, lassen Sie sich als Interviewer darauf ein. Versuchen Sie ihn nicht in die Grenzen zu verweisen, die Sie sich vielleicht selbst für das Interview gesetzt haben. Es geht um den Traum Ihres Gegenübers, also lassen Sie sich auch auf Umwege ein und warten Sie ab, wohin das führt. Wenn der Träumende plötzlich innehält oder sich bei seinen eigenen Worten unwohl zu fühlen scheint, haken Sie behutsam nach, um die zugrunde liegenden Gefühle aufzudecken.

Starke Emotionen sind häufig der Schlüssel zum wahren Kern eines Traums.

Ermutigen Sie zur Selbstbefragung

Wenn Sie ein Trauminterview führen, schlagen Sie dem Befragten vor, sich in Zukunft auch selbst zu befragen. Das Selbstinterview ist eine spielerische Methode, durch die der Träumende abwechselnd in zwei Rollen schlüpft. Möchten Sie sich selbst interviewen, so legen Sie sich Ihre Fragen vorher zurecht. Schweifen Sie ab, lassen Sie dies ruhig zu. Falls Sie beim Aufschreiben Ihrer Antworten eine heftige Empfindung überkommt, legen Sie eine Pause ein und gehen Sie diesem Gefühl auf den Grund. Sind Sie sauer? Ängstlich? Ausgelassen? Woran könnte das liegen?

Bewerten Sie Ihr Interview

Denken Sie immer daran, dass die Gefühle in Bezug auf Ihre Träume bedeutsam sind. Sie geben vertrauliche Einblicke in Ihr Unbewusstes. Selbst wenn Sie das Rätsel um einen Traum nicht »lösen«, so können Sie anhand Ihrer Antworten im Laufe des Interviews doch eine Menge lernen.

Die Senoi

Für die Senoi, ein Volk aus den gebirgigen Tropenwäldern Malaysias, ist das gegenseitige Mitteilen von Träumen ein zentraler Punkt des Gemeinschaftslebens. Wissenschaftlern zufolge beginnt der Tag für sie grundsätzlich damit, dass alle Familienmitglieder, einschließlich der Kinder, von ihren Träumen der vorigen Nacht berichten. Die Zuhörer fragen nach, wie sich der Träumende im Traum verhalten hat, und man erteilt sich gegenseitig Ratschläge, wie Verhalten und Haltung in zukünftigen Träumen verbessert werden könnten. Anschließend gibt die Familie Handlungsempfehlungen auf Grundlage der geschilderten Traumereignisse.

Nachdem die Traumerzählungen innerhalb der Familie ausgetauscht worden sind, trifft sich der Dorfrat und es beginnt die echte Traumarbeit. Mit jedem nacherzählten und erörterten Traum wird dem Stamm sein eigenes Selbstbild klarer. Man analysiert Symbole und jedes Ratsmitglied äußert seine Meinung. Stammesmitglieder, die sich über die Bedeutung eines Traums einig sind, befassen sich gemeinsam weiter mit ihm.

Brugh Joy und die Traumarbeit der Senoi

William Brugh Joy, der Autor von *Der Weg der Erfüllung*, animiert auf seinen Seminaren ebenfalls dazu, sich gegenseitig seine Träume zu erzählen. Da dies in der westlichen Welt nicht sehr verbreitet ist, sind manche davon zunächst irritiert. Judith Orloff, die an einem Seminar von Brugh Joy teilnahm und in *Jenseits der Angst* darüber berichtet hat, fühlte sich anfangs unter Druck gesetzt. Brugh Joy wählte sie aus der Gruppe einander unbekannter Teilnehmer aus, um als Erste von einem Traum der vergangenen Nacht zu erzählen.

Offene Aussprache

Die Senoi kritisieren oder verurteilen das Verhalten in Träumen nicht. Stattdessen schlagen sie andere Handlungsweisen vor. Negative Aspekte sollen umgewandelt werden. Angst soll sich in Mut verwandeln. Gefahren werden gemieden, Lustgefühle sinnvoll kanalisiert, und so wird ein positiver Ausgang herbeigeführt.

Orloff konnte sich an keinen Traum der vergangenen Nacht erinnern, also erzählte sie von einem anderen Traum der letzten Zeit, der ihr Rätsel aufgab. Brugh Joy deutete ihn für sie, und am Ende fühlte sich Orloff, als säße sie nackt vor den anderen. Sie schämte sich fürchterlich. Am nächsten Morgen hatte sich so viel Wut in ihr aufgestaut, dass sie überlegte, das Seminar vorzeitig abzubrechen.

Sie gestand sich allerdings bald ein, dass ihre Wut ein Zeichen dafür war, dass an Brugh Joys Worten etwas dran sein musste und sie seine Deutung noch einmal überdenken sollte. Orloffs Erfahrung ist sehr aufschlussreich. Es fällt uns viel leichter, mit jemandem über Träume zu sprechen, den wir gut kennen und dem wir vertrauen. Andererseits kann ein sachkundiger Außenstehender wie Brugh Joy eine sehr treffende Interpretation liefern, die Ihnen oder einem engen Freund gar nicht erst in den Sinn käme.

So nutzen Sie das Trauminterview

Ein Trauminterview hilft Ihnen zu ergründen, was Sie wirklich fühlen. Sie müssen dazu Ihren Traum niederschreiben und die Hauptmerkmale hervorheben. Und so geht's.

Denken Sie daran, Ihrem Traum immer einen Namen zu geben. Der nachfolgende Traum soll »Parkservice« heißen:

Es ist Nacht. Ich stehe vor einem Restaurant. Ich trage eine Uniform. Ein Wagen hält vor mir am Bordstein. Ich öffne die Tür und jemand steigt aus. Ich begreife, dass es mein Job ist, die Autos der Gäste zu parken. Ich setze mich hinters Steuer und fahre auf den Parkplatz.

Er ist riesig und voller Fahrzeuge. Ich muss ganz hinten parken, weil es nur dort noch ein paar freie Plätze gibt. Der Fußweg zurück zum Restaurant ist weit, und ich bin irgendwie deprimiert, weil ich eine solche Arbeit verrichten muss. Als ich wieder vor dem Gebäude angekommen bin, läuft plötzlich ein Wolf neben mir her, ein weißer Wolf. Das Restaurant ist verschwunden, an seiner Stelle befindet sich eine Bibliothek. Ich trage jetzt normale Straßenkleidung statt Uniform. Ich betrete das Gebäude, der Wolf folgt mir. Niemand beschwert sich über das Tier.

Ich weiß nicht, warum ich die Bibliothek besuche, es fällt mir einfach nicht mehr ein. Also gehe ich zum Regal mit den neuen Romanen, um mir ein gutes Buch auszusuchen. Ich finde dort

alle meine eigenen Bücher, sogar die vergriffenen. Ich bin be-
geistert! Außerdem entdecke ich ein Buch mit meinem Namen,
das keinen Titel hat, nur eine riesige Spirale auf dem Umschlag.

Diesen Traum hatte Ben, ein achtundvierzigjähriger Thriller-
Autor, der zur Zeit des Traums unter Geldsorgen litt. Er saß gerade an einem Roman, der sich stark von seinen bisherigen Büchern
unterschied. Da er ohne Verlagsvertrag daran arbeitete, musste er
für seinen Unterhalt nebenher noch andere Schreibprojekte annehmen, bis der neue Roman vielleicht einmal ein Erfolg werden
würde. Er hatte einen Auftrag als Ghostwriter angenommen, der
gut bezahlt wurde, ihn aber von seinem Romanvorhaben abhielt.

Nachdem Ben den Traum in sein Notizbuch geschrieben
hatte, ging er ihn erneut durch und markierte die wichtigsten
Elemente: den Ort, die beteiligten Personen, Gefühle, Tiere, bedeutsame Gegenstände oder Symbole und wichtige Handlungen. Das ist ein wesentlicher Schritt. Die Methode wurde
von der Traumtherapeutin Gayle Delaney und ihrem Partner
Loma Flowers entwickelt, die gemeinsam das Delaney and
Flowers Professional Dream and Consultation Center leiten.
Ben notierte die folgenden Punkte:

- **Schauplätze:** vor einem Restaurant, Bibliothek, voller
  Parkplatz
- **Zeit:** nachts
- **Personen:** ich selbst und andere, nicht näher erkennbare
  Personen
- **Gefühle:** unbestimmte Niedergeschlagenheit, Euphorie
- **Tiere:** weißer Wolf
- **Wichtige Gegenstände und Symbole:** Autos, Bücher,
  Uniform und Straßenkleidung, Spirale
- **Wichtige Handlungen:** Autos parken, Bibliothek be-
  suchen, Regal mit Neuerscheinungen studieren

Ben bat seine Frau, ihn zu interviewen, und sie stellte anhand
seiner Liste einen Fragenkatalog zusammen. Delaney empfiehlt,

dass der Interviewte während des Gesprächs so tut, als käme sein Gegenüber von einem anderen Stern, damit er keine Scheu hat, möglichst detailliert zu erzählen. Stellen Sie sich also zum Beispiel vor, Ihren Interviewpartner überhaupt nicht zu kennen, das bringt Sie als Träumenden dazu, ausführlicher auf die Fragen einzugehen.

Ben zeichnete das Interview akustisch auf. Er glaubte zwar, dass es einfacher für ihn gewesen wäre, das Gespräch mitzuschreiben, aber da Schreiben sein Beruf war, wollte er etwas anderes ausprobieren, um so vielleicht mehr Informationen hervorzulocken.

Zum Beispiel so: Bens Interview

Was sind die vorherrschenden Gefühle in deinem Traum?
Am Anfang Niedergeschlagenheit – so was wie Resignation angesichts meiner niederen Tätigkeit als Einparker. Ich hasse es, diese Uniform zu tragen. Es fühlt sich nach Bevormundung an.

Kommt dir das Gefühl der Niedergeschlagenheit aus dem Traum irgendwie bekannt vor?
Nein.

Was für ein Gefühl ruft das Restaurant in dir hervor?
Eigentlich gar keins, nur dass es etwas mit Essen, Nahrungsaufnahme und so zu tun hat. Ich vermute, es steht allgemein für den Lebensunterhalt.

Was fühlst du in Bezug auf den vollen Parkplatz?
Ich bin genervt, weil ich so weit fahren muss, um einen freien Platz zu finden.

Wie sahen die Autos aus?
Darauf habe ich nicht geachtet. Sie waren überhaupt nicht auffällig. Es waren einfach nur viele.

Wofür steht deiner Meinung nach der Parkplatz?
Das Verlagswesen hat sich extrem gewandelt. Es wird immer schwieriger, etwas bei einem Verlag unterzu-

bringen – also sozusagen einen Parkplatz zu finden. Die Projekte, die ich zum Geldverdienen angenommen habe, sind quasi die Entsprechung zum Einparken fremder Autos. Man könnte sagen: Ich parke die Autos anderer Leute, schreibe die Bücher anderer Leute, darum war auch keins der Autos irgendwie auffällig. Das Restaurant stellt den Lebensunterhalt dar, den ich bestreiten muss; durch die anderen Projekte bringe ich etwas zu essen auf den Tisch.

Was empfindest du in Bezug auf den weißen Wolf?

Ich habe mich total über ihn gefreut. Ich war überrascht, dass er einfach neben mir hergelaufen ist. Wölfe mochte ich schon immer. Vielleicht könnte man sie als so eine Art persönliche Schutzgeister von mir ansehen.

Es ist interessant, dass der weiße Wolf gerade dann neben dir auftaucht, als du zum Restaurant zurückläufst, das sich inzwischen allerdings in eine Bibliothek verwandelt hat. Was könnte das wohl bedeuten?

Das Kommen des Wolfs scheint anzuzeigen, dass sich in der Traumlandschaft etwas verändern wird – was ja dann auch wirklich der Fall ist. Das Restaurant ist plötzlich zur Bibliothek geworden. Ich hatte nicht erwartet, alle meine Bücher dort vorzufinden, sogar die vergriffenen.

Was soll das wohl heißen?

Vielleicht, dass einige meiner älteren Romane bald neu aufgelegt werden. Ich war ganz aus dem Häuschen, als ich all die Bücher in diesem Regal entdeckt habe.

Was hältst du von dem Spiralsymbol auf dem Buch ohne Titel?

Ich glaube, es steht für den Roman, an dem ich neben meinen anderen Projekten gerade schreibe. Eine meiner Titelideen dafür lautet *Spirale*.

Handschriftliche Antworten

Nachdem Sie sich überlegt haben, wer Sie interviewen soll, geben Sie der Person Ihre Liste mit den Traumdetails, damit sie sich Fragen überlegen kann. Versuchen Sie, auf diese Fragen möglichst ausführlich zu antworten, und halten Sie all

Ihre Reaktionen gewissenhaft fest, vor allem am Anfang. Man kann nie wissen, wo die wesentliche Information, wo der Kern der Sache liegt. Verwenden Sie ein Diktiergerät oder notieren Sie sich alles gründlich, sodass Sie später alles noch einmal durchgehen können. Sobald Sie in der Traumdeutung etwas geübter sind, wird die Interviewtechnik Ihnen in Fleisch und Blut übergehen.

Die Psychotherapeutin Veronica Tonay, Dozentin an der University of California in Santa Cruz, warnt allerdings davor, einem einzelnen Traum zu große Bedeutung beizumessen. »In der Regel ist eine längere Traumserie verlässlicher, um bestimmte Motive herauszufiltern«, so Tonay. »Sie sollten darauf achten, was Ihren Träumen gemeinsam ist, ob Ihnen zum Beispiel dauernd irgendetwas den Weg versperrt oder Ihre Erfolge vereitelt. Dann sollten Sie herausfinden, wie Sie im Traum mit dieser Bedrohung umgehen. Was lernen Sie aus dem, was Sie träumend tun oder unterlassen?«

Kindergeschichten

Träume von Kindern geben oftmals Hinweise auf Sorgen und Ängste, die auch deren Eltern umtreiben. Manche Kinder erzählen bereitwillig von ihren Träumen, bei anderen muss man vielleicht ein wenig nachbohren. Aber eins gilt für alle Kinder: Wenn sie in einem Haushalt leben, in dem das Nacherzählen von Träumen zum täglichen Familienritual gehört, trainieren sie ihr Erinnerungsvermögen und können anderen ihre Träume besser vermitteln.

Es ist sehr wichtig, dass Sie Ihre Kinder nach Ihren Träumen befragen! Bringen Sie sie sanft dazu, Ihnen die Gefühle in Bezug auf ihre nächtlichen Erfahrungen zu beschreiben. So werden Sie wertvolle Einblicke in die Entwicklung Ihrer Kinder gewinnen.

Können Sie sich denken, was der folgende Traum dem träumenden Mädchen und dessen Mutter mitteilen wollte? Er heißt »Krokodil«:

Mama und ich sind am Strand. Es ist heiß. Der Sand verbrennt mir die Füße. Das Meer ist ruhig und wunderschön. Mama und ich wollen baden gehen. Aber ich sehe nach hinten und merke, dass uns ein Krokodil verfolgt. Es kommt ganz schnell auf uns zu und ich kriege Angst. Ich schreie. Ich will nicht, dass es mich frisst. Wir rennen immer weiter, aber das Krokodil läuft immer schneller. Dann wird es vom Strandwächter getötet.

Dieser Traum stammt von Jenny, einer Siebenjährigen, die in Florida lebt. Ihre Mutter Helen hatte sich rund ein Jahr vor diesem Traum von Jennys Vater scheiden lassen, der um einiges älter war als sie. Jenny verbrachte die Wochenenden meist bei ihrem Dad, und ihre Eltern pflegten ein freundschaftliches Verhältnis zueinander. Jenny schien die Scheidung gut verkraftet zu haben.

Wenn Kinder von ihren Träumen berichten
Indem Kinder von ihren Träumen berichten, erfahren sie diese als Quelle sehr persönlicher Selbsterkenntnis. Das kann das Selbstwertgefühl stärken. Kinder begreifen außerdem, dass es ganz natürlich ist, sich an seine Träume zu erinnern, von ihnen zu berichten und sich damit auseinanderzusetzen.

Da Helen Jenny dazu ermutigte, von ihren Träumen zu erzählen, berichtete das Kind eines Morgens am Frühstückstisch ganz beiläufig von ihrem Krokodiltraum. Zunächst dachte Helen, dies müsse auf jeden Fall ein positiver Traum sein, aber sie wollte ganz sichergehen. Obwohl sie zu diesem Zeitpunkt noch nie etwas von Trauminterviews gehört hatte, wandte sie ziemlich genau dieses Verfahren an, so wie sie ihre Tochter eigentlich immer zu ihren Träumen befragte. Die Spontaneität einer solchen Unterhaltung kann manchmal wichtiger sein als der Traum selbst.

Es ist wichtig, Träume mit Blick auf die aktuelle Lebenssituation zu deuten. Halten Sie die Themen, Metaphern und Symbole aus Ihren Träumen jedes Mal fest. Helen konnte beim Krokodiltraum ihrer Tochter blitzschnell ihre Schlüsse ziehen, da sie die Metaphern und Symbole dank ihres Wissens über Jenny und die gemeinsame Familiensituation intuitiv erfasste:

- **Meer:** Steht für Jennys Gefühle. Dass das Meer ruhig ist, zeigt, dass Jenny derzeit keine innere Unruhe verspürt.
- **Strand:** Steht für die »neuen Ufer« ihrer veränderten Lebenssituation. Jenny fühlt sich wohl in diesem neuen Leben, bis sie zurückschaut und das Krokodil entdeckt. Dieses Zurückschauen könnte andeuten, dass sie sich von der Trennung, dem damit verbundenen Umzug und der Scheidung in der Vergangenheit bedroht gefühlt hat.
- **Krokodil:** Die Bedrohung. Es jagt Jenny und Helen die »Ufer ihres neuen Lebens« entlang. Aber es erwischt sie nicht und kann sie nicht fressen.
- **Strandwächter:** Er »bewacht den Strand« und tötet die Bedrohung. Jenny stellt sich nicht selbst dem Krokodil entgegen, das übernimmt ein männlicher Erwachsener für sie. Helen glaubt, dass dies für die Zuversicht steht, die Jenny in Bezug auf die neue Rolle ihres Vaters in ihrem Leben empfindet. Helen erkennt aber auch, dass sie Jennys Eigenständigkeit stärken muss, damit ihre Tochter nicht bei jeder Schwierigkeit auf die Hilfe eines Erwachsenen angewiesen ist, der die Dinge für sie in Ordnung bringt.

Traumwächter

Indem Sie Träume mit Ihren Kindern und anderen nahestehenden Personen besprechen, können Sie nicht nur mögliche Konfliktherde erkennen, sondern auch Ihre Beziehungen zu Ihren Mitmenschen vertiefen. Ein vierjähriges Einzelkind namens Megan durchlebte eine Folge von Albträumen, in denen sie von riesigen Tigern, hässlichen Affenwesen und Außerirdischen gejagt wurde. Wochenlang wachte sie jede Nacht weinend auf und kroch ins Bett ihrer Eltern, weil sie Angst hatte, allein in ihrem Kinderzimmer zu bleiben.

Die Eltern beruhigten sie auf die übliche Weise. Sie versicherten Megan, dass die Tiere und Außerirdischen in Wahrheit gar nicht existierten. Diese Wesen könnten ihr nichts anhaben, es sei alles nur ein Traum. Aber für Megan waren die Träume sehr real. Megans Eltern, die damals das Haus renovierten, tapezierten eine Wand von Megans Zimmer mit einer Einhorntapete. Megan liebte Einhörner. Sie wollte alles über sie wissen und am liebsten eines im Zoo ansehen. Plötzlich ging ihren Eltern auf, dass sie das geeignete Gegenmittel für Megans Albträume gefunden hatten. Sie schlugen ihr vor, dass sie beim nächsten schlimmen Traum ein Einhorn zum Schutz vor den bösen Traumwesen herbeirufen sollte.

Erste Albträume

Kinder haben ihre ersten Albträume gewöhnlich im Alter von etwa zwei Jahren. Sehr kleinen Kindern kann man oft durch Gespräche dabei helfen, Ängste zu verarbeiten, die möglicherweise der Auslöser für die Albträume sind. Es ist außerdem sinnvoll, sie von allzu brutalen Bildern und Erlebnissen – Fernsehnachrichten oder auch streitenden Eltern – fernzuhalten.

Eines Morgens verkündete Megan beim Frühstück voller Stolz, dass sie nachts in ihrem Albtraum ein Einhorn gesehen habe. Sie hatte es gerufen und es war angaloppiert gekommen. Sie war auf seinen Rücken geklettert und mit ihm davongeflogen. Inzwischen ist Megan sieben Jahre alt und hat gelernt, in ihren Albträumen verschiedene Schutzwesen zu Hilfe zu rufen.

Stellen Sie sich, Ihrem Kind oder anderen wichtigen Menschen in Ihrem Leben die folgenden Fragen:

- Welchem Tier fühlst du dich besonders verbunden?
- Ist dieses Tier schon einmal in einem deiner Träume erschienen?
- Worum ging es in den Träumen, in denen das Tier vorkam?
- Gab es noch andere Symbole in diesen Träumen?
- Wie hat dir das Tier geholfen, oder was hat es im Traum getan?
- Wie kannst du das, was das Tier im Traum getan hat, auf dein tägliches Leben übertragen?

Teil 2

Traumarten

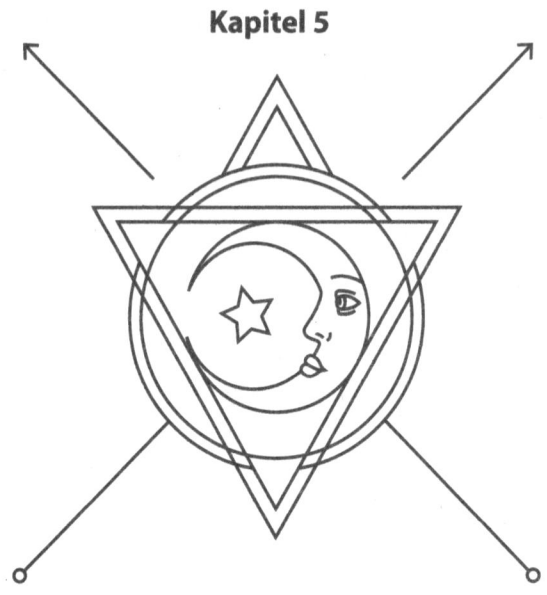

Kapitel 5

Träume von Tod und Gefahr

Sie wachen schweißgebadet auf. Im Traum sind Sie vor einem Dieb oder vor Räubern oder sogar vor dem Teufel höchstpersönlich davongelaufen. Und Sie waren kurz davor zu sterben. »Gott sei Dank bin ich aufgewacht!«, denken Sie da sicher. Sie wischen sich den Schweiß von der Stirn und Ihnen fällt das Ammenmärchen ein, dass man bald sterben muss, wenn man von seinem eigenen Tod träumt. Was für ein Unsinn, glauben Sie das bloß nicht! Manchmal träumen Menschen wirklich von ihrem Tod oder ihrer Beerdigung, oder sie blicken sogar selbst von oben auf ihre eigene Leiche. Aber all diese Menschen haben den Traum offensichtlich überlebt und konnten uns davon berichten.

Natürlich gibt es die seltenen Fälle, in denen jemand vom eigenen Tod träumt und weiß, dass dieser in naher Zukunft eintreten wird. Aber eines muss Ihnen klar sein: In Träumen gibt es weder Zeit noch Raum. Jemand kann beispielsweise im

Traum von einem bereits verstorbenen Freund besucht werden, der ihn mit dem Gedanken an den eigenen Tod vertraut machen möchte. Doch der Verstorbene hat im Jenseits keine irdische Zeitvorstellung mehr – der Tod seines träumenden Freundes liegt vielleicht noch fünf, zehn, zwanzig oder dreißig Jahre in der Zukunft. Sofern es sich um einen Wahrtraum handelt – wohlgeordnet und in Farbe –, bezieht er sich aller Wahrscheinlichkeit nach überhaupt nicht auf ein Ereignis der näheren Zukunft.

Es geht immer um Sie selbst

Nur selten verweisen Todesträume auf den tatsächlichen physischen Tod. Im folgenden Traum, der sich mit den Lebenden und den Toten beschäftigt, geht es eher um das zukünftige Leben der Träumenden als um ihr Sterben. Laura, fünfundvierzig Jahre alt, hatte um einen Traum gebeten, der ihr bestätigen sollte, dass in ihrem Leben derzeit alles glatt lief. Daraufhin hatte sie den folgenden Traum namens »Laientheater«:

Ich bin in einer Art Scheune, vielleicht der Saal eines Laientheaters. Lebende wie Tote sind anwesend, als wäre das hier so eine Art Treffpunkt zwischen den Welten oder Dimensionen. Eine Frau erklärt mir, dass ich nur mein Geburtsdatum in einen Computer tippen muss, um über mich selbst und mein Leben alles zu erfahren, was ich wissen will.

Es sind Leute da, die zwischen den Welten der Lebenden und der Toten wechseln können. Eine solche Frau erzählt mir, dass das »Glas« am Übergang zwischen Leben und Tod irgendwann so durchsichtig sein wird, dass man auf die andere Seite »sehen« kann.

Der Traum endet mit einer Brandschutzübung. Meine frühere Schulleiterin steckt den Kopf zur Tür herein und fordert alle auf, das Gebäude zu verlassen.

Laura war Hobbyastrologin, also erschien ihr der Verweis auf ihr Geburtsdatum nur logisch. Sie interpretierte den Traum als Aufforderung, sich ein umfassendes Horoskop für das folgende Jahr zu erstellen. Sie glaubte außerdem, ihr Unbewusstes teile ihr durch den Traum deutlich mit, dass ihr alles, was sie wissen wollte, im Traum zugänglich war; sie musste nur danach fragen. Es beruhigte sie, dass ihr Unbewusstes stets für sie erreichbar war und dass sie auch im Wachen bereits über Mittel und Wege zur Klärung bestimmter Probleme und Fragen verfügte.

Als Laura ihrem Mann von dem Traum berichtete, wies er sie darauf hin, dass die Frage nach dem Geburtsdatum an eine Art digitale Akasha-Chronik erinnerte, das »kosmische« Weltgedächtnis, auf das der Wahrsager Edgar Cayce laut eigener Aussage in seinen Lesungen zugreifen konnte. Die Träumende glaubte, dass das »Glas« zwischen den Lebenden und den Toten den Traumzustand symbolisierte. Der Feueralarm am Ende war buchstäblich ein Weckruf, der sie in einen bewussten Zustand zurückführte, damit sie den Traum festhalten konnte.

Tod heißt Wandel (nicht Tod)

Der Tod ist die letztgültige Wandlung, der Übergang von einem Seinszustand in einen anderen. Im Tarot steht die Todeskarte deshalb nicht für den Tod, sondern für Wandel, für eine grundlegende Veränderung, die das Leben völlig umkrempelt. Im Traum symbolisiert der Tod in der Regel etwas Ähnliches.

Verwandlung

Wenn Sie einen Todestraum haben, sollten Sie sich fragen, ob in Ihrem Leben gerade ein Umbruch stattfindet. Lassen Sie sich scheiden? Erwarten Sie ein Kind? Wollen Sie bald heiraten? Möchten Sie den Beruf wechseln? Diese und ähnliche wichtige Lebensentscheidungen können einen Todestraum auslösen.

Oft kommen in Todesträumen noch weitere Symbole vor. Ein Auto zum Beispiel ist eine häufige Traummetapher für eine neue Richtung, die man im Leben einschlägt, ein Symbol dafür, wohin die Reise geht. Ein sechzehnjähriges Mädchen hatte einen Todestraum, in dem ein Auto vorkam, kurz nachdem ihre Familie aus dem Bundesstaat fortgezogen war, in dem sie ihre Kindheit und Jugend verbracht hatte. Und eine achtundvierzigjährige Steuerberaterin träumte einen Todestraum infolge ihres Wechsels von einem großen Unternehmen in die berufliche Selbstständigkeit.

Beziehungsträume

Im folgenden Traum eines jungen Mannes deuten die Todessymbole auf seine veränderten Gefühle für seine Freundin hin. Der Traumtitel lautet »Kirmes«:

Jenny und ich sind auf einer Kirmes, die in der Stadt Station macht. Es war ihre Idee und sie verhält sich wie ein kleines Kind, isst Zuckerwatte, rennt von Karussell zu Karussell und besteht darauf, dass ich überallhin mitkomme. Ich mag die Kirmes nicht und würde lieber wieder gehen. Sie möchte auf die Achterbahn, ich nicht. Wir streiten uns vor allen Leuten und mir ist das total peinlich. Nur damit sie Ruhe gibt, lenke ich ein und gehe mit ihr auf die Achterbahn.

Ich hasse Achterbahnfahren, alle um uns herum kreischen, Jenny krallt sich an mir fest und quietscht wie eine Fünfjährige. Als unser Wagen eine Abfahrt hinunterrast, schnappt plötzlich ihr Sicherheitsbügel auf und sie wird aus dem Sitz geschleudert. Ich sehe sie wie eine Rakete durch die Luft schießen, und ich weiß, dass sie sterben wird. Ich fühle mich erleichtert.

Nach dem Aufwachen war ich entsetzt über meine Herzlosigkeit und konnte nicht wieder einschlafen. Aber je länger ich dalag und nachdachte, desto klarer wurde mir, dass wir beide eigentlich keine Gemeinsamkeiten mehr hatten, dass ich sie unreif fand und die Beziehung für mich im Grunde *längst am Ende war. Die Trennung war nur noch eine Formsache.*

Im nächsten Traum einer jungen Frau erahnen wir an einem Abhang den Tod eines Mannes. Der Traum heißt »Der Abhang«:

John und ich sitzen an einem grasbewachsenen Abhang mit Blick auf ein Tal. Ich bin nicht ganz sicher, was wir hier machen oder wie wir hergekommen sind, aber das spielt im Traum auch keine Rolle. Wir unterhalten uns über Leute aus dem College und unsere verrückten Aktionen von damals. Plötzlich wendet er sich mir zu und sagt: »Ich muss jetzt weiter. Aber mach dir keine Sorgen um mich. Ich melde mich bald.«

Am nächsten Morgen konnte ich mich daran erinnern, von ihm geträumt zu haben, und nahm an, dass er bald mal wieder bei mir vorbeischauen würde. Er führte damals quasi ein Nomadenleben, brach einfach auf, trampte durchs Land und besuchte unterwegs seine Freunde, die sich jedes Mal freuten, ihn zu sehen. Ich dachte an diesem Tag mehrmals, dass ich unsere gemeinsame Freundin Linda anrufen sollte, die normalerweise wusste, wo er sich gerade herumtrieb. Stattdessen wurde ich an diesem Abend meinerseits von Linda angerufen, die in Tränen aufgelöst war. John war in der Nacht zuvor bei einem Autounfall ums Leben gekommen.

Einige Jahre später träumte dieselbe Frau, dass sie und John sich erneut an diesem Abhang trafen und wieder über alte Zeiten sprachen und lachten. Und auch diesmal wandte John sich ihr plötzlich zu und sagte, er müsse jetzt »weiter und die nächste Stufe nehmen«. In den über zwanzig Jahren, die seit diesem zweiten Traum vergangen sind, hat sie nie wieder von ihm geträumt. Offensichtlich hat er wirklich »die nächste Stufe« genommen. In diesem Traum gibt es nichts zu analysieren, er sollte als direkte Botschaft von John gedeutet werden.

Im vorliegenden Fall gab es nichts, was die Träumende gegen Johns Tod hätte unternehmen können. Doch manche Träume mit lebensbedrohlichem Inhalt sollten Ihnen als Warnung dienen. Vielleicht träumen Sie davon, dass das Flugzeug, das Sie morgen nehmen wollen, abstürzen wird und buchen deshalb um. Dann erfahren Sie, dass auf diesem Flug wirklich etwas passiert ist.

Über die Familie

Nicht immer, aber häufig geben Bücher über Traumsymbole unheilvolle Deutungen für Träume von der entfernteren Verwandtschaft an. Manchmal wird zum Beispiel behauptet, der Traum von einem Cousin oder einer Cousine deute darauf hin, dass dem Träumenden etwas Enttäuschendes und Trauriges widerfahren werde. Selbst der Traum von einer angenehmen Begegnung mit dem Cousin kann für ein größeres Zerwürfnis innerhalb der Familie stehen. Wenn eine Frau von ihrer Tante träumt, wird sie angeblich bald harsche Kritik in Bezug auf ihre Entscheidungen und ihr Handeln erfahren. Träume von Tod und Sex, in denen Familienmitglieder vorkommen, können dagegen sehr unterschiedliche Bedeutungen haben.

Todesträume mit Familienmitgliedern

Ein Traum über Tod oder Lebensgefahr, in dem Verwandte eine Rolle spielen, deutet wie die meisten Todesträume häufig auf eine bedeutende Umwälzung hin. Der Traum dient dann, wie im folgenden Beispiel, als Informationskanal. Der Traum heißt »Erscheinung«:

> *Tante Pat, die ältere Schwester meiner Mutter, erscheint mir und schwebt wie ein Geist in einer Ecke des Schlafzimmers. Im Traum sehe ich sie so klar, dass ich die Falten in ihrem Gesicht, die hellgrauen Haarsträhnen und die genaue Form ihres Mundes erkennen kann. Sie spricht mit mir, aber ich höre nicht, was sie sagt.*
>
> *Plötzlich fällt mir ein, dass ich schon Geschichten gehört habe, in denen solche Geisterwesen ihren nächsten Angehörigen*

unmittelbar vor deren Tod erschienen sind. Ich versuche zu schreien, aber es geht nicht, und ich schrecke aus dem Schlaf auf. Für wenige Sekunden kommt es mir so vor, als hinge Tante Pats Abbild wie im Traum wirklich in der Ecke meines Schlafzimmers. Dann blinzele ich und die Erscheinung schwindet. Oder vielleicht war sie auch nie da und ich habe mir das alles nur eingebildet. Das weiß ich immer noch nicht so genau.

Am nächsten Tag habe ich meine Eltern angerufen, um zu fragen, ob es meiner Tante gut geht. Soweit sie wussten, war das der Fall. Ich vergaß den Traum, bis meine Eltern mir einige Tage später erzählten, dass sie inzwischen mit Tante Pat gesprochen hatten. Sie war gestürzt, hatte sich die Hüfte gebrochen, genau an dem Wochenende, an dem ich von ihr geträumt hatte, und war nun dabei, zu ihrem Sohn zu ziehen.

Der Traum kündigte also an, dass das Leben der Tante eine tief greifende Veränderung erfahren sollte oder bereits erfahren hatte, auch wenn es dafür zunächst keinerlei Belege gab. Im Traum schien die Tante eine Art Geist zu sein, sodass die Träumende vermutete, ihre Tante sei tot und suche sie heim, aber das traf nicht zu. Die Tante war gerade dabei, zu ihrem Sohn zu ziehen; sie durchlebte eine einschneidende Veränderung. Wir haben es hier mit einem präkognitiven Todestraum zu tun. Die Träumende träumte von ihrer toten beziehungsweise als Geist erscheinenden Tante, aber in Wahrheit stand diese gerade vor einem bedeutenden Einschnitt in ihrem Leben.

Kapitel 6

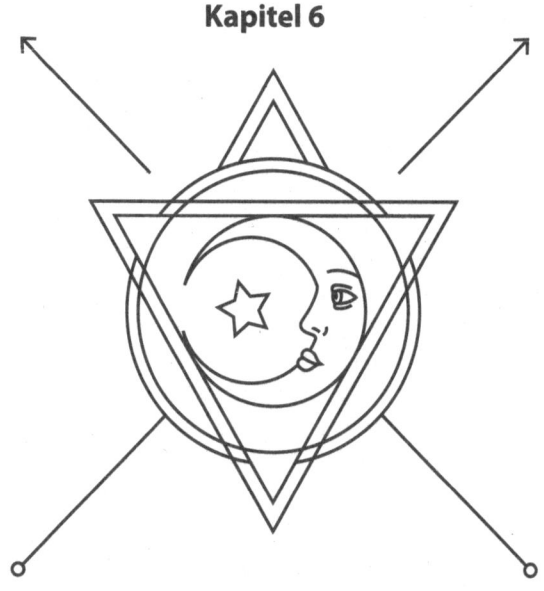

Träume von Liebe und Sex

Sex, Träume, Freud – diese drei Wörter scheinen eng miteinander verknüpft zu sein. Sigmund Freud zufolge sind alle unsere Träume von sexuellen Thematiken erfüllt. Freud lebte lange in der Zeit der Habsburger-Monarchie, als Sex ein Tabuthema war. Seine Ideen trugen dazu bei, die westliche Welt aus dem strengen Moralkorsett dieser Epoche zu befreien.

Allerdings gilt Freuds Ansicht, dass unser Sexualtrieb praktisch all unsere Trauminhalte bestimmt, inzwischen als überholt. Manche Traumforscher der Gegenwart glauben gar, dass selbst bestimmte Sexträume nicht unbedingt etwas mit Sex zu tun haben. Träume dieser Art können überaus hilfreich sein, um Hemmungen zu erkennen und zu überwinden.

In den folgenden Träumen mit sexuellem Inhalt stoßen Sie vielleicht auf vertraute Motive. Doch Sie und Ihre Träume sind einzigartig, also betrachten Sie die Interpretationshilfen ledig-

lich als Ausgangspunkte, nicht als Lösungen. Vergleichen Sie
diese Beispiele mit Ihren eigenen Träumen:

- **Sie suchen nach einem Ort, um Sex zu haben:** Sie eilen
  von Haus zu Haus, von Stadt zu Stadt. In diesem Traum
  geht es mehr um die Suche nach dem passenden Ort als
  um Sex an sich. Träume wie dieser sind eine Metapher für
  eine Suche nach Innigkeit.
- **Sie haben Sex, kommen aber nicht zum Höhepunkt:** In
  diesem Traum bleibt Ihr Verlangen ungestillt. Der Traum
  symbolisiert mangelnde Erfüllung und Enttäuschungen in
  Ihrem Leben, die jedoch rein gar nichts mit Ihrem Liebesleben zu tun haben müssen. Denken Sie über Ereignisse
  der jüngeren Vergangenheit nach: Wovon waren Sie in
  letzter Zeit enttäuscht?
- **Sie haben Sex in der Öffentlichkeit:** Dieser Traum verweist sehr drastisch auf eine öffentliche Handlung in
  Ihrem Leben. Was haben Sie kürzlich in der Öffentlichkeit getan oder was werden Sie eventuell bald tun? Denken
  Sie genau über das Ereignis nach. Betrachten Sie weitere
  Elemente des Traums: Mit wem hatten Sie Sex? Was hat
  diese Person mit der öffentlichen Handlung in Ihrem
  Wachleben zu tun? Falls es keinerlei Zusammenhang zwischen dieser Person und dem öffentlichen Ereignis gibt,
  wofür könnte die Person dann stehen?

Menschen, die etwa eine Krankheit, eine Depression, eine Operation oder eine Trauerphase aufgrund einer gescheiterten Beziehung hinter sich haben, bekommen manchmal plötzlich und
wie aus dem Nichts erotische Träume. Sie treten oft in Folge
einer körperlichen Genesung auf und scheinen mit gesteigerter
Lebenskraft und einem Gefühl von Lebendigkeit einherzu-
gehen. Der Träumende empfindet das oftmals als ironisch, wenn
er an seine jüngsten körperlichen Beschwerden denkt. Doch
diese Träume sollen uns daran erinnern, dass wir zwar durch die
Hölle gegangen, aber immer noch sehr lebendig sind.

Erotik und Verlangen

In erotischen Träumen erleben wir starke Sinneswahrnehmungen, und sie bringen häufig sexuelle Befriedigung. Diese Träume können sehr plastisch ausfallen, ähnlich wie ein pornografischer Film; die sexuellen Handlungen sind nicht selten der hauptsächliche oder einzige Trauminhalt. Möglicherweise sind erotische Träume ein Versuch unseres Geistes, das natürliche sexuelle Verlangen zu stillen. Manchmal werden sie auch von äußeren Reizen beeinflusst, etwa von erotischen Romanen oder Filmen.

Träume, in denen Sie Sex mit einer berühmten Persönlichkeit haben, können einen Wunsch nach der Art von Erfolg ausdrücken, für den dieser Promi Ihrer Meinung nach steht. Ein junger Schriftsteller träumt vielleicht davon, Sex mit einer Bestsellerautorin zu haben, eine intensiv trainierende Sportlerin träumt von ihrer Heirat mit einem bekannten Profisportler, und eine junge Fernsehreporterin träumt, mit einem berühmten Moderator zu schlafen. Sexträume können auch Hinweise auf grundlegende persönliche Bedürfnisse, Sehnsüchte, Ängste oder Umwälzungen geben.

Ekstase und Freudenmomente

Träume der Freude – ein Gefühl des Wohlergehens und des Glücks – deuten darauf hin, dass unter Ihren Freunden Harmonie herrschen wird. Ein Traum über Genuss – ein Gefühl der Erfüllung – verspricht Erfolg im Finanziellen und Persönlichen. Wenn Sie davon träumen, fröhlich und ausgelassen zu sein, heißt das vermutlich, dass Ihnen etwas Angenehmes bevorsteht.

Träume von einem Zustand der Glückseligkeit, in denen Sie großes Vergnügen verspüren, weisen zudem darauf hin, dass in Ihrem Leben gerade alles in Ordnung ist und Sie keinen Misserfolg zu fürchten haben. Das Fazit ist eindeutig: Träumen Sie vom Glück und Sie werden glücklich sein!

Sexuelle Hemmnisse

Ein weit verbreiteter Traum über sexuelle Hemmnisse handelt davon, dass Vater, Mutter oder gleich beide Elternteile ins Zimmer kommen, während man gerade Sex hat. Oft spielt in einem solchen Traum die Identität des Sexualpartners eine wichtige Rolle: Wenn er auch in Wirklichkeit Ihr Partner ist, überlegen Sie, ob Ihre Eltern die Beziehung gutheißen oder ob Sie sich vielleicht nach der elterlichen Zustimmung sehnen. Es gibt noch andere Szenarien, etwa das folgende. Der Traum heißt »Eltern und Sexträume«:

> *Im Traum habe ich Sex mit diesem gut aussehenden Typen aus meinem Büro. Alles läuft super, bis ich merke, dass meine Mutter an meinem Bett steht. Ich zerre die Bettdecke über meinen Liebhaber und will wissen, was sie in meinem Schlafzimmer zu suchen hat. Sie antwortet nicht, sieht uns aber missbilligend an. Dann dreht sie sich einfach um und geht aus dem Zimmer.*

Für Julie, die diesen Traum hatte, war die Szene leicht zu deuten: Sie fand den besagten Kollegen attraktiv und genoss seine Gegenwart. Aber sie liebte auch ihren Ehemann und hätte ihn im Wachzustand niemals betrogen. Das Auftauchen ihrer Mutter im Traum machte ihr deutlich, dass sie Schuldgefühle hatte, weil sie sich zu ihrem Kollegen hingezogen fühlte.

Wie reagieren die anderen?

Achten Sie auf die Reaktionen der anderen Personen in Ihrem Traum in Bezug auf Ihr Verhalten. Obwohl diese Reaktionen von Außenstehenden kommen, drücken sie in Wahrheit Ihre eigenen Gefühle aus. Passen Sie Ihr Verhalten entsprechend an und Angstträume dieser Art werden aufhören.

Beziehungen

Viele Sexträume hängen mit früheren oder aktuellen Beziehungen zusammen. Oft kommen ehemalige Lebenspartner darin vor. In den verrücktesten Träumen dieser Art tauchen alle Ihre früheren Liebhaber auf derselben Party oder gleich im selben Bett auf. Anhand eines solchen Traums sollen frühere Verhältnisse, die weiterhin Einfluss auf Ihre Beziehungen haben, neu überdacht werden.

Als Nächstes folgt ein Traumbeispiel mit einer etwas anderen Handlung, aber zu einem ähnlichen Thema. Der Träumende war Bill, ein dreiunddreißigjähriger, unverheirateter Ingenieur. Der Titel seines Traums lautet »Die verschwindende Geliebte«:

> *Es fängt alles super an. Ich bin mit Sharon zusammen, die ich vor einigen Monaten durch die Arbeit kennengelernt habe. Ich fühle mich sehr zu ihr hingezogen, und im Traum wird es romantisch zwischen uns. Wir wissen beide, was Sache ist, und haben keinerlei Hemmungen. Aber gerade als ich so richtig erregt bin, beginnt Sharon sich plötzlich vor meinen Augen aufzulösen. Egal was ich tue, ich kann den Prozess nicht aufhalten. Sie verflüchtigt sich einfach.*

Für Bill verrät dieser Traum weniger über Sharon als vielmehr etwas über ein wiederkehrendes Muster in seinem Leben. Wenige seiner Liebesbeziehungen hatten bis zu diesem Zeitpunkt länger als ein paar Monate gehalten. Bill gab zu, eins seiner Hauptprobleme bestehe darin, dass ihn bei einer neuen Partnerin vor allem die aufregenden ersten sexuellen Annäherungen reizten. Sobald die Frau ein Teil seines Lebens geworden war, verlor er das Interesse.

Vielleicht hatten auch Sie schon einmal einen Sextraum, der sich Ihrer Meinung nach um gewisse Beziehungsmuster drehte. Die folgende Übung soll Ihnen dabei helfen, den Sinn eines solchen Traums zu erfassen, sodass Sie Ihren wahren Gefühlen auf den Grund gehen und daraus lernen können. Beantworten Sie die folgenden Fragen aufrichtig, um etwas über mögliche Beziehungsschemata herauszufinden:

- Was verrät Ihnen der Traum über frühere oder aktuelle Partner?
- Was verrät Ihnen der Traum über Sie selbst?
- Sind Sie enttäuscht, weil es Ihnen schwerfällt, einen festen Partner zu finden?
- Würden Sie sagen, dass Ihre Beziehungen vielversprechend beginnen, dann aber immer irgendwie scheitern?
- Welches möglicherweise bedeutsame Muster legt Ihr Traum offen?
- Sehen Sie Ihre Partner immer zuerst durch die rosarote Brille, bis Sie sich besser kennenlernen?
- Gehen Sie Beziehungen zu vorschnell ein?
- Waren Sie bei früheren Partnern zu kritisch?
- Nutzt Ihr aktueller Partner Sie auf irgendeine Weise aus? Ist Ihnen das in früheren Beziehungen schon einmal passiert?

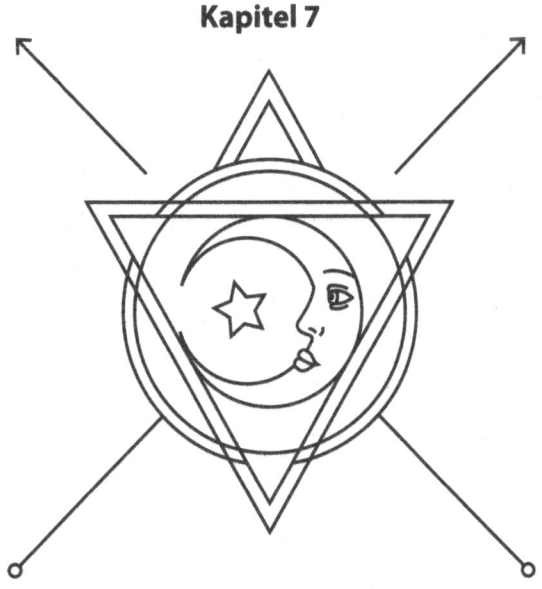

Kapitel 7

Weitere Traummotive

Manche Traummotive scheinen weiter verbreitet zu sein als andere. Das ist nur logisch, denn die Menschen machen im Verlauf ihres Lebens meist sehr ähnliche Erfahrungen. Manchmal drücken die klassischen Traummotive Ängste oder Sorgen aus, manchmal aber auch Freude und Triumph. Was jedoch immer zutrifft: Die Motive verraten Ihnen, was gerade in Ihrem Kopf und Ihrem Herzen vorgeht.

Fallen

Träume vom Fallen können als Metapher für das gefallene Mädchen, das Fallen in Ungnade oder ein Aus-der-Rolle-fallen dienen. Die Deutung hängt stark davon ab, was in Ihrem Leben gerade los ist. Manchmal bezieht sich ein Traum auch bloß auf das, was Sie in den letzten vierundzwanzig Stunden vor dem Einschlafen erlebt haben.

Bei einem solchen Traum werden Sie oft sofort begreifen, worauf er sich bezieht. Doch manchmal kann die Bedeutung so schwer zu knacken sein wie eine komplizierte mathematische Gleichung. Dann müssen Sie den Traum Stück für Stück auseinandernehmen und sich überlegen, wie man ihn wieder neu zusammensetzen könnte.

Ein Schauspieler namens Derek träumte, dass er mit seiner Agentin in einem Cabrio fährt. Die Agentin sitzt am Steuer. Während sie über eine Landstraße düsen, nimmt der Wagen ein tiefes Schlagloch mit und gerät schleudernd außer Kontrolle. Die Agentin tritt auf die Bremse, aber die versagt und der Wagen stürzt von einer Klippe.

Der Traum ließe sich auf vielerlei Weise deuten. Für Derek gab es allerdings nur eine einzige sinnvolle Erklärung, nämlich jene, die ihm einen neuen Blick auf das Verhältnis zu seiner Agentin eröffnete. Er grübelte ein, zwei Tage über den Traum nach und kam zu dem Ergebnis, dass er schon länger das Gefühl hatte, seine Agentin habe seine Karriere falsch angepackt und sei nicht in der Lage, die Abwärtsspirale ihrer beruflichen Beziehung zu »bremsen«. Wenige Tage später beendete er die Zusammenarbeit mit ihr.

Schreiben Sie zur Übung einen Traum vom Fallen auf, den Sie immer wieder träumen. Wenn er noch nicht allzu lange her

Außer Kontrolle

Die Traumtherapeutin Gayle Delaney regt an, sich zu fragen, wie man sich im Traum beim Fallen gefühlt hat. Hatten Sie Angst? Fühlten Sie sich hilflos? Außer Kontrolle? Oder war das Gefühl eher angenehm? Wie würden Sie es genau beschreiben? Die Antworten können Ihnen einen Hinweis darauf liefern, was das Fallen in Ihrem Traum bedeutet.

ist, notieren Sie außerdem, was zur Zeit des Traums in Ihrem Leben gerade vor sich ging. Standen Sie an einem Scheidepunkt Ihrer Beziehung? Hatte sich ein wichtiges Verhältnis schmerzhaft verändert? Waren Ihre Kinder kurz zuvor von zu Hause ausgezogen? Hatten Sie in der jüngeren Vergangenheit Alkohol- oder sonstige Drogenprobleme? Deuten Sie den Traum. Schreiben Sie auf, ob Sie aufgrund des Traums eine bestimmte Entscheidung getroffen haben. Notieren Sie folgende Punkte:

- Datum und Uhrzeit des Traums
- Die Traumhandlung
- Die Ereignisse, die dem Traum unmittelbar vorausgingen
- Ihre Deutung

Fliegen

Wenn Sie im Traum fliegen können, handelt es sich möglicherweise um einen Astraltraum oder eine außerkörperliche Erfahrung. Doch auch in Entlastungsträumen kann Fliegen eine Rolle spielen. Freud bezog die Fähigkeit zu fliegen in Entlastungsträumen auf das Bedürfnis nach Sex. Der österreichische Arzt und Psychotherapeut Alfred Adler setzte Träume vom Fliegen mit dem Wunsch nach Machtausübung in Beziehung. Und C. G. Jung sah Träume dieser Art als Drang nach Befreiung aus Beschränkungen. Die meisten Psychotherapeuten neigen heutzutage letzterer Deutung zu.

Auch Träume vom Fliegen betrachtet man am besten individuell. Fragen Sie sich, ob sich das Fliegen für Sie angenehm oder beängstigend angefühlt hat. Warum fliegen Sie? Fliehen Sie vor Verfolgern? Spielen Sie sich vor jemandem auf? Fühlen Sie sich ausgelassen? Ergründen Sie Ihre Gefühle in Bezug auf den Traum und die Traumhandlung. Kommt Ihnen etwas bekannt vor, als wären Sie schon einmal auf diese Art geflogen?

Manche Flugträume umfassen auch eine Reise außerhalb des eigenen Körpers. Außerkörperliche Erfahrungen gehen mit ganz eigenen Empfindungen einher und schließen oft »Reisen« an zugleich vertraut und fremdartig erscheinende Orte mit ein.

In der folgenden Erzählung erinnert sich Ken, ein zweiundvierzigjähriger Versicherungsfachmann und begeisterter Langstreckenläufer, an einen Traum vom Fliegen. Der Titel lautet »Laufen, um zu fliegen«:

> *Ich laufe über ein Feld und mit jedem Schritt wird mein Körper leichter. Die Schritte werden immer länger und ich werde schon bald immer schneller. Dann hebe ich ab, steige auf, es ist ein tolles Gefühl. Plötzlich fällt mir ein, dass ich das schon früher einmal getan habe. »Es ist ganz einfach«, denke ich. »Gar kein Problem.« Ich will mir diesmal unbedingt merken, dass ich fliegen kann. Nach dem Aufwachen war ich sehr aufgeregt. Ich brauchte ein paar Minuten, um zu begreifen, dass ich nur geträumt hatte und in Wirklichkeit gar nicht fliegen konnte.*

Ken sah seinen Traum vom Fliegen als Symbol dafür, dass er etwas geleistet hatte. Am Tag des Traums hatte er bei einem regionalen Zehn-Kilometer-Lauf mit über 700 Teilnehmern den zweiten Platz in seiner Altersklasse und insgesamt den zwölften Platz belegt. Nach dem Lauf empfand er ein Hochgefühl, das sich auf den Traum übertrug.

Prüfungssituationen und Klassenzimmer

Jim, ein selbstständiger Bauunternehmer, träumte, dass er es unbedingt noch pünktlich zu seiner ersten Unterrichtsstunde um acht Uhr schaffen will. Als er den Klassenraum betritt, teilt der Dozent gerade Hefte für eine Abschlussklausur aus. Jim fällt ein, dass er den Kurs im ganzen Semester nur wenige Male besucht hat und auf die Klausur überhaupt nicht vorbereitet ist.

Obwohl Jims College-Abschluss schon über zwanzig Jahre zurücklag, hatte er diesen Traum regelmäßig ein bis zwei Mal pro Jahr. Der grobe Rahmen änderte sich kaum. Als er seine

Träume aufzuschreiben und zu analysieren begann, erkannte er, dass der Traum gewöhnlich immer dann auftrat, wenn er ein Angebot für ein großes Bauvorhaben erstellte. Obwohl er jedes Mal Wochen damit zubrachte, die Kosten für potenzielle Projekte zu kalkulieren, fühlte er sich doch selten gut genug darauf vorbereitet.

Bei den meisten Menschen laufen Träume über Prüfungssituationen sehr ähnlich ab. In dem Buch *Deine Träume* schreibt Ann Faraday, dass diese Träume vor allem dann auftreten, wenn wir uns auf die Probe gestellt sehen oder von jemandem beurteilt werden sollen, etwa bei einem Vorstellungsgespräch. Jeder fühlt sich im Leben mal schlecht vorbereitet. Der Prüfungstraum spiegelt in diesem Fall das Unbehagen, für eine neue Herausforderung im Leben nicht ausreichend gerüstet zu sein.

Wenn Sie dieses Traummotiv interpretieren, achten Sie darauf, ob Ihnen ein wichtiger Abgabetermin bevorsteht oder Sie im Alltag unter besonderem Druck stehen. Falls das nicht der Fall ist, stellen Sie sich die Frage, ob Sie sich in Ihrem Leben einer Sache vielleicht nicht gewachsen fühlen. Vergessen Sie nicht, den Traum in Ihrem Traumtagebuch ausführlich festzuhalten.

Orientierungstraum

Wenn Sie sich im Traum in einem Klassenzimmer befinden, sehen Sie sich Ihre Umgebung genau an und fragen Sie sich, warum Sie dort sind. Vermittelt Ihnen das Lernumfeld ein angenehmes Gefühl? Erkennen Sie den Lehrer wieder? Welches Fach wird gerade unterrichtet? Häufig treten Träume über Klassenzimmer in einer Phase entscheidender persönlicher Entwicklungen auf.

Eine dreiunddreißigjährige Frau, die erst kurz zuvor einer Traumdeutungsgruppe beigetreten war, berichtete vom unten beschriebenen Klassenzimmertraum. Sie hatte ihn elf Jahre zuvor auf dem College geträumt, und er gab ihr noch immer Rätsel auf. Sie fragte, ob jemand aus der Gruppe eine Idee habe,

was er bedeuten könnte. Wenn Sie sich den Traum gleich durch-
lesen, achten Sie besonders darauf, wie die Frau den darin vorkommenden Empfangsbereich und den Unterrichtsraum beschreibt. Der Traum heißt »Der nächste Schritt«:

*Meine Freundin Tanya und ich sitzen in einem Empfangs-
bereich mit etwa einem Dutzend anderer Leute verschiedenen
Alters und unterschiedlicher Herkunft. Wir wissen nicht so
recht, was wir hier suchen. Nichts lässt darauf schließen, wo
wir genau sind. Ich fühle mich unwohl an diesem Ort. Ich gehe
zum Auskunftsschalter und frage die Empfangsdame, worauf
wir eigentlich warten.*

»Auf den Kursbeginn«, sagt sie.

*»Aber ich habe mich für gar keinen Kurs angemeldet«, er-
widere ich.*

»Das kann nicht sein. Was machen Sie denn dann hier?«
*Danach fährt sie in ihrer Arbeit fort und ich gehe wieder an
meinen Platz zurück. Kurz darauf ruft die Frau mich und
Tanya auf. Wir betreten eine Art Hörsaal. Er ist voller Menschen, und durch ein Dachfenster fällt helles Licht. Die Farbe
des Himmels ist seltsam, ein irgendwie glimmendes Himmel-
blau.*

*Der Vortragende ist ein bekannter Autor, dessen Namen ich
nach dem Aufwachen vergessen hatte, aber im Traum wusste
ich, dass er schon einige Jahre zuvor gestorben war. Plötzlich
begreife ich, dass ich mich in einem Kurs über das Jenseits be-
finde und jetzt etwas über das Sterben und das Leben nach dem
Tod erfahren werde.*

Mehrere Mitglieder der Gruppe brachten den Traum sofort mit
Nahtodberichten in Verbindung. Die Träumende konnte das
nachvollziehen, merkte jedoch an, dass in ihrem näheren Umfeld um die Zeit des Traums niemand gestorben war und sie
noch nie eine Nahtoderfahrung gehabt hatte.

Doch der Traum stärkte ihren Glauben an das Fortbestehen
unseres Bewusstseins nach dem Tod und löste ein lebenslanges

Interesse an metaphysischen Themen in ihr aus. Der Kurstraum kehrte regelmäßig wieder, meist im Zuge spiritueller Glaubenskrisen, und bestärkte die Träumende stets in dem von ihr eingeschlagenen Weg.

Wenn allerdings ein Lehrer einen Klassenzimmertraum hat, kann die Bedeutung sehr viel praktischerer Natur sein. So verhält es sich etwa mit dem Traum von Bharata, einundfünfzig Jahre alt und Leiter eines Sivananda-Yoga-Zentrums in Lake Worth in Florida. Er träumte, dass er als einziger Lehrer für zwei Kurse zuständig ist, die zur selben Zeit stattfinden, und er beide zugleich unterrichten muss, indem er wiederholt von einem Zimmer ins andere wechselt.

In Bharatas Fall spiegelt der Klassenzimmertraum seine insgeheime Sorge wider, zu viele Yogakurse zu geben. Obwohl er sehr gern Yoga unterrichtete, hatte er immer jeweils zwei oder drei Kurse pro Tag und dachte schon seit Längerem darüber nach, weitere Lehrer hinzuzuziehen, um sich zu entlasten.

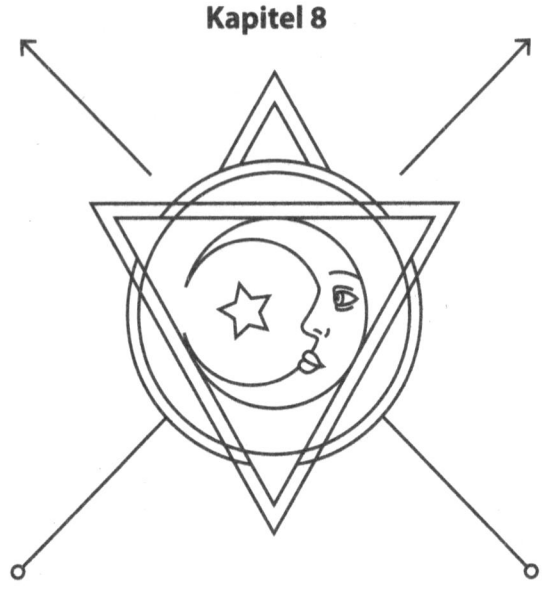

Kapitel 8

Angstträume

Manche Träume beruhen auf einer Bildsprache, die auf innere Unruhe verweist; wir träumen von Situationen, die uns Angst machen. Diese Träume können darauf hindeuten, dass wir in bestimmten Lebensbereichen gerade unsere persönliche Komfortzone verlassen. Unsere Reise führt uns vielleicht an einen aufregenden neuen Ort, aber er ist uns eben auch fremd – und das Fremde verursacht Stress. In diesem Kapitel behandeln wir einige verbreitete Angstträume.

Nacktheit

In *Deine Träume* beschreibt Ann Faraday den Traum eines jungen Studenten, der nackt vor einer jubelnden Menge steht. Im Traum fühlte er sich großartig. Doch was geschah zu diesem Zeitpunkt in seinem Wachleben? Tatsächlich hatte er kurz zuvor zum ersten Mal Sex gehabt, und für ihn bedeutete der Traum, dass er seine moralischen Fesseln abgeworfen hatte. »Hätten die Zuschauer im Traum Missfallen geäußert, wäre das ein Hinweis auf Schuldgefühle gewesen, denn in der konkreten Welt hätten es seine Kommilitonen sicherlich gebilligt«[6], so Faraday.

Träume vom Nacktsein sind oft ein Weg, etwas über sich mitzuteilen. Ängste, Gehemmtheit und typische Fälle von »Entblößung« liegen nahe. Vor allem müssen Sie sich fragen, wie Sie Ihre Nacktheit im Traum wahrnehmen. Fühlen Sie sich wohl? Frei? Furchtsam? Träume über Nacktheit beziehen sich nicht in jedem Fall wörtlich aufs Nacktsein. Manchmal verweisen sie eher auf Situationen, in denen wir uns verletzlich fühlen, und im Traum werden unsere Ängste durch Nacktheit ausgedrückt und können sich so möglicherweise auflösen.

Wenn Sie träumen, nackt zu sein, und sich dabei albern oder verstört fühlen, stellen Sie sich nach dem Aufwachen die folgenden Fragen:

- Gibt es ein Problem in Ihrem Leben, das Sie nicht angehen?
- Wann fühlen Sie sich machtlos?
- Von wem werden Sie beeinflusst?
- Wie können Sie dieses Problem beheben?

Nehmen Sie sich vor, sich mit der betreffenden Person oder dem Problem direkt auseinanderzusetzen, und Sie werden sehen, dass die Schwierigkeiten verschwinden. Sie fühlen sich dann besser und gewinnen mehr Kontrolle über Ihr Leben. Dulden Sie nicht, dass andere Sie ohne den gebotenen Respekt behandeln. Träume von Nacktheit, in denen Sie sich entblößt fühlen, sind oft ein Ausdruck für Gefühle der Unzulänglichkeit und Verunsicherung in Ihrer aktuellen Lebenslage.

Handtaschen und andere
verlorene Gegenstände

In Handtaschen und Portemonnaies bewahren wir Kreditkarten, Geld und Ausweise auf – wichtige Dinge also. Sie dienen in unserer Gesellschaft als Beleg dafür, wer wir sind. Schlüssel öffnen Ihre Haustür, starten Ihr Auto und verschaffen Ihnen Zugang zu Ihrem Arbeitsplatz. In Aktenkoffern trägt man häufig wichtige Dokumente mit sich herum. All diese Dinge definieren uns auf gewisse Weise. Sie sind unser persönlicher Besitz – sie gehören allein uns. Folglich treten Verlustträume dieser Art laut Gayle Delaney häufig bei Menschen auf, deren Kinder erst kürzlich das Elternhaus verlassen haben. Oder auch bei Arbeitnehmern, die in Rente gegangen sind oder entlassen wurden.

Ordnen Sie drei Ihrer wiederkehrenden Träume allgemeine thematische Überschriften zu, wie es in diesem Kapitel dargestellt wird. Beschreiben Sie dann, was die Themen oder Symbole im wachen Zustand für Sie bedeuten. Passen Ihre Vorstellungen zu den Trauminhalten?

Wenn es sich um recht aktuelle Träume handelt, die Sie in Ihrem Traumtagebuch festgehalten haben, lesen Sie die Einträge noch einmal durch. Schreiben Sie auf, was in Ihrem Leben vorging. Dann deuten Sie die Träume. Halten Sie dabei folgende Punkte fest:

- Grobe Unterteilung und Bedeutung
- Ereignisse in Ihrem Leben zur Zeit des Traums
- Ihre Traumdeutung

Wenn Sie häufig Dinge verlieren oder zu spät zu Verabredungen kommen, wissen Sie vermutlich selbst, dass Sie sich besser organisieren sollten. Manchmal, wenn wir diese Dinge nicht angehen wollen, drängen sie sich umso stärker in unsere Träume.

Ein Auslöser kann zudem die Sorge sein, nicht gut genug auf seine Finanzen zu achten. Eine im Traum verlorene Handtasche

Identitätswandel
Träume über verlorenen Besitz stellen sich oft bei
Menschen ein, die gerade ihre Lebensweise oder in-
nere Einstellung verändern. Das hat mit einem Wan-
del der eigenen Identitätswahrnehmung zu tun.
Widmen Sie sich diesen Träumen sehr gründlich.

oder Geldbörse verweist möglicherweise auf die persönliche
Wahrnehmung der eigenen finanziellen Situation. Denken Sie
darüber nach, was Sie in Ihrem Leben gut im Blick haben und
was weniger. Sie werden sicher schnell herausfinden, wo das
Problem liegt.

Geld finden

Ein Entlastungstraum, den wir wohl alle einmal träumen, handelt davon, Geld zu finden. Manchmal liegt das Geld in Form
von Münzen am Boden oder ist vergraben. Je tiefer Sie im Traum
graben, desto mehr Münzen werden Sie vielleicht hervorholen.
Bei Träumen von einem Münzfund zwischen den Wurzeln eines
Baums ziehen Traumexperten eine Parallele zur Funktion der
Wurzeln, die den Baum ernähren. Sie sind die verborgenen
Lebensadern des Baums, ohne sie stirbt er. Dieses Verhältnis ist
auch der Schlüssel zu Ihrem Traum. Überlegen Sie, wonach Sie
am Fuß des Baums in Wirklichkeit suchen. Ist es Anerkennung?
Finanzieller Zugewinn? Liebe? Wofür steht in Ihrem Fall das
Geld? Vielleicht für Freiheit?

Terri hörte als Kind von ihrem Vater immer wieder den Satz:
»Geld wächst nicht auf Bäumen.« Sie hatte den Eindruck, dass
der Vater diesen abgedroschenen Satz immer dann anführte,
wenn sie sich etwas Bestimmtes wünschte. Das blieb natürlich
hängen. Ihr Traum heißt »Der Geldbaum«:

Unter einem großen Baum grabe ich nach etwas. Ich spüre die
Erde unter meinen Fingernägeln, und der erdige Duft erfüllt
mich. Ich finde erst eine einzelne Münze und dann noch mehr.
Je tiefer ich grabe, desto mehr Geld kommt zum Vorschein. Ich
bin aufgeregt, als hätte ich gerade ein wunderbares Geheimnis
gelüftet – dass nämlich Geld wirklich auf Bäumen wächst!

Auch für Terri wächst das Geld zwar weiterhin nicht auf oder
unter Bäumen, aber ihr Traum könnte ihr bedeuten, dass man
durch große Anstrengungen bisweilen verborgene Schätze hebt.
Träume dieser Art beziehen sich nicht unbedingt konkret auf
Geld, sondern vielmehr auf inneren Reichtum: Charakterstärke,
Energie, Selbstwertgefühl. Unsere Persönlichkeit wurzelt in unserem wahren Selbst, und dieses Selbst kann eine Fülle von Schät-
zen bergen, die oft wertvoller sind, als wir es uns vorstellen. Unser
Unterbewusstsein weiß um diesen inneren Wert, und dieses Wissen scheint zuweilen in unseren Träumen auf. Solche Träume
müssen nicht andeuten, dass Sie Geld brauchen, sondern dass Sie
sich wohlfühlen in Ihrer Haut.

Reisen

Reiseträume können sich auf eine tatsächlich bevorstehende
Reise beziehen, aber wenn so etwas in nächster Zeit nicht bei
Ihnen ansteht, ist die Traumreise vermutlich symbolischer Art.
Achten Sie besonders auf die Umstände. Was ist das Ziel? Sind
Sie allein unterwegs oder mit anderen? Haben Sie Gepäck
dabei? Denken Sie daran, dass die Erlebnisse während Ihrer
Reise manchmal bedeutsamer sind als das Ziel.

Ein Zeitungsreporter namens Jerry schilderte den folgenden
wiederkehrenden Traum. Er heißt »Verpasste Anschlüsse«:

Ich fahre mit dem Zug ins Ausland und muss umsteigen, aber ich
habe mein Gepäck aus den Augen verloren. Ich suche überall da-
nach und weiß, dass ich mich beeilen muss, sonst verpasse ich

meinen Anschlusszug. Manchmal stehe ich auch ohne Gepäck an einem Bahnhof, weil ich meine Sachen in dem Zug vergessen habe, aus dem ich gerade ausgestiegen bin. Normalerweise wache ich auf, bevor ich herausfinde, wie es weitergeht.

Jerry hielt zwei Deutungen dieses Reisetraums für wahrscheinlich, in beiden Fällen stand die Reise für seinen Beruf. Obwohl er nur selten Geschäftsreisen unternahm, beruhte seine Arbeit darauf, für seine Reportagen Verbindungen zu anderen Menschen herzustellen. Er lebte in beständiger Sorge, dass ihm diese Verbindungen zu seinen Quellen nicht gelingen könnten oder dass er auf die Gespräche mit ihnen nicht gut genug vorbereitet wäre. Das Gepäck symbolisiert deshalb die Vorarbeit zu seinen Interviews.

Wie steht's in Ihrer Partnerschaft?
Wenn Sie im Traum immer wieder einen Anschluss verpassen, der Sie zu Ihrem Partner oder Liebhaber bringen soll, lässt das auf Ängste innerhalb Ihrer Beziehung schließen. Fragen Sie sich, was der Grund dafür sein könnte, und analysieren Sie Ihre Situation.

Jerrys zweite Deutung bezog sich auf seine berufliche Zukunft als Reporter. Er hatte es satt, Tag für Tag irgendwelchen Geschichten nachzujagen, und wollte sich eigentlich gern umorientieren. Doch er hatte Angst, diesem Wechsel nicht gewachsen zu sein – den Anschluss an einen neuen Job zu verpassen.

Ausfallende Zähne

Ein Traum über Zahnausfall kann Ausdruck gefühlten Kontrollverlusts sein – Sie sehen in Ihrem Leben etwas durcheinandergeraten. Zahn- oder Haarausfall sind ganz natürliche Phänomene, die jeden Menschen treffen können, sodass sie in Träumen mitunter sehr realistisch wirken. Die Bedeutung ist jedoch metaphorisch zu sehen.

Ann Faraday schreibt, ihre eigenen Träume über ausfallende Zähne spiegelten »fast immer mein Gefühl wider, dass ich während des Tages irgendwie ›das Gesicht verloren‹ oder ›meinem Selbstbild Schaden zugefügt‹ hätte, gewöhnlich dadurch, dass ich Angstgefühlen oder Schwäche nachgegeben hatte.«[7] Edgar Cayce sah Träume über Zahnverlust als Metaphern für ein loses Mundwerk oder unbedachte Äußerungen. Vielleicht bereuen Sie ja, über jemanden gelästert zu haben. Frauen sollen solche Träume übrigens öfter haben als Männer.

Bringen die genannten Deutungen Sie nicht weiter, dann stellen Sie sich die Frage, was Sie selbst mit Zähnen assoziieren. Stehen sie in Ihren Augen für Macht? Ein ansprechendes Äußeres? Angriffslust? In welchen Situationen fühlen Sie sich, als hätten Sie »keinen Biss«? Symbolisieren Zähne für Sie vielleicht etwas sehr Konkretes? Es ist wichtig, sich diese Fragen zu stellen.

Wenn Sie von Zeit zu Zeit Träume über Zahnausfall haben oder einen anderen der hier erwähnten typischen Entlastungsträume träumen, etwa über Nacktheit, Reisen, das Verlieren von Wertgegenständen oder über Prüfungssituationen, sollten Sie das gelassen sehen. Wir alle haben solche Träume. Interessanterweise wandeln sich weit verbreitete Traummotive mit der Zeit, genau wie die Gesellschaft. Für unsere Kinder werden vielleicht Computerspiele, Klimakatastrophen, Bombenanschläge oder andere mediale Dauerbrenner zu wichtigen neuen Traummotiven. Und doch übermitteln uns all die verschiedenen Symbole die gleiche Botschaft: Diese sehr gängigen Angstträume werden Sie so lange heimsuchen, bis Sie sich ihren Ursachen stellen. Fangen Sie also am besten noch heute damit an.

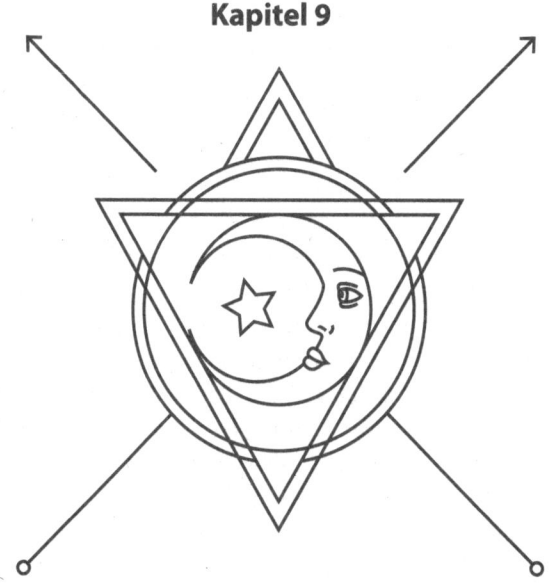

Kapitel 9

Albträume

Die meisten Menschen haben Angst vor ihnen. So mancher betet darum, von ihnen verschont zu bleiben. Manchmal will man gar nicht wieder einschlafen, nachdem man einen hatte. Albträume verstören und irritieren, aber man kann sie auch zu seinem Vorteil nutzen. Warum gibt es Albträume überhaupt, und wie können sie uns dabei helfen, Ängste unseres Wachlebens anzugehen?

Motive und Symbole

Wissenschaftlichen Untersuchungen zufolge können starke Angstgefühle im wachen Zustand die Häufigkeit und Intensität von Albträumen erhöhen. Tatsächlich fallen Albträume in unsere Traumlandschaften ein, um ungelöste Probleme unseres

Wachlebens aufzuarbeiten. Zu den typischen Albtraum-symbolen zählen Schusswaffen, Diebe, Gespenster, Dämonen und Ungeheuer oder auch der Teufel. Die Bedeutung dieser Symbole ist für jeden Menschen individuell, ausschlaggebend ist wie immer der Kontext.

Die Verfolgungsjagd

Das häufigste Albtraummotiv ist die Verfolgungsjagd. Da Albträume sich aus belastenden Ängsten speisen, die irgendwie zum Ausdruck kommen müssen, kann dieses Motiv sehr vielfältig sein. Als Erwachsener flieht man in der Regel vor sich selbst, als Kind vielleicht vor einem übermächtig erscheinenden Elternteil oder einer anderen Autoritätsperson.

Heilsame Albträume

Viele Fachleute stimmen darin überein, dass die Erinnerung an Träume von großer Wichtigkeit ist, andere wiederum halten es für ebenso wichtig, sie auch wieder zu vergessen. Francis Crick, Nobelpreisträger und einer der Entdecker der DNA-Doppelhelix, widmete sich mit Graeme Mitchison der Traumforschung. Die beiden stellten fest, dass Träume und Albträume offenbar die einzigen Mittel des Gehirns sind, durch die es sich sozusagen »freipusten« und auf neue Aufgaben einstellen kann. Die Forscher sind sogar der Ansicht, dass sich unser Geist dadurch von Zwangs- und Wahnvorstellungen befreit.

Auf diese Weise werden auch Fehlannahmen zurechtgerückt – Vorstellungen, die wir im Geist verdreht haben, um schöngefärbte Ansichten zu erhalten. Offenbar muss sich der Neokortex in unserem Gehirn, in dem unter anderem die Erinnerungen gespeichert werden, regelmäßig »entladen«.

Wiederkehrende Albträume

Wenn man immer wieder den gleichen Albtraum hat, kann das daran liegen, dass die Seele etwas längst Durchlebtes wiedererkennt und noch immer zu verarbeiten versucht. Mit anderen Worten: Hier betreten wir den Bereich der Reinkarnation. Manchen Fachleuten zufolge können wiederkehrende Träume schlicht auf Erinnerungen an ein früheres Leben zurückgehen.

Wie bereits erwähnt, sind Träume über den eigenen Tod fast nie eine Zukunftsvoraussage. Ein Todestraum verweist normalerweise auf Veränderungen oder Umbrüche. Manchmal scheinen sich Seelen allerdings wirklich an frühere Tode zu erinnern und spielen diese in Albträumen wieder und wieder durch, bis das Unterbewusstsein damit abgeschlossen hat. Es ist ein bisschen wie in einer Zeitschleife. Ihre Seele ist sich in diesen Momenten nicht bewusst, wer Sie aktuell sind, deshalb können Erinnerungen an frühere Existenzen an die Oberfläche dringen. Versuchen Sie diese Träume nicht rational zu erfassen durch Fragen wie »Warum hören sie denn nicht auf?« oder »Warum wache ich jedes Mal auf, kurz bevor ich sterbe?« Lassen Sie Ihr Unterbewusstsein die nötige Erinnerungsarbeit tun, und die Träume werden irgendwann von allein verschwinden.

Was sie bedeuten

Fragen Sie eine Dreijährige nach ihren Albträumen und sie wird Ihnen vermutlich berichten, wie sie von furchterregenden Tieren gejagt wird: von Feuer speienden Drachen, grimmigen Wölfen oder Löwen.

Bei Kindern treten Albträume häufig auf, nachdem sie von ihren Eltern ausgeschimpft oder bestraft wurden, wenn sie krank sind oder sich gerade in einer Übergangsphase befinden, etwa im Fall einer Scheidung der Eltern oder eines Umzugs. Manchmal scheint es gar keinen äußeren Grund für die Albträume zu geben, aber meist steckt doch mehr dahinter. Indem Sie behutsam nachfragen, sollten Sie der Sache auf den Grund kommen.

Albträume im Wandel

Im Alter von fünf bis sechs Jahren verändern sich die Albträume von Kindern üblicherweise. Statt schlimmer Gefahren oder Verfolgungen durch wilde Tiere besteht der Angstgegner nun vielleicht in einem gemeinen Schulkameraden oder Nachbarskind. Solche Albträume drücken oft reale Ängste aus, die das Kind auch im wachen Zustand plagen.

In *The Bedside Guide to Dreams* beschreibt Stase Michaels drei Arten von Albträumen, die bei Erwachsenen weit verbreitet sind.»Im ersten werden Sie mit handfesten Ängsten konfrontiert. Im zweiten verarbeiten Sie tief in Ihrer Seele liegendes Leid und Kummer. Die dritte Sorte ist die häufigste und lässt sich gut durch den Spruch ‚Mein größter Feind bin ich selbst‘ umschreiben.« Bei dieser Sorte begegnen Sie einem Teil Ihres Selbst, den Sie lieber verdrängen würden. Die Person oder Begebenheit, die im Traum aufgegriffen wird, trifft einen empfindlichen Nerv und bringt etwas zum Vorschein, das Sie lieber unter der Decke gehalten hätten.

Manchmal wirken solche Albträume wie eine direkte Warnung – in Bezug auf Gesundheit, Beziehungen oder Berufsleben. Bevor Sie Ihre Albträume zu wörtlich nehmen, sollten Sie jedoch zunächst alle anderen möglichen Deutungen in Betracht ziehen.

Untersuchen Sie den Traum auf Metaphern. Achten Sie auf Anspielungen auf gewisse Charakterzüge, die Sie sich selbst nur ungern eingestehen. Seien Sie ehrlich zu sich. Artikuliert der Traum etwas von Ihren Ängsten? Bezieht er sich auf eine Eigenschaft, die Sie am liebsten verleugnen? Folgende Anhaltspunkte sind dabei hilfreich:

- **Anschaulichkeit:** Träume, die eine Warnung enthalten, sind in der Regel sehr anschaulich.

- **Ihre Reaktion:** Wenn ein Traum als Warnung gedacht ist, reagieren Sie normalerweise ähnlich, wie das auch im wachen Zustand der Fall wäre.
- **Kongruenz:** In einem Warntraum sieht Ihr Zuhause in der Regel genauso aus wie Ihre tatsächliche Wohnung. Ihre Mutter sieht im Traum wie Ihre echte Mutter aus. Der Traum fühlt sich, anders als bei vielen anderen Traumarten, sehr realistisch an.

Der Angst entgegentreten

Wenn Sie regelmäßig unter Albträumen leiden, ist es besonders wichtig, sich den eigenen Ängsten zu stellen. Die meisten Menschen beschäftigen sich nur höchst ungern mit angstbesetzten Dingen oder Situationen. Erst wenn sie direkt mit ihnen konfrontiert werden, reagieren sie darauf. Treten Sie Ihren Ängsten jedoch von sich aus entgegen, so werden Sie die Furcht einflößende Traumsituation besser kontrollieren können. Auf diese Weise können Sie auch generell an Ihren Ängsten arbeiten, und diese sind in aller Regel die Ursache für Ihre Albträume. Indem Sie sich bewusst machen, was Ihnen Angst bereitet, haben Sie bereits den ersten Schritt zur Überwindung getan.

Der folgende Albtraum stammt von einer Frau, die im Erdgeschoss eines großen Apartmentkomplexes wohnte. Die Anlage war sehr gut gesichert, doch das Viertel galt als eines der gefährlichsten der Stadt. Viele Bewohner hatten Überwachungssysteme in ihren Wohnungen und Autos installiert, die Träumende jedoch nicht. Zwischen ihr und der Außenwelt befand sich nichts als ein Türriegel. Deshalb heißt dieser Traum ebenfalls »Türriegel«:

> *Ich stehe mitten in der Nacht in der Küche und will mir etwas zu essen holen. Nur das Licht über dem Herd brennt. Plötzlich wird an der Tür zum Innenhof gerüttelt, und ich wirbele herum. Mich erfasst eine grauenvolle Lähmung. Ich kann mich weder bewegen noch schreien, bloß zusehen.*

Eine Hand schiebt sich durch den Türspalt. Eine Männer-
hand. Ich sehe Schmutz unter den Fingernägeln. Der Mann
versucht, die Türkette zu fassen zu kriegen. Ich nehme den Tee-
kessel und ramme ihn gegen seine Finger. Die Hand ver-
schwindet.

Ich sehe den kaputten Türriegel. Mit einem Fußtritt schließe
ich die Tür wieder und blockiere sie mit einem Stuhl. Als ich auf-
wache, bin ich in meinem Schlafzimmer und absolut sicher, dass
der Mann gerade draußen im Hof ist und versuchen wird, in die
Wohnung einzudringen – meine Wohnung.

Dieser Traum ist wörtlich zu verstehen, er enthält keine versteckte Bedeutung. Die Träumende wurde vor dem kaputten
Türriegel an ihrer Küchentür gewarnt. Sie gab zu, dass der Rie-
gel wirklich eine Zeit lang defekt gewesen war, sodass man den
gesamten Schließmechanismus problemlos aus der Tür hätte
ziehen können, was ein Loch zur Außenwelt ergeben hätte.
Gleich nach diesem Traum beauftragte sie einen Schlosser, der
ihre Tür reparierte.

Der Türriegeltraum war sehr deutlich und realistisch. Die
Küche der Träumenden sah im Traum genauso aus wie ihre
wirkliche Küche. Der Türriegel war auch im wahren Leben kaputt, und die Hand des Eindringlings war in allen Einzelheiten
sichtbar. Zwei Wochen später wurde in eine Wohnung drei
Türen weiter eingebrochen.

Nehmen Sie Warnungen ernst

Ganz gleich ob Sie von einem tatsächlich bevorstehenden Ereignis träumen oder nicht, nehmen Sie
Traumwarnungen wörtlich! Träume dieser Art bedeuten nicht unbedingt, dass wirklich etwas passieren wird, aber tun Sie sich den Gefallen und lassen
Sie es nicht darauf ankommen.

Übung: Sich der Angst stellen

Analysieren Sie einen wiederkehrenden Albtraum. Welche Bilder stehen im Vordergrund? Wo spielt sich der Traum ab? Gibt es offensichtliche Metaphern oder Wortspiele, die einen wichtigen Hinweis auf die Bedeutung geben? Wie endet der Traum? Wenn Sie sich Ihrer Angst im Traum nicht stellen müssen, schreiben Sie das Ende um, sodass Sie mit der Angst konfrontiert werden. Halten Sie folgende Punkte fest:

- Den Albtraum
- Den Schauplatz
- Die Metaphern
- Wie Sie im Traum handeln
- Wie Sie den Traum verändern würden

Oberhand gewinnen

Die Senoi, das malaysische Gebirgsvolk, von dem bereits die Rede war, lösten alle ihre Probleme durch Traumdeutung. Angeblich kannten sie keinerlei Ängste und Wahnvorstellungen, weil sie sich aus psychologischer Sicht äußerst fortschrittlich verhielten. Wenn sie in ihren Träumen Angst erlebten, diskutierten sie ihre Empfindungen anschließend ausgiebig mit anderen.

»Sich Gefahren zu stellen und sie zu überwinden«, schreibt Patricia Garfield, »ist die wichtigste Grundregel der Traumkontrolle bei den Senoi.«[8] Zum Glück stoßen auch bei uns manche auf diesen Grundsatz, ohne je von den Senoi gehört zu haben. So litt eine Frau nach einer Vergewaltigung immer wieder unter einem Albtraum, in dem der Vergewaltiger sie verfolgte. Schließlich brachte sie die Situation in einem dieser Träume unter ihre Kontrolle. Der Traum trägt den Titel »Der Vergewaltiger«:

Der Schauplatz ist genauso wie in den anderen Träumen: Der Mann jagt mich eine dunkle Gasse zwischen zwei Sandstein-

gebäuden entlang. Ich habe solche Angst, dass mein Mund ganz
ausgedörrt ist. Nicht weit vor mir sehe ich schon das Ende der
Gasse, erkenne Lichter, Autos, aber ich weiß, dass ich es nicht bis
dorthin schaffen werde.

Also bleibe ich plötzlich stehen, drehe mich um und sage ihm,
dass er mich in Ruhe lassen soll. Er sieht mich lange an und
streckt mir dann die Hand entgegen. Ich sehe etwas auf seiner
Handfläche liegen, aber ich will nicht näher an ihn heran-
treten, um es entgegenzunehmen. Ich sage ihm, dass er es auf
den Boden fallen lassen soll, und das tut er. Dann dreht er sich
um und spaziert pfeifend davon.

Als er weg ist, gehe ich zu der Stelle, an der er gerade noch
gestanden hat, und finde eine wunderschöne, rosafarbene Mu-
schel vor – den Gegenstand aus seiner Hand. Auf der Muschel
steht mein Name. Seither habe ich diesen Traum nie wieder ge-
träumt.

Die Frau deutete die Muschel als Mutterleib, der eine schützen-
de Hülle um den Fötus bildet. In ihrem Fall war diese Muschel
ein Symbol für Schutz, den sie sich selbst verdient hatte. Der
Schlüssel liegt darin, die Oberhand über seine Albträume zu gewinnen. Mit etwas Übung kann man dabei große Erfolge erzielen.

Nachtangst

Sie haben gerade das Licht ausgeschaltet und kuscheln sich
unter die Decke, da gellt ein markerschütternder Schrei durch
die abendliche Stille. Sie springen auf, laufen in das Zimmer
Ihres Sohnes und sehen, dass er völlig verängstigt und
orientierungslos ist. Als Sie ihn halbwegs beruhigt haben und
nach dem Grund für seine Panik fragen, berichtet er von einem
grauenhaften Bild – dass er zermalmt, erwürgt oder sonst wie
angegriffen wurde. Schon fünf Minuten später hat er seinen
Traum völlig vergessen. Nur die Angst ist geblieben.

In diesem Fall hat kein Albtraum seinen Schlaf unterbrochen, sondern eine Nachtangst. Diese schwer zusetzenden Träume sind noch intensiver und eindringlicher als Albträume. Jeder, der schon einmal Nachtangst erlebt hat, wird sie nicht mit einem Albtraum verwechseln. Am häufigsten tritt sie bei Kindern zwischen drei und acht Jahren auf. Die meisten Kinder erinnern sich anschließend entweder gar nicht mehr, was ihnen so viel Angst eingejagt hat, oder ihnen sind bloß noch bruchstückhafte Bilder präsent, ein typisches Merkmal, wenn man aus tiefstem Schlaf gerissen wird. Auch Menschen, die unter einer posttraumatischen Belastungsstörung leiden – etwa aufgrund von Krieg oder anderen Gewalterfahrungen –, haben vermutlich schon einmal Nachtangst erlebt.

Ernest Hartmann, Psychoanalytiker und Autor von *The Nightmare*, glaubt, dass Nachtangst in der Familie liegen kann, also möglicherweise genetisch veranlagt ist. Nachtängste dauern in der Regel zwischen fünf und zwanzig Minuten und ereignen sich in einer der tiefsten Schlafphasen. Warum einige Menschen ihr Leben lang mit Nachtangst zu kämpfen haben, ist nicht bekannt. Allerdings schreibt Hartmann: »Manche Erwachsene mit Nachtangst waren phobisch oder zwanghaft veranlagt.« Daher lautet eine weitere mögliche Erklärung, dass Nachtangst gehäuft in Familien auftritt, in denen bestimmte Vorstellungen und Denkmuster vorherrschen.

Die meisten Menschen mit Nachtangst sind nicht willens oder in der Lage, während des Tages starke Gefühle zuzulassen und auszudrücken. Deshalb tritt Nachtangst vermehrt bei Menschen mit posttraumatischen Belastungsstörungen oder in extremen Stresssituationen auf. »Fälle von Nachtangst können eine Art Ausbruch unterdrückter Gefühle sein«, schreibt Hartmann.

Ängste des Alltags

Lynn, eine dreißigjährige Fotografin, hatte eine Heidenangst vor Schlangen, bis sie den Auftrag für ein Shooting im Miami Serpentarium erhielt, einer Einrichtung, die zu wissenschaftlichen Zwecken Schlangengift gewinnt. Im Folgenden beschreibt Lynn, wie sie ihre Angst überwand:

Vielleicht lag es daran, dass ich sie nur durch die Kameralinse sah. Vielleicht war ich auch einfach bereit, mich der Angst zu stellen. Jedenfalls erkannte ich mit einem Mal die Anmut und unfassbare Vielgestaltigkeit dieser Tiere. Gegen Ende des Fototermins trug ein Tierpfleger eine Boa zu uns herüber, die er schon betreute, seit sie aus dem Ei geschlüpft war. Ich brachte tatsächlich den Mut auf, sie zu berühren. Und von da an war meine Angst vor Schlangen verschwunden.

Es ist oft hilfreich, sich die Ängste vor Augen zu führen und einzugestehen, die einen im Alltag belasten, damit man sie anschließend im Schlaf bewältigen kann. Mehr können Sie von Ihren Träumen und Albträumen nicht erwarten. Wenn Sie sich sehr vor Vögeln fürchten, werden in Ihren Träumen wahrscheinlich Darstellungen von Vögeln oder anderen Tieren eine Rolle spielen. Vielleicht träumen Sie von riesigen Schatten, die über Sie hinwegziehen, oder sogar von Gespenstern, und wissen nicht so recht, was das alles zu bedeuten hat. Doch denken Sie daran: Fast immer gehen Albträume auf sehr reale Ängste zurück, die Sie auch im wachen Zustand plagen.

Eine einfache Übung kann Ihnen beim Entschlüsseln Ihrer Träume dienlich sein. Schreiben Sie zuerst fünf Ihrer Ängste auf. Sind diese Ängste schon einmal in Ihren Träumen vorgekommen? Vielleicht auch in Form metaphorischer Bilder? Notieren Sie sich, wie Sie im Traum damit umgegangen sind. Dann erstellen Sie einen Plan, wie Sie die Ängste im Wachzustand bezwingen wollen.

Eine Frau hatte den folgenden Traum namens »Vampire«:

Letzte Nacht träumte ich von ein paar Mädchen, die ich als Dreizehnjährige kannte. Ich habe seitdem nie wieder von ihnen gehört, und auch damals gehörte ich nicht so richtig zu ihrer Clique, auch wenn wir uns ganz gut verstanden haben. Sie waren die »Coolen«, und ich wollte dazugehören.

Im Traum stellte ich fest, dass sie alle Vampire waren. Wir saßen zusammen und ich fühlte mich auf einmal sehr unwohl. Dann entdeckte ich ihre langen Eckzähne, und eine fiel über mich her, biss mich und begann, mir das Blut auszusaugen. Da bin ich aufgewacht.

Blutverlust
Wenn man im Traum Blut verliert, verweist das gewöhnlich auf einen Verlust an Gefühl oder Energie. Wenn Sie im Traum bluten, fühlen Sie sich im wachen Zustand vermutlich auf irgendeine Weise emotional ausgelaugt. Blut kann im Traum auch allgemein für das Leben oder für wichtige Herzensangelegenheiten stehen.

Als die Empfindungen dieser Frau in Bezug auf ihre früheren Weggefährtinnen näher untersucht wurden, stellte sich heraus, dass es in diesem Fall keine sehr viel tiefer gehende Bedeutung gab: Die Freundinnen hatten ihr damals ganz einfach Lebensenergie entzogen, und sie hatte kostbare Zeit mit ihnen verschwendet, daher das symbolische Blutsaugen. Die Träumende erinnerte sich an das Gefühl des Ausgeschlossenseins, obwohl die entsprechenden Vorfälle weit in der Vergangenheit lagen.

In einem solchen Fall geht es weniger darum, den Grund für die Rückkehr der alten Freundinnen im Traum zu analysieren oder zu ergründen, warum sie die Gestalt von Vampiren annahmen. Die Frau sollte sich vielmehr ein paar andere Fragen stellen: Warum gerade jetzt? Was hat diese Gefühle von früher wieder hervorgelockt? Habe ich derzeit mit jemandem zu tun, der negative Empfindungen mir selbst gegenüber auslöst? Erfahrungen der Zurückweisung kommen in Albträumen ständig vor. Es ist wichtig, die Gründe dafür zu erkennen und Personen, die unserem Gefühlsleben erheblich schaden, in Zukunft nach Möglichkeit zu meiden.

Teil 3

Träume nutzen

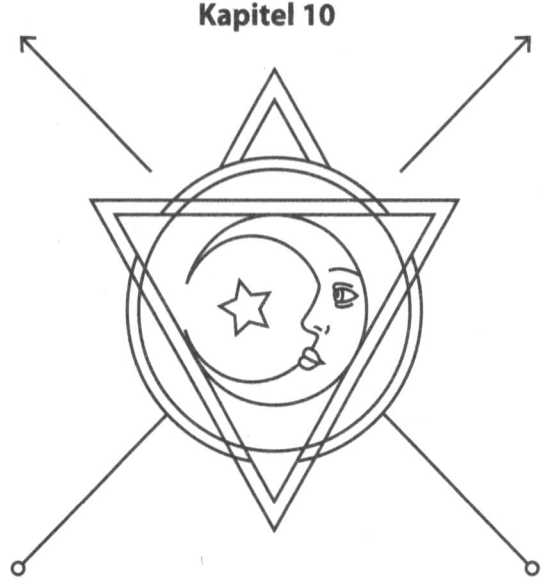

Kapitel 10

Heilungsträume

Kaum jemand wird bestreiten, dass uns Träumen guttut. Aber wie förderlich ist es denn nun wirklich? In Träumen beschäftigen wir uns mit unseren Problemen und lösen sie vielleicht sogar. Entlastungsträume treten allein zu diesem Zweck auf. Studien haben darüber hinaus ergeben, dass ein Wink des Unterbewusstseins, der uns im Traum erreicht, heilsam wirken kann – bisweilen sogar auf körperlicher Ebene.

Heilung im Schlaf

Judith Orloff hat sich eingehend mit Heilungsträumen befasst. Ein besonders eindrücklicher Fall begegnete ihr bei einer Freundin, die ein Lipom an der unteren Wirbelsäule hatte, eine gutartige Fettgeschwulst. Diese Geschwulst verursachte starke

Schmerzen, vor einer Operation schreckte die Freundin jedoch zurück. Stattdessen träumte sie, dass sie sich selbst eine meterlange Spritze in den Hals sticht und diese an der Wirbelsäule entlang bis hinunter zu der Geschwulst führt, um ihr dort alle Flüssigkeit zu entziehen.

Als sie aufwachte, erinnerte sie sich an diesen Traum. Sie fühlte sofort an ihrem unteren Rücken nach der Geschwulst, konnte sie aber nicht mehr ertasten. Kurz darauf bestätigte ihr Hausarzt, dass die Geschwulst verschwunden war. Die Traumerinnerung bestärkte die Frau in ihrem Glauben an die Heilkraft der Träume, von der sich in der Folge auch Judith Orloff überzeugt zeigte.

Gesundheit in Träumen

Man muss sich an Heilungsträume nicht unbedingt erinnern, damit sie ihre Wirkung entfalten. William Brugh Joy schrieb: »Wenn wir erkennen, dass wir weit mehr sind, als wir durch die äußeren Schichten unseres Bewusstseins erfassen, dann begreifen wir, dass die im Traum erfahrenen Kräfte oftmals für heilende und ausgleichende Prozesse stehen, die niemals bis zum äußeren Bewusstsein vordringen, aber für das gesamte Sein zutiefst bedeutsam sind.«

Wichtig ist auch, darauf zu achten, wie Sie sich im Traum fühlen. Sind Sie völlig fertig oder im Gegenteil munter und voller Tatendrang? Ihr Unterbewusstsein weiß vermutlich schon vor Ihnen, wenn etwas mit Ihnen nicht stimmt. Wenn Sie vom Kranksein träumen, ist es nie verkehrt, sich einmal gründlich untersuchen zu lassen. Allerdings nur dann, wenn vor einem solchen Traum weder Alkohol noch Nikotin im Spiel waren. Denn Alkohol kann unsere Träume beeinflussen: Der Körper reagiert vielleicht auf einen drohenden Kater, indem er die damit verbundenen Empfindungen in unsere Traumwelt integriert.

Abwehrkräfte

Dr. William A. McGarey, Direktor der Association for Research and Enlightenment in Phoenix, berichtet von einer Frau, die zwei Nächte hintereinander den gleichen Traum hatte, in dem sie unvermittelt hervorstieß: »Ich habe MS.« McGarey befasste sich daraufhin mit den ersten Symptomen von Multipler Sklerose. »Wir haben Vorkehrungen getroffen, damit sich die Krankheit möglichst nicht ausbildet«, hielt er fest. »Derzeit geht es der Frau sehr gut.«

Ein anderes Beispiel McGareys handelt von einer Frau namens Toni, die um einen Führungstraum zu gesundheitlichen Problemen ihrer Eltern bat. Damals litt Toni selbst seit Kurzem unter einem Summen im linken Ohr, aber daran dachte sie gar nicht, als sie sich den Traum in Bezug auf ihre Eltern wünschte. Tonis Traum heißt »Heilung«:

Ich treffe mich mit einer Freundin, die sich gerade intensiv mit alternativer Medizin beschäftigt, und erzähle ihr von dem nervigen Summton in meinem Ohr. Sie fragt, ob ich schon mal von … gehört hätte, und nennt einen Begriff, an den ich mich nach dem Aufwachen nicht mehr erinnern kann. Im Traum antworte ich ihr, dass ich noch nie von dieser Behandlung gehört habe, deshalb zeigt sie mir, wie sie funktioniert.

Sie nimmt einen länglichen Gegenstand in die Hand, der mich an ein Räucherstäbchen erinnert, und steckt ihn mir ins Ohr. Dann dreht sie das Stäbchen behutsam zwischen den Fingern und es gleitet tiefer und tiefer hinein. Ich höre ein Ploppen, dann sickert eine milchige Flüssigkeit aus meiner Ohrmuschel. Als ich aufwache, ist das Summen verschwunden.

Auf den Körper hören

Toni erkannte in ihrem Traum eine doppelte Botschaft: Sie empfand ihn als Bestätigung, dass es Heilungsträume wirklich gibt, und sah in ihm zugleich einen Hinweis darauf, dass ihren Eltern durch alternative Heilmethoden möglicherweise geholfen werden konnte. Auf den ersten Blick erscheinen solche Methoden bisweilen etwas absurd. Wer aber schon einmal ihre Wirksamkeit erlebt hat, wird anders darüber denken.

Krankheit im Traum

Sagen Träume, in denen Sie krank sind, etwas darüber aus, ob Sie auch in Wirklichkeit krank werden könnten? Nicht unbedingt. Oft verweisen Traumkrankheiten eher auf die seelische Verfasstheit. Vielleicht haben Sie aus irgendeinem Grund ein schlechtes Gewissen oder bereuen eine Tat. Manchmal erleben wir Krankheit in Träumen, weil wir mit unserem Handeln im Wachzustand unzufrieden sind.

Interessanterweise kehrte das Summen in Tonis Ohr nach einem Tag wieder zurück, allerdings schwächer als zuvor. Ihrem Arzt zufolge lag das an einem Druckausgleich zwischen Innen- und Außenohr, der beispielsweise erfolgt, wenn wir mit dem Flugzeug abheben oder landen. Doch Toni sah ein, dass ihr Grundproblem vermutlich darin bestand, das Gleichgewicht in ihrem Leben wieder herzustellen – um die unterschiedlichen Ansprüche an sie selbst und ihre Zeit besser »auszugleichen«.

Zeichen und Symbole

Hippokrates, der berühmte Arzt der griechischen Antike, glaubte, dass der Körper eine drohende Erkrankung vorausspürt und uns oft im Traum davor warnt. Für ihn symbolisieren Sonne, Mond und Sterne die körperliche Verfassung. Leuchten die Gestirne im Traum hell, ist der Körper gesund; erscheinen sie matt oder verhangen oder ereignet sich im Traum eine kosmische Katastrophe, heißt das laut Hippokrates, dass irgendwo im Körper eine Krankheit heranwächst.

Hippokrates' Theorie besagt weiterhin: Wenn Symbole dieser Art ein Vorzeichen für Erkrankungen sind, dann können andere Symbole ebenso für Heilung stehen. Er glaubte zudem, dass Menschen und Götter sich nur im Traum begegnen können –

und zwar wahrhaftig. Erschienen einem Menschen im Traum Götter, konnten sie Hippokrates zufolge Leiden lindern und Krankheiten heilen.

Freie Assoziation

Sobald Sie Ihren Träumen mehr Beachtung zu schenken beginnen, werden Sie sich mit sich selbst und Ihrer Umwelt stärker in Einklang fühlen. Auch für den Fall, dass Sie sich zunächst nicht an Ihre Träume erinnern können oder diese Ihnen bloß bruchstückhaft im Gedächtnis bleiben, kehrt im Verlauf des Tages vielleicht ein konkretes Bild zu Ihnen zurück. Manchmal ruft ein Gespräch oder ein Erlebnis die Erinnerung wieder wach.

Falls Sie sich an bestimmte Symbole erinnern, versuchen Sie diese in Beziehung zu Ihrem Leben zu setzen. Haben Sie einen Anknüpfungspunkt gefunden, forschen Sie nach dem nächsten und arbeiten Sie sich so immer weiter zurück, bis etwas »klick« macht. Dieses Verfahren der freien Assoziation wurde zuerst von Freud angewandt.

Die Kraft der Suggestion

Als man bei Louise Hay, der Verfasserin von *Gesundheit für Körper und Seele*, Krebs feststellte, wollte ihr Arzt ihr möglichst rasch die Gebärmutter entfernen. Doch Hay weigerte sich. Sie wollte sich etwas Zeit geben, um das Problem selbst anzugehen.

Sie stellte ihr Leben in Bezug auf Ernährung, Sport und Arbeit vollkommen um. Dann begann sie, in Form von Visualisierung, Affirmationen und Gebeten an der Krankheit zu arbeiten. Sie setzte sich gedanklich Etappen, die etwa darin bestanden, in der Vorstellung mit Menschen aus ihrer Vergangenheit zu sprechen, die ihr einst großen Schmerz zugefügt hatten, und ihnen innerlich zu vergeben. Sie lernte zudem, sich selbst zu verzeihen und uneingeschränkt zu lieben. Nach sechs Monaten bildete sich der Krebs wie durch ein Wunder zurück.

Ein besonders wertvoller Beitrag zur Literatur über alternative Heilverfahren ist Hays Verzeichnis körperlicher Krankheiten samt ihren mutmaßlichen seelischen Ursachen. Dazu empfiehlt Hay Affirmationen, mit deren Hilfe sich seelische Muster durchbrechen lassen, die das Leiden hervorrufen.

Techniken der Visualisierung

Dr. Carl Simonton führte eine neue Behandlungsmethode für Krebspatienten ein: ein Zusammenspiel von Visualisierungs- und Entspannungstechniken. Seinen ersten Versuch unternahm er mit einem einundsechzigjährigen Patienten, der Kehlkopfkrebs hatte und bei dem konventionelle Therapien erfolglos geblieben waren. Dem Mann war eine Überlebenschance von zehn Prozent bescheinigt worden.

Simontons Behandlung bestand in Gedankenübungen, die über sieben Wochen dreimal täglich wiederholt wurden. Zuerst sollte der Patient einige Minuten lang im Stillen immer wieder das Wort »Entspannen« wiederholen und dabei die Muskeln in Kehle, Kiefer und rund um die Augenpartie entspannen. Dann sollte er sich für anderthalb Minuten etwas Angenehmes vorstellen. Anschließend sollte er diese Vorstellung durch ein geistiges Bild seines Tumors ersetzen, so wie er ihn sich ausmalte.

Als der Patient in der Lage war, vor seinem geistigen Auge ein anschauliches Bild des Tumors zu erschaffen, sollte er sich vorstellen, wie dieser mit Strahlen beschossen wurde. Der letzte Schritt bestand darin, sich auszumalen, wie weiße Blutkörperchen die von der Strahlung zerstörten Tumorzellen aus dem Weg räumten. Nach sieben Wochen war das Wachstum des Tumors gestoppt und der Patient konnte entlassen werden.

Sich selbst helfen

Traumexperten sind der Ansicht, dass man sich durch seine Träume selbst helfen kann. Der erste Schritt, um die eigenen Träume zur Heilung einzusetzen, ist der Glaube daran, dass man einen Traum aktiv herbeiführen kann – und zwar jeden beliebigen Traum. Das müssen Sie zunächst für sich akzeptieren, bevor Sie fortfahren können. Fangen Sie an zu üben. Anfangs scheint es Ihnen vielleicht ganz unmöglich, doch allmählich werden Sie sich darauf einlassen können.

Sie müssen wollen
Wenn man an etwas glaubt, hat man schon so gut wie gewonnen, es gibt kaum etwas Wichtigeres. Wenn Sie von etwas überzeugt sind und Vertrauen in das große Universum Ihrer Möglichkeiten haben, sind Sie bereits auf Erfolgskurs. Konzentrieren Sie sich auf Ihr Ziel und denken Sie positiv!

Bevor Sie versuchen, einen Heilungstraum heraufzubeschwören, suchen Sie sich einen ruhigen Ort, an dem Sie ungestört sind. Ein schattiger Platz im Garten, eine einsame Bucht oder einfach Ihr Schlafzimmer sind sicher gut geeignet. Kommen Sie zur Ruhe und entspannen Sie sich. Eine sehr wirkungsvolle Methode besteht darin, bewusst alle Muskeln vom Kopf bis zu den Zehen zu entspannen. Spüren Sie, wie alle Anspannung durch Ihre Fußsohlen aus Ihnen hinausfließt. Nehmen Sie ganz bewusst die Wärme der Sonne (im Freien) wahr, oder den Geruch der Luft, die Sie umgibt.

Wenn Sie sich vollkommen entspannt fühlen, sind Sie bereit für den nächsten Schritt: Malen Sie sich sehr deutlich den Traum aus, den Sie sich erhoffen. Sie können Ihre Konzentration verstärken, indem Sie ein Wort oder einen Satz für sich selbst wiederholen. Wenn Sie einen vollständigen Satz verwenden, achten Sie genau auf die Wortwahl. Formulieren Sie positiv. Statt »Mein Tumor ist verschwunden« sagen Sie zum Beispiel lieber: »Ich bin geheilt.« Nutzen Sie all die positive Energie, die Ihnen zur Verfügung steht.

Entscheidend ist der Glaube

In *Kreativ träumen* stellt Patricia Garfield noch eine Methode vor, um bestimmte Träume hervorzurufen. Man soll sich dazu ganz in den gewünschten Traum versenken, als fände er gerade statt. Das ist im Grunde nicht anders, als würde man sich sehr bewusst eine Sache vorstellen, die man sich sehnlichst wünscht. Hier sind die gleichen Mechanismen am Werk.

Sie müssen glauben, einen Vorsatz fassen, Ihre Vorstellungskraft nutzen und die Traumvorstellung mit möglichst vielen positiven Gefühlen aufladen. Malen Sie sich alles so aus, als passierte es genau in diesem Moment und nicht in einer vagen, fernen Zukunft. Vertrauen Sie dem Philosophen William James, der überzeugt war, dass das Unbewusste jedes Seelenbild, an das wir wirklich glauben, auch hervorbringen kann. Oder beherzigen Sie Judith Orloffs Rat, auf die eigenen Träume zu hören. »Wenn Sie träumen, verschmelzen Sie mit einem gütigen Bewusstsein, das Sie berührt und unter gewissen Umständen sogar zu heilen vermag.«

Hilfe vom Profi – Traumtherapeuten

Wenn Sie eine schwere Krankheit selbst behandeln wollen, sollten Sie am besten einen ausgebildeten Traumtherapeuten hinzuziehen. Nachdem sich eine von Judith Orloffs Patientinnen, Debbie, das Leben zu nehmen versucht hatte, musste Orloff ihren Ansatz der Seelenheilkunde neu überdenken. Ihr war klar, dass sie ihre außersinnlichen Fähigkeiten in ihre Arbeit als Ärztin integrieren musste, aber sie wusste nicht, wie und womit sie anfangen sollte.

Vielleicht fand sie die Lösung schließlich, weil sie ein so großes Bedürfnis danach hatte und offen für Synchronizität war.

Ein Freund erzählte ihr von einem zweiwöchigen Seminar mit Brugh Joy. »Mit Brugh zu arbeiten, gab mir auch die Gelegenheit zu sehen, wie das Übersinnliche und das Medizinische auf eine positive Art verbunden werden konnten.«[9]

Orloffs Patientin war eine junge Frau, bei der drei Jahre zuvor Leukämie festgestellt worden war. Die Chemotherapie schlug nicht an, ihre letzte Hoffnung im Rahmen der konventionellen Medizin war eine Knochenmarktransplantation. Die Patientin begann eine Traumtherapie bei Brugh Joy. In einem ausführlichen Behandlungsgespräch wollte er von ihrer Krankengeschichte bis zu ihrer psychischen Verfassung alles von ihr wissen. »Geleitet von seiner Intuition«, so Orloff, » entdeckte er Bereiche in Debbie, die mit traditioneller Psychotherapie erst nach Jahren an die Oberfläche gekommen wären.«[10]

Nach der Hälfte des Gesprächs fragte Brugh Joy Debbie unvermittelt, ob sie jemals ein Kind verloren habe. Die junge Frau wurde bleich und sagte, sie habe zwanzig Jahre zuvor eine Totgeburt erlitten. Die Erfahrung war so schmerzhaft für sie gewesen, dass sie sie verdrängt hatte. »Brugh sah darin einen Hinweis auf eine Verbindung von Kopf und Körper und vermutete, dass Debbies Krankheit eine starke emotionale Komponente zugrunde lag. Im Verlauf der nächsten Stunde beobachtete ich, wie er unaufhaltsam ein lebenslanges Muster von Verlusten in Debbies Leben aufdeckte, für die sie sich nie Trauer gestattet hatte …«[11]

Der Wert eines Therapeuten liegt in dem objektiven Blick, den er ermöglicht. Falls Sie jedoch lieber allein oder mit Ihrem Partner oder einem engen Freund arbeiten möchten, kann Ihnen die Interviewtechnik aus Kapitel 4 als Ausgangspunkt dienen. Erinnern Sie sich an einen Heilungstraum, sollten Sie und Ihr Interviewpartner besonderes Augenmerk auf ihn legen, insbesondere wenn er spontan aufgetreten ist. Durch solche Träume spricht oftmals die innere Stimme unseres klügeren Selbst zu uns und fleht geradezu darum, erhört zu werden.

Der Lösung auf der Spur

Sie wissen bereits, dass Sie auch Ihr eigener Interviewer sein können. Um das erfolgreich umzusetzen, schlägt Gayle Delaney vor, zu einem bestimmten Traum gezielt Fragen aufzulisten, etwa zum Traumort und zu Ihren Empfindungen beim Träumen. Ist der Traum farbig, und falls ja, was bedeuten diese Farben für Sie? Werden Alltagsgegenstände auf ungewöhnliche Weise genutzt? Wenn ja, welche? Notieren Sie jede Ihrer Fragen auf einer Karteikarte. Später können Sie die Fragen wie ein Interviewer einsetzen, um die Traumbedeutung hervorzulocken.

Blättern Sie zum Anfang dieses Kapitels zurück und lesen Sie noch einmal den Traum von Toni. Nehmen Sie dann die Rolle ihres Interviewpartners ein und erstellen Sie eine Liste mit Fragen. Vergleichen Sie Ihre Fragen mit denen des folgenden Interviews, das Toni mit ihrem Ehemann geführt hat:

In diesem Traum fehlt unter anderem ein klar definierter Schauplatz. Erinnerst du dich noch, wo er sich abgespielt hat?

> Da du mich so fragst: Ja, ich glaube, ich erinnere mich an ein Zimmer. Wir waren in einem Zimmer mit rosa Wänden. Bequeme Möbel standen darin herum, und ich lag auf einer Massageliege, den Kopf etwas erhöht auf einem Kissen. An mehr aus dem Zimmer kann ich mich nicht erinnern.

Gab es ein Fenster?

> Ich glaube nicht. Es war, als sollte ich mich ganz auf die Anwendung konzentrieren.

Du sagst, dass der Gegenstand, den deine Freundin benutzt hat, wie ein Räucherstäbchen aussah. Kannst du das Stäbchen näher beschreiben?

> Es war so dreißig, vierzig Zentimeter lang. Das Ende, das meine Freundin zwischen den Fingern gedreht hat, war dünner als ein Bleistift, aber zum anderen Ende hin verdickte sich der Stab, wie ein Räucherstäbchen eben.

Weißt du, welche Farbe er hatte?

> Ein tiefes Dunkelbraun, wie Schokolade.

Woran denkst du bei den Wörtern rauchen oder qualmen?

Na ja, an ... ah, nicht schlecht. Jetzt verstehe ich, worauf du hinauswillst. Das hab ich in meiner Deutung total übersehen. Wann qualme ich vor Wut, willst du sagen? Was hat mich so wütend gemacht, dass ich nichts mehr davon hören will?

Genau. Bestimmt handelt es sich um eine Metapher, ein Wortspiel.

Ich weiß nicht so recht, worüber ich gerade wütend bin. Vielleicht geht es ganz allgemein um meine Eltern. Es macht mich rasend, dass es zwei Menschen, die immer so gut auf sich geachtet haben, gesundheitlich derart schlecht geht. Ich begreife nicht, was da schiefgelaufen ist.

Welche Bedeutung hat deiner Meinung nach das Summen in deinem linken Ohr, falls es eine gibt?

Auf dem Ohr bin ich zu neunzig Prozent taub. Durch das Summen musste ich wieder viel an den Unfall denken, der die Taubheit hervorgerufen hat. Sie rührt von einer Schädelfraktur her, die ich mit fünf Jahren hatte, und sie ist vermutlich unheilbar. Aber seit Kurzem frage ich mich, ob man nicht doch etwas dagegen tun kann.

Wie fandest du es, als deine Freundin dir dieses Stäbchen ins Ohr gesteckt hat?

Sehr unangenehm. Fast hätte ich sie gebeten, damit aufzuhören. Aber irgendwie hab ich gefühlt, dass sie weiß, was sie tut. Später ist mir aufgefallen, dass mein Unbewusstes wirklich die ideale Person ausgewählt hat, um im Traum als Heilerin aufzutreten. Wenn ein typischer Arzt im weißen Kittel die Behandlung an mir ausprobiert hätte, wäre ich wohl getürmt. Aber ihr habe ich vertraut, ich verbinde Heilkunst und alternative Medizin mit ihr.

Du schreibst von einer milchigen Flüssigkeit, die dir aus dem Ohr gesickert ist. War irgendein Geräusch damit verbunden? Etwas, das darauf hindeuten könnte, dass so etwas wie ein Pfropfen durchstochen wurde?

Es gab ein leises Ploppen. Das ist mir aufgefallen.

Hat es wehgetan?

Nein, überhaupt nicht.

Die Flüssigkeit war weiß, wie Milch. Was verbindest du mit dieser Farbe?

Einvernehmen. Es ist die Mischung aus allen anderen Farben des Farbspektrums.

Hast du eine Ahnung, wann in der Nacht dieser Traum in etwa stattgefunden hat?

Morgens. Ich bin um sieben Uhr aufgewacht, habe gemerkt, dass ich noch gar nicht aufstehen muss, und dann ist mir eingefallen, dass ich den vor dem Einschlafen erbetenen Traum nicht gehabt hatte, und ich war ein wenig enttäuscht. Dann bin ich wieder eingeschlafen und hatte den Traum.

Durch das Interview konnte Toni sich an weitere Einzelheiten ihres Traums entsinnen. Auf diese Weise gewann sie tiefere Einsichten. Es ist entscheidend, dass Sie an Ihre Träume glauben und um Heilung und Führung bitten, bevor Sie einschlafen, so wie Toni. Sie glaubte daran, dass Heilung möglich war, bat um einen Heilungstraum – und es klappte!

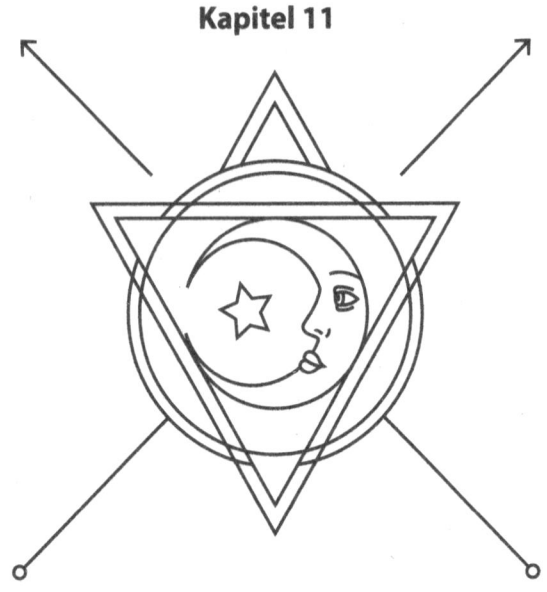

Kapitel 11

Klarträume

Während eines Klartraums sind Sie sich bewusst, dass Sie träumen. Er fängt vielleicht ganz normal an, aber an einem bestimmten Punkt innerhalb des Traums »erwachen« Sie sozusagen. Dann können Sie die Traumvorgänge je nach Vermögen bis in die Details steuern und gestalten.

Träum ich oder wach ich?

Lange Zeit waren Klarträume vornehmlich ein Feld für Parapsychologen – der maßgebliche Grund, dass sich die etablierten Wissenschaften lange nicht mit diesem Thema befassten. Inzwischen werden Klarträume jedoch immer eingehender untersucht. Stephen LaBerge, ein Vorreiter der Klartraumforschung, schreibt das sprunghaft angestiegene Interesse unter anderem einigen wegweisenden Veröffentlichungen zu.

Im Jahr 1968 erschien das Buch *Lucid Dreams* der englischen Parapsychologin Celia Green, das wie keines zuvor die Literatur zum Thema sichtete. In den 1970er-Jahren hatten dann Ann Faraday und Patricia Garfield, die Autorinnen von *Deine Träume* beziehungsweise *Kreativ träumen*, großen Anteil am zunehmenden Interesse. Wenngleich die ernsthafte Erforschung von Klarträumen erst in den 1970er-Jahren begann, das Phänomen ist seit Jahrhunderten bekannt.

Zu Beginn des 20. Jahrhunderts fragte sich der russische Schriftsteller P. D. Ouspensky: »*Wäre es nicht möglich, das Bewusstsein in Träumen zu bewahren? D. h.*, während man träumt zu wissen, dass man schläft und *bewusst zu denken*, wie wir im Wachzustand denken?«[12] Ouspensky hielt es für möglich. In seinem Buch *Ein neues Modell des Universums* beschreibt er den folgenden Klartraum, den er als Halb-Traum-Zustand bezeichnet. Der Traum heißt »Probe«:

Ich erinnere mich, wie ich mich einmal in einem großen, leeren, fensterlosen Raum sah. Außer mir war in dem Raum nur noch ein kleines schwarzes Kätzchen. »Ich träume«, sagte ich mir. »Wie kann ich wissen, ob ich wirklich schlafe oder nicht?« »Nimm an, es auf folgende Weise zu versuchen.« »Dieses schwarze Kätzchen soll sich in einen großen weißen Hund verwandeln. Im Wachzustand ist dies unmöglich und wenn es geschieht, dann bedeutet dies, dass ich schlafe.« Ich sage dies zu mir und sofort wird das schwarze Kätzchen in einen großen weißen Hund verwandelt. Zur selben Zeit verschwindet die gegenüberliegende Wand und enthüllt eine Gebirgslandschaft mit einem Fluss, der wie ein Silberband in der Ferne entschwindet.

»Das ist merkwürdig« sage ich zu mir; »ich verlangte nicht diese Landschaft. Woher kam sie?« Einige schwache Erinnerungen beginnen in mir aufzusteigen, eine Erinnerung, diese Landschaft schon irgendwo gesehen zu haben und wie sie

irgendwie mit dem weißen Hund verbunden ist. Aber ich
fühle, dass wenn ich mich da hineinziehen lasse, dass ich das
Wichtigste vergessen werde, an das ich mich erinnern soll,
nämlich, dass ich schlafe und meiner selbst bewusst bin.[13]

Don Juan

Carlos Castaneda spielte ebenfalls eine wichtige Rolle bei der
Auseinandersetzung mit Klarträumen. Wie Jane Roberts begann er seine Arbeit in den frühen 1960er-Jahren. In seinem
ersten Buch *Die Lehren des Don Juan* berichtet er von seiner
Lehrzeit bei einem Yaqui-Indianer und Schamanen mit Namen
Don Juan. Man weiß bis heute nicht, ob das, was er schreibt,
wahre Geschehnisse aufgreift oder nur blühende Fantasie ist.
Wie dem auch sei, die Traumzustände, die Castaneda beschreibt
und in denen er verschiedene Welten erkundet, sind Klarträumen in jedem Fall äußerst ähnlich.

Für einen Science-Fiction-Autor war die Traumvision seiner
eigenen Hand sogar nicht bloß nützlich – sie rettete ihm das
Leben. Dieser Traum heißt »Jays Hand«:

Meine Frau und ich hatten an jenem Abend Rindfleisch ge-
gessen. Ich kann mich nicht erinnern, dass ich mich irgendwie
seltsam gefühlt hätte. Wir sind dann früh schlafen gegangen,
und irgendwann in der Nacht träumte ich von meiner Hand.
Das war alles, bloß meine Hand. Ich sah sie deutlich vor mir.

Und plötzlich ging mir auf, dass ich gerade träumte, und
ich schreckte hoch. Ich bekam kaum Luft. Ich fühlte einen
Druck auf der Brust. Ich dachte, ich hätte einen Herzinfarkt.
Ich weckte meine Frau und sie rief einen Krankenwagen. Da
wir damals weit draußen auf einer Farm mitten im Nirgend-
wo lebten, dauerte es recht lange, bis der Notarzt kam. Meine
Frau und mein bester Freund, der damals gerade zufällig bei
uns übernachtete, hielten mich am Leben, bis die Sanitäter da
waren.

Es stellte sich heraus, dass ich allergisch auf rotes Fleisch reagiere und das Rind, das wir zu Abend gegessen hatten, einen allergischen Schock bei mir ausgelöst hatte. Wenn ich in jener Nacht nicht von meiner Hand geträumt hätte, wäre ich vielleicht nicht früh genug aufgewacht, um noch gerettet zu werden.

Werden Sie luzide

Klarträume werden oft auch luzide Träume genannt. Verschiedene Methoden helfen dabei, im Traum luzide zu werden, und für jeden wirkt etwas anderes am besten. Sehr verbreitet ist der Ansatz, sich auf ein Körperteil zu konzentrieren. Wenn Sie Ihre ganze Aufmerksamkeit auf einen bestimmten Teil Ihres Körpers lenken – also etwas sehr Reales –, können Sie möglicherweise den Zustand des Klarträumens erreichen und den Fortgang Ihres Traums kontrollieren.

Ein etwas anderer Weckruf

Im folgenden Beispiel geht es um eine junge Frau, die sich zur Zeit des geschilderten Traums im Klarträumen übte. Er heißt »Der Wecker«:

Im Traum hatte mein Wecker nicht geklingelt, und ich wusste, dass ich zu spät zur Arbeit kommen würde. Ich rannte durch die Wohnung und versuchte, innerhalb weniger Minuten zu frühstücken, mich zu duschen und anzuziehen. Irgendwann fiel mir auf, dass ich gar nicht genau wusste, wie viel Uhr es eigentlich war, und da wurde der Traum zu einem Klartraum – ich erwachte innerhalb meines Traums. Plötzlich war ich mir sicher, dass ich durch eine leichte Wendung des Kopfes den Wecker auf meinem Nachttisch würde sehen können. Also tat ich das. Er zeigte 3:07 an. Ich öffnete die Augen, wurde richtig wach, und auf dem Wecker stand 3:07.

LaBerges Theorien

Stephen LaBerge hatte noch nie von Klarträumen gehört, als er im Herbst 1976 durch Zufall Celia Greens Buch entdeckte und die folgenden Sätze las: »Wenn andere lernen konnten, luzide zu träumen, musste das auch mir möglich sein. Allein über das Thema zu lesen, führte bei mir zu mehreren luziden Träumen.« Im Februar 1977 begann LaBerge, ein Traumtagebuch zu führen, und hielt in den folgenden sieben Jahren an die 900 Klarträume fest.

Er machte luzide Träume zum Thema seiner Doktorarbeit in Psychologie und führte Experimente am Stanford Center for Sleep Sciences and Medicine durch. Damals galten Klarträume in der seriösen Wissenschaft noch als Hirngespinste.

Trotz aller Widerstände seiner Zunft blieb LaBerge standhaft, und ab Mitte der 1980er-Jahre begann sich die Haltung vieler Wissenschaftler zu wandeln. Inzwischen steckte LaBerge tief in der Materie und arbeitete regelmäßig mit Menschen zusammen, die er Oneironauten nannte. Den Begriff hatte er aus dem Griechischen abgeleitet, er bedeutet in etwa »Kundschafter der inneren Traumwelt«. Oneironauten können Klarträume gezielt herbeiführen. Mit ihnen übte LaBerge, ihm ein Zeichen zu geben, sobald ein Klartraum einsetzte. Er entwickelte Kriterien und Verfahren zur Erforschung von Klarträumen und glaubte, dass jeder das Klarträumen erlernen kann.

Ihr erster Klartraum

Häufig treten erste Klarträume unerwartet auf. Ohne große Vorkehrungen getroffen zu haben, geht Ihnen im Traum plötzlich auf, dass Sie gerade träumen. Mit etwas Glück hält dieses Erlebnis länger an als die wenigen Augenblicke der Erkenntnis.

Manche Menschen erleben Luzidität erstmals in Albträumen. Bei den meisten stellt sie sich LaBerge zufolge jedoch ein, wenn sie im Traum auf einen eklatanten Widerspruch oder

Realitätscheck

Ein Realitätscheck ist eine Art logische Schluss-folgerung, die normalerweise dem wachen Gehirn zukommt. Mit ihm lässt sich Klarträumen vom ge-wöhnlichen Träumen unterscheiden. Mit etwas Übung werden Sie sich träumend gar nicht mehr fra-gen müssen, ob Sie gerade träumen. Sobald Ihnen im Traum eine Anomalie oder Seltsamkeit auffällt, werden Sie Bescheid wissen.

etwas sehr Abwegiges stoßen. Manchmal vollzieht sich eine erste Traumerkenntnis auch dadurch, dass der Traum Ihnen sehr vertraut erscheint, Sie vielleicht sogar den Eindruck be-kommen, ihn schon einmal geträumt zu haben. LaBerge nennt diese Möglichkeit der Klartraumerfahrung »Déjà-rêve«.

Mein Haus

Im folgenden Beispiel löst ein wiederkehrender Traum über ein Haus in typisch amerikanischer Holzbauweise bei der Träu-menden, Anita, einen Klartraum aus. Der Traum heißt »Wohn-haus als Startbahn«:

Kaum hatte ich diesmal das Haus betreten, erkannte ich es wie-der. Ich wusste, dass es das Wohnhaus aus meinen wieder-kehrenden Träumen war, ein Ort, den ich bereits unzählige Male erkundet hatte.

Durch diese Erkenntnis wurde der Traum zu einem Klar-traum. Ich stand in einem sonnenhellen Wohnzimmer, einem riesigen und wunderschön eingerichteten Raum, in dem ich noch nie zuvor gewesen war. Um zu überprüfen, ob ich wirk-lich einen Klartraum hatte, sprang ich in die Luft und probier-te aus, ob ich fliegen konnte, und es klappte! Ich war so erstaunt, dass ich aufwachte.

Klar, ich träume

Wenn Sie noch nie zuvor im Traum »erwacht« sind, es aber gern einmal erleben würden, oder wenn Sie in der Vergangenheit bereits spontan einen Klartraum hatten und diese besondere Traumregion näher erkunden möchten, helfen verschiedene Methoden. Der beste Zeitpunkt für einen Klartraum ist gleich nach dem Einschlafen oder dem morgendlichen Erwachen. Wenn Sie schnell und problemlos einschlafen, können Sie mit etwas Übung oft schon Minuten nach dem Zubettgehen in einen Klartraum eintreten. LaBerge empfiehlt dazu eine Art Zählformel: »Eins, ich träume. Zwei, ich träume …« Sobald Sie eine bestimmte Zahl erreichen und diese laut aussprechen, träumen Sie bereits.

Oder konzentrieren Sie sich beim Einschlafen auf etwas ganz Bestimmtes – eine Vorstellung, Ihren Atem oder Herzschlag, Ihr Körpergefühl oder was immer Ihnen sinnvoll erscheint. »Wenn Sie Ihren Geist genügend wach und aktiv halten, während der Eintritt in eine REM-Phase bevorsteht«, schreibt LaBerge, »spüren Sie, wie Ihr Körper einschläft, aber Sie selbst, also Ihr Bewusstsein, bleiben wach.« Möglicherweise erreichen Sie einen luziden Zustand aber auch leichter, nachdem Sie bereits eine Weile geschlafen haben.

Schlafroutine entwickeln

Das Seth-Material sowie weitere Bücher von Jane Roberts enthalten wertvolle Angaben zu verschiedenen Traumzuständen. In *Die Natur der persönlichen Realität* diskutiert Seth die Vorteile eines vier- oder sechsstündigen Schlafzyklus anstelle der acht Stunden, die in der westlichen Kultur üblich sind.

Mit einem solchen kürzeren Zyklus findet die große künstliche Trennung zwischen den zwei Bewusstseinszuständen nicht statt. Das Bewusstsein ist eher imstande, seine Traumerlebnisse zu erinnern und zu verarbeiten, und das Selbst kann im Traumzustand aus seinen Wacherlebnissen besser Nutzen ziehen.«[14]

Stundenplan

Um eine feste Schlafroutine zu entwickeln, sollten Sie zunächst wissen, wie viel Schlaf Sie insgesamt benötigen – ob sieben, acht oder sogar neun Stunden. Wenn die Antwort für Sie sieben Stunden lautet, probieren Sie es zum Beispiel einmal mit einem sechsstündigen Nachtschlaf und einem einstündigen Nickerchen am Nachmittag oder direkt vor dem Abendessen. Testen Sie verschiedene Varianten und entscheiden Sie sich dann für die, mit der Sie sich am wohlsten fühlen.

Ohne je den Begriff »Klartraum« zu verwenden, beschreibt Seth, wie durch Befolgung einer bestimmten Schlafroutine deutlich wird, dass »das individuelle Identitätsbewusstsein im Traumzustand erhalten bleiben kann. (…) Wenn ihr euch einmal im Traumzustand ebenso wach und reaktionsfähig wie im Wachzustand fühlt, dann werdet ihr neue interessante Erfahrungen machen.«[15]

Der im Feld außerkörperlicher Erfahrungen bewanderte Robert Monroe hielt eine ganz ähnliche Schlafroutine ein wie die von Seth beschriebene. Monroe äußerte häufig, dass er zwei Schlafzyklen absolviere, was zwei Traumzyklen von je etwa vier Stunden ermöglichte. Auch Jane Roberts und ihr Ehemann befolgten Seths Rat. Sie schliefen nachts sechs Stunden und hielten am Nachmittag je nach Bedarf einen halbstündigen Mittagsschlaf.

Ein solches Vorgehen samt Nickerchen am Tag ist natürlich nur bei einigermaßen flexiblen Arbeitszeiten möglich. Falls das für Sie nicht umzusetzen ist, probieren Sie diese Schlafroutine doch einmal am Wochenende oder im Urlaub aus, wenn Sie über Ihre Zeit frei verfügen können.

Indem Sie Ihren Geist anregen, um ihn bewusst auf die wichtigen Fragen in Ihrem Leben auszurichten, können Sie das Klarträumen intensivieren. Übungen wie die folgende können

Ihnen dabei helfen: Schreiben Sie fünf Ängste oder Begrenzungen auf, die Sie gern überwinden würden. Notieren Sie außerdem fünf Ziele, die Sie erreichen möchten, und zwar in den nächsten drei Monaten, in den nächsten sechs Monaten und binnen eines Jahres. Überlegen Sie sich eine Strategie, um diese Ziele und Aufgaben in Ihr Klartraumprogramm einzubinden, und machen Sie sich anschließend an die Umsetzung. Das Ganze noch mal im Überblick:

- Fünf Ängste oder Begrenzungen, die Sie gern überwinden würden
- Ihr Plan für die Umsetzung
- Fünf Ziele, die Sie in den nächsten drei Monaten erreichen möchten
- Ihr Plan für die Umsetzung
- Fünf Ziele, die Sie in den nächsten sechs Monaten erreichen möchten
- Ihr Plan für die Umsetzung
- Fünf Ziele, die Sie binnen eines Jahres erreichen möchten
- Ihr Plan für die Umsetzung

Auf die Absicht kommt es an

Um Klarträume erleben zu können, sollte es Ihnen mit dieser Entdeckungsreise ernst sein. Als Stephen LaBerge mit seinen Forschungen begann, stellte er fest, dass er durch die erklärte Absicht, sich an Träume zu erinnern, die Zahl seiner Klarträume stark erhöhen konnte. »Klarträume treten nur selten zufällig auf, wir sollten uns also innerlich darauf vorbereiten, den Traumzustand zu erkennen; unsere Absicht gehört zu jedem willentlichen Bemühen um Klarträumen dazu.«

Laut Malcolm Godwin, Autor von *Der Traum – Ein Führer durch die Welt des Wachens und Schlafens*, zeitigt ein vom tibetischen Meister Atisha im zehnten Jahrhundert empfohlenes Verfahren eine ähnliche Wirkung: Stellen Sie sich vor, dass alle Phänomene wie Träume sind. »Denn wenn man tagsüber bewusst daran denkt, dass alles ein Traum ist, erscheint dieses

Wissen auch in Ihren nächtlichen Träumen, und plötzlich werden Sie sich selbst gleichzeitig als tief schlafend und als hellwach erfahren.«[16]

LaBerge rät dazu, sich über den Tag verteilt Erinnerungsziele zu setzen, um den Geist darin zu schulen, im Traum zu erwachen. Dazu suchen Sie sich Gegenstände oder auch Geräusche als Impulse aus. Wählen Sie zum Beispiel zwei Ziele als Auslöser, etwa Hundebellen und den Anblick eines roten Autos, und notieren Sie jedes Mal, wenn Sie auf diese Ziele treffen.

Die Bedeutung des Klarträumens

Warum ist es so wichtig, Klarträume zu haben? Weil sie uns unglaublich viel Kontrolle über unser Wachleben verleihen. Wenn wir lernen, unsere Wünsche, Hoffnungen und Ängste besser zu verstehen und die »Handlung« in unseren Träumen zu steuern, können wir uns selbst sehr wirksam zu Erfolg auf allen Ebenen verhelfen.

Sie können Ihren wachen Geist trainieren, indem Sie sich pro Tag beispielsweise vier klar definierte Ziele setzen. Prägen Sie sich diese Tagesziele gut ein. Machen Sie sich eine Notiz, wenn Sie erfolgreich waren. Immer wenn Sie auf eins der Ziele stoßen, schreiben Sie es auf, und fragen Sie sich dabei stets, ob Sie gerade träumen. Behalten Sie im Blick, wie viele Ziele Ihnen pro Tag unterkommen. Wenn Sie Ihre Tagesziele am Ende der Woche überwiegend nicht erreicht haben, fahren Sie für eine weitere Woche mit der Übung fort. Halten Sie Ihre Beobachtungen wie folgt fest:

- Ziele an Tag 1:
- Treffer an Tag 1:
- Ziele an Tag 2:
- Treffer an Tag 2:

Absolvieren Sie diese Übung fünf Tage lang und schauen Sie sich dann Ihre Ergebnisse an. Haben Sie mit der Zeit mehr Ziele notiert? Oder wurden Sie im Gegenteil eher schlechter? Wie hat sich Ihre Strategie im Laufe der Zeit verändert?

LaBerges MILD-Technik

Wenn Sie sich schon im wachen Zustand nicht auf ein Ziel konzentrieren können, wird es Ihnen im Schlaf vermutlich erst recht nicht gelingen. Haben Sie die Erinnerungszielübung jedoch gut gemeistert, sollten Sie auch LaBerges MILD-Technik anwenden können. Er beschreibt sie in seinem Buch *Träume, was du träumen willst – Die Kunst des luziden Träumens*. Die Abkürzung MILD steht für »Mnemonic Induction of Lucid Dreaming« (in etwa: gedächtnisinduziertes Klarträumen). Das Verfahren umfasst fünf Schritte:

1. **Nehmen Sie sich vor, sich zu erinnern.** Äußern Sie ganz einfach die Absicht, in der Nacht aufzuwachen und sich an Ihre Träume zu erinnern.
2. **Erinnern Sie sich an Ihre Träume.** Wenn Sie nach einem Traum erwachen, versuchen Sie sich an möglichst viele Einzelheiten zu erinnern. Reden Sie sich nicht ein, dass Ihnen das auch am nächsten Morgen noch gelingen wird, denn die Gefahr ist hoch, dass Sie dann bereits alles vergessen haben. Zwingen Sie sich dazu, den Traum sofort in Ihrem Traumtagebuch festzuhalten.
3. **Fassen Sie einen festen Vorsatz.** Konzentrieren Sie sich während des erneuten Einschlafens fest auf Ihre Absicht, den Traumzustand zu erkennen. Glauben Sie daran. Richten Sie Ihre ganze Aufmerksamkeit auf diesen einen Gedanken. Denken Sie daran: Auf die Absicht kommt es an!
4. **Stellen Sie sich vor, wie Sie einen Klartraum haben.** Versetzen Sie sich dazu am besten in den Traum zurück, den Sie kurz zuvor hatten. Diesmal erkennen Sie in Ihrer Vorstellung, dass es sich um einen Traum handelt. Suchen Sie nach einem Aspekt, der Ihnen vor Augen führen könnte,

dass Sie träumen. Während Sie den Traum im Geist noch einmal durchspielen, können Sie zum Beispiel beschließen, dass Sie fliegen wollen. Stellen Sie sich das vor, stellen Sie sich vor, wie Sie Ihren Traumzustand erkennen, und fahren Sie dann mit der Traumerinnerung fort.

5. **Wiederholen Sie den Vorgang.** LaBerge empfiehlt, den dritten und vierten Schritt zu wiederholen, um die Absicht geistig gut zu verankern.

Spieglein, Spieglein an der Wand

Gleich welches Verfahren Sie anwenden, um Eingang in die Welt der Klarträume zu erhalten, sobald Sie es geschafft haben, wird der Nutzen gewaltig sein. Indem Sie sich Ihren Ängsten in Klarträumen unmittelbar stellen, können Sie diese Ängste überwinden. Sie können Ihr Wissen über sich selbst erweitern und so Ihre Achtsamkeit steigern. Indem Sie Gefahren im Traum bewusst entgegentreten, gewinnen Sie an Selbstvertrauen, und das überträgt sich auch auf Ihr Wachleben. Sie können im Traumzustand Probleme lösen, und auch das wird sich auf Ihren Alltag auswirken. Probieren Sie einfach verschiedene Methoden aus, bis Sie die für Sie passende gefunden haben, denn wenn Sie die Kunst des Klarträumens beherrschen, kann das Ihr gesamtes Leben deutlich zum Besseren verändern.

Das Verfahren, das Malcolm Godwin zum Eintreten in einen Klartraum vorschlägt, ist die Abwandlung einer fernöstlichen Technik namens *Tratak*. Setzen Sie sich vor dem Schlafengehen bequem eine halbe Stunde vor einen Spiegel, stellen Sie eine brennende Kerze in der Nähe auf, die Ihr Gesicht beleuchtet, und blicken Sie unverwandt und ohne zu blinzeln Ihr Spiegelbild an, solange Sie können. Ihr Gesicht im Spiegel wird sich auf recht dramatische Weise verändern, gleich einer Abfolge wogender Masken. Godwin zufolge glauben viele Menschen, diese Gesichter würden frühere Leben darstellen.

Während Sie weiterhin in den Spiegel schauen, nehmen Sie sich vor, in der Nacht zu träumen. Beobachten Sie noch eine Weile die sich wandelnden Gesichter und bitten Sie dann darum, Ihr wahres Gesicht zu sehen. »Meditierende behaupten, dass das Bild im Spiegel im wachen Leben vollkommen verschwindet«[17], schreibt Godwin, weshalb man sich in Klarträumen auf noch größere Überraschungen gefasst machen sollte.

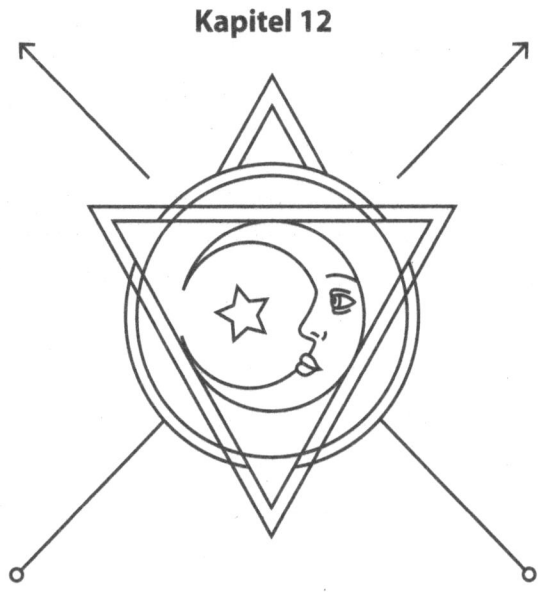

Kapitel 12

Träume und außersinnliche Wahrnehmungen

Träume über außersinnliche Wahrnehmungen, kurz ASW, sind entweder telepathisch (Gedankenvermittlung von einem Geist zu einem anderen) oder präkognitiv (mit Bezug auf zukünftige Ereignisse). Beide Traumarten können sich auf Sie selbst und Ihre Familie, Ihre Freunde und Bekannten, aber auch auf Fremde oder Personen des öffentlichen Lebens beziehen sowie auf persönliche oder allgemeine Geschehnisse und Situationen. Grundsätzlich können sie also alles Mögliche umfassen!

Telepathie im Schlaf

Im Rahmen seiner Arbeit in den 1960er- und 1970er-Jahren bemerkte der Psychiater Montague Ullman, dass Frauen häufiger von Telepathieträumen berichteten als Männer. Heutzutage ist deutlich mehr Menschen der Stellenwert von Träumen bewusst, weshalb sich dieser Unterschied zwischen den Geschlechtern inzwischen womöglich erübrigt hat. Ullmans Buch *Traumtelepathie: Telepathische Experimente im Schlaf*, das er zusammen mit dem Psychologen Stanley Krippner verfasste, wurde zu einem ungemein wichtigen Werk im Bereich der Traumforschung.

ASW-Traumstudien waren einst ausschließlich eine Sache von Wissenschaftlern in Schlaflaboren. Ullman hingegen bildete Gruppen mit Teilnehmern, die nur eines gemeinsam hatten: ihr Interesse an Träumen. In vielen dieser Gruppen gab es keinen einzigen professionellen Traumforscher. Inzwischen wurden Traumexperimente zur Telepathie sogar schon zwischen einander völlig unbekannten Personen durchgeführt, die nur online miteinander kommunizierten.

In einem Onlineexperiment namens »Das Traumspiel« wurde eine Gruppe in Sender, Empfänger und Beobachter unterteilt. Alle Teilnehmer befanden sich Meilen voneinander entfernt. Der Sender wählte ein Objekt aus und stellte sich vor, wie dessen Bild an die Empfänger übermittelt wurde. Dann beschrieb er, wiederum ausschließlich durch telepathische Vorstellungskraft, das Objekt den Beobachtern mitsamt Einzelheiten wie Form, Farbe, Textur, Geschichte, Standort und dergleichen. Die Empfänger legten den Sendern und Beobachtern anschließend ihre aus dieser Übung resultierenden Träume dar, die zeigten, dass das Experiment gelungen war.

Ein Experimentator übertrug dieses Sender/Empfänger-Spiel auf soziale Netzwerke. Er postete das Bild seines Hundes Skip, der kurz zuvor eingeschläfert worden war. Dann bat er mehrere Personen, ihm von ihren Träumen zu berichten. Niemand wusste über den Tod des Hundes Bescheid. »Neun der zehn Personen erlebten Träume über eine Trennung von einer Sache oder einer Person, die ihnen am Herzen lag. Und acht der erfassten Träume handelten vom Tod eines Tieres.«

Senden und Empfangen
Sind Sie eher ein Sender oder ein Empfänger? Wenn Sie gewöhnlich zuerst an jemanden denken und die betreffende Person sich kurz darauf bei Ihnen meldet, sind Sie vermutlich ein Sender. Sie rufen die anderen zu sich, senden ihnen ein Signal. Wenn Sie hingegen meist schon wissen, wer am Telefon ist, bevor Sie überhaupt abheben, sind Sie ein Empfänger. Manche Menschen sind auch beides zugleich.

Mit anderen Worten: Die beteiligten Personen erhielten tatsächlich die vom Experimentator ausgesandte Botschaft, ohne dass dieser sie offen ausgesprochen hätte. Die Bedeutung derlei nicht-wissenschaftlicher Experimente ist offensichtlich: Wir alle erkunden unsere Traumlandschaften, dazu muss man kein Wissenschaftler oder Traumforscher sein. Die individuellen Erkenntnisse, die wir aus diesen Versuchen gewinnen, sind auf persönlicher Ebene ebenso wichtig wie etwaige im Labor belegte Fakten. Telepathie existiert. Ihre Funktionsweise haben wir noch nicht gänzlich durchdrungen, aber es gibt sie.

Zwischenmenschlicher Kontakt

Der Psychiater Berthold Schwarz registrierte in seiner Familie über hundert Fälle von Telepathie. Viele Episoden drehten sich um banale, aber doch spannende alltägliche Vorfälle, woraus Schwarz folgerte, dass Telepathie das fehlende Bindeglied in der Kommunikation zwischen Eltern und Kindern sein müsse.

Schwestern
Der folgende Traum zeigt anschaulich, wie die enge emotionale Bindung zweier Schwestern sich telepathisch in Träumen auswirken kann. Er heißt »Schwester«:

Als meine jüngere Schwester ins College kam, studierte ich gerade in einem höheren Semester an derselben Uni. Wir sahen uns häufig und waren in der Zeit wie zwei enge Freundinnen.

Eines Freitagabends träumte ich davon, in ihrer Wohnung zu sein, die außerhalb des Campus lag. Im Traum sah die Wohnung jedoch irgendwie anders aus. Der Flur war lang und schmal, und der Fußboden war mittig aufgewölbt. Entlang des Flurs gingen viele verschlossene Türen ab und ich wusste nicht, welche ich öffnen musste, um zu finden, wonach ich suchte, was immer das sein mochte. Ich hatte Angst, die falsche Tür aufzumachen.

Schließlich blieb ich vor einer schweren Holztür stehen und griff nach dem Knauf. Sie war nicht verschlossen, also öffnete ich sie und trat ein. Es war stockfinster und ich hörte, wie meine Schwester meinen Namen rief. Sie klang verängstigt. Ich schreckte aus dem Schlaf hoch, und noch Sekunden nach dem Aufwachen schien ihre Stimme in meinem Schlafzimmer widerzuhallen. Es war gruselig.

Am nächsten Tag erfuhr ich, dass sie und ihre Mitbewohnerin mit dem Auto liegen geblieben waren, als sie von einer Party nach Hause fuhren. Das geschah ungefähr zu der Zeit, als ich den Traum hatte.

Traumtypen

»Schwester« ist ein hellseherischer Traum, in dem die Träumende spürt, was gerade an einem anderen Ort geschieht. Ebenfalls möglich sind telepathische Träume (die Kommunikation zwischen zwei Träumenden), gemeinsame Träume (zwei Personen träumen den gleichen Traum) oder präkognitive Träume (Träume über die Zukunft).

Ein besonderes Gespür

Der folgende Traum kann telepathisch wie auch präkognitiv gedeutet werden. Eine Frau träumte von einer entfernteren Bekannten. Im Traum schienen sie sich hingegen sehr gut zu kennen. Und das sollte auch bald der Fall sein. Der Traum heißt »Träne«:

Als meine Tochter in den Kindergarten ging, war sie mit einem Mädchen befreundet, dessen Mutter Sue ich ab und zu traf und sympathisch fand. Eines Tages verabredeten wir uns deshalb zum Mittagessen, und bevor ich zu dem Treffen aufbrach, machte ich noch ein Nickerchen.

Ich träumte, dass mich während des Gesprächs mit Sue mächtige Wellen der Trauer überkommen und Sue eine einzelne Träne die Wange hinabläuft. An mehr kann ich mich nicht erinnern, aber ich weiß noch, dass ich den Traum seltsam fand, weil Sue immer so temperamentvoll und voller Lebensfreude und Zuversicht wirkte.

Als wir uns dann an jenem Tag trafen, unterhielten wir uns lange, wie zwei alte Freundinnen. Im Laufe des Gesprächs stellte sich heraus, wie zutreffend mein Traum gewesen war. Sue und ihr Ehemann standen nämlich kurz vor der Scheidung. Seither sind wir eng befreundet und sehen uns wahrscheinlich noch öfter als unsere Töchter.

ASW-Träume

»ASW-Träume«, so schreibt Stase Michaels in *The Bedside Guide to Dreams*, »machen uns deutlich, dass die Psyche zu einem großen Spektrum seelischer Wechselwirkungen fähig ist.« Judith Orloff, die Autorin von *Jenseits der Angst*, bekundet: »Träume sind mein Kompass und meine Wahrheit; sie leiten mich und verbinden mich mit dem Göttlichen.«[18] Beide gelten als Spezialistinnen für Träume und ASW.

Menschen in ASW-Träumen

Viele ASW-Träume handeln von uns besonders nahestehenden Menschen. Allerdings können diese vertrauten Personen in

ASW-Träumen ganz anders scheinen als im wachen Leben. Achten Sie auf versteckte Hinweise. Manchmal verweist ein »Fremder« in Ihrem Traum in Wirklichkeit auf Sie selbst oder auf eine Person, die Ihnen wichtig ist.

Psi-Forscher Alan Vaughan erinnerte sich an einen Traum, den er zwei Nächte nach einer Fernsehtalkshow mit seinem Lieblingsautor Kurt Vonnegut Jr. hatte. In diesem Traum, den Vaughan am 13. März 1970 festhielt, befinden er und Vonnegut sich in einem Haus voller Kinder. Der Schriftsteller bereitet sich gerade auf eine Reise vor, und im Traum erwähnt er, dass er auf eine Insel namens Jerome reisen wolle.

Vaughan schrieb Vonnegut einen Brief über diesen Traum. Zwei Wochen später erhielt er eine Antwort: »Nicht schlecht. An dem Tag, als Sie den Traum hatten, habe ich mit Jerome B. zu Abend gegessen, und wir unterhielten uns über eine Reise, die ich drei Tage später antreten sollte, und zwar auf eine Insel namens England.« Manchmal ist es schwierig zu erkennen, was wahr und was bloß eingebildet ist, aber wenn Ihre Träume der Wirklichkeit allmählich näherkommen, werden Sie das sicher spüren. Gehen Sie den Dingen also ruhig auf den Grund.

Die inneren Sinne

Im Laufe Ihres Lebens werden Sie vielleicht nur einen einzigen telepathischen oder präkognitiven Traum haben, an den Sie sich erinnern können – oder Hunderte. Das hängt ganz davon ab, wie eingehend Sie Ihre persönliche Traumlandschaft erkunden und wie tief Sie in Ihre Seelenschichten vordringen. »Wenn ihr in euch hineinblickt, dann weitet die damit verbundene Anstrengung die Grenzen eures Bewusstseins, dehnt sie aus und erlaubt es dem egoistischen Selbst, Fähigkeiten zu nutzen, von denen es oft gar keine Kenntnis hatte«, äußert Seth in *Das Seth-Material*.

Diese Fähigkeiten nennt Seth die inneren Sinne. Sie offenbaren sich häufig in typischen Träumen über das Weltgeschehen.

Im folgenden Beispiel träumte eine Frau namens Janet von der Pleite einer großen Fluglinie, und zwar über ein Jahrzehnt, bevor diese Pleite tatsächlich eintrat. Der Traum heißt »Eastern Air Lines«:

Ich eile durch einen belebten Flughafen zum Schalter von Eastern Air Lines, mit meinem Ticket in der Hand. Als ich ankomme, ist der Schalter menschenleer. In Panik renne ich zum Infostand, um herauszufinden, was los ist. Die Frau dort, überkorrekt und mit Hornbrille, sieht mich an, als hätte ich gerade eine vollkommen lächerliche Frage gestellt.

»Die sind am Ende«, sagt sie.

»Am Ende? Wie meinen Sie das?«

»Die haben Konkurs angemeldet und sich aufgelöst. Stand alles in der Zeitung.«

Sie zieht eine Tageszeitung hervor und zeigt mir die Schlagzeile zur Pleite von Eastern Air Lines. Ich versuche, das Datum zu entziffern, aber es ist zu unscharf. Diesen Traum hatte ich Ende 1974.

Janet konnte auf einen inneren Sinn zugreifen, der ihr einen Blick in die Zukunft gewährte. »Seth zufolge«, schrieb Jane Roberts dazu, »werden solche inneren Sinne von unserem gesamten Selbst unaufhörlich genutzt. Da Vergangenheit, Gegenwart und Zukunft bloße Konstrukte sind, erlaubt es uns dieser (besondere) Sinn, durch die scheinbare Zeitengrenze zu blicken. Wir sehen die Dinge, wie sie wirklich sind. Jede präkognitive Erfahrung beruht auf der Anwendung dieses inneren Sinns.«

So funktioniert Schicksal

Janet hatte ihren Traum Jahre vor dem tatsächlichen Niedergang von Eastern Air Lines, doch das heißt nicht, dass die Zukunft vorherbestimmt ist. Der Traum zeigte ihr eine mögliche Version der Zukunft auf Grundlage gewisser Strukturen, die die

Fluglinie damals prägten. Die Dinge hätten sich jedoch auch anders entwickeln können.

Hellsehen kann jeder

Viele Experten bestätigen: Man muss kein Hellseher sein, um hellseherische Träume zu haben. Wahrträume treten regelmäßig bei ganz normalen Menschen auf. Dazu passt, dass viele Hellseher berichten, Visionen nur im Wachzustand zu erleben. Traumprophezeiungen betreffen dagegen häufig Menschen, die ansonsten nicht hellseherisch veranlagt sind.

Normalerweise verhält es sich mit dem Schicksal wie mit verschiedenen Pfaden: Ein Mensch, Unternehmen oder Gemeinwesen kann sich entscheiden, einen bestimmten Pfad einzuschlagen oder auch nicht. Auf diese Weise beeinflussen wir unser Geschick. So gesehen, funktionieren präkognitive Träume offenbar ähnlich wie Prophezeiungen. Ihre Träume können Ihnen einen möglichen Schicksalspfad aufzeigen.

Wahrträume

Im Jahr 1865 träumte Abraham Lincoln, dass er seltsame Laute aus dem East Room hört, dem größten Saal des Weißen Hauses. Als er nachsehen geht, findet er dort eine aufgebahrte Leiche auf einem Katafalk vor. Soldaten umstehen das Gerüst und bewachen die Leiche, während sich ringsum eine Menschenmenge schart. Das Gesicht des Toten ist verdeckt, deshalb fragt Lincoln einen Wächter, wer gestorben sei. »Der Präsident«, antwortet dieser. Eine Woche später wurde Lincoln ermordet.

Auf Vorhersagen dieser Art wurden schon ganze Karrieren gegründet. Nostradamus war als Seher bereits bekannt, als er den Tod König Heinrichs II. von Frankreich in einem ritterlichen Zweikampf prophezeite. Nach manchen Auslegungen

---

Jenseits von Zeit und Raum

Denken Sie immer daran, dass es im Jenseits weder Zeit noch Raum gibt. Wenn Ihnen ein verstorbener Angehöriger im Traum etwas über die Zukunft berichtet (was allerdings nur selten vorkommt), dokumentieren Sie das auf jeden Fall. Doch ein Ereignis, das scheinbar unmittelbar bevorzustehen scheint, tritt vielleicht erst in zwanzig Jahren ein. Behalten Sie das immer im Kopf!

---

seiner Schriften soll er zudem den Tod John F. Kennedys, den Fall der Berliner Mauer und das Ende des Kommunismus, das Bündnis zwischen Sowjetunion und Amerikanern, die AIDS-Epidemie und das *Challenger*-Unglück vorausgesagt haben.

Wie Edgar Cayce und andere Seher prophezeite Nostradamus zudem einen Polsprung, in dessen Verlauf sich die Erde auf ihrer Achse neigen und unseren Planeten in Chaos und Vernichtung stürzen würde. Er nannte sogar ein Datum: den 5. Mai 2000. So genau legte sich Cayce nicht fest, doch auch er sagte geologische

Veränderungen von gewaltigem Ausmaß voraus. Demnach würde der westliche Teil Nordamerikas vom restlichen Kontinent wegbrechen und Kalifornien infolge des heftigen Bebens im Meer versinken. Florida bliebe nur in Form verstreuter Inseln bestehen, und der Großteil Japans würde im Meer untergehen.

Verflochtene Traumgeschichten

Bisweilen hat man miteinander verwobene Träume, die im Abstand vieler Jahre auftreten können. Eine Krankenschwester na-

Nostradamus

Nostradamus (1503–1566) ist der wohl berühmteste Wahrsager aller Zeiten. Indem er seine ganze Konzentration auf eine Wasserschale richtete, geriet er in einen traumähnlichen Zustand, in dem ihm Visionen erschienen. Das Wahrsagen mithilfe von Kristallkugeln, Wasser oder anderen spiegelnden Oberflächen wird Kristallomantie genannt.

mens Rose träumte die im Folgenden geschilderten zwei Träume mit fünfzehn Jahren Abstand. Im ersten Traum beeinflusst die Weltlage ihr eigenes Leben, im zweiten das ihrer Tochter. In ihrem Charakter sind sich beide Träume sehr ähnlich.

Der erste Traum heißt »Die Bahamas«:

Ich gerate in Panik. Überall ist Wasser. Es flutet in meinen Garten und sickert mir ins Wohnzimmer. Draußen regnet es heftig, aber mir ist klar, dass die Überschwemmung nicht nur am Regen liegt; sie hat etwas mit dem Anstieg des Meeresspiegels zu tun.

In der nächsten Szene laufe ich draußen herum, platsche durch all das Wasser, suche nach einem Ruderboot, mit dem ich auf die Bahamas fliehen kann. Ich weiß, dass die Bahamas sicher sind, weil das Land sich dort anhebt. Offenbar werde ich fündig, denn in der letzten Traumszene steuere ich durch tosende See auf die Bahamas zu. Ich erwache so unvermittelt, dass ich fast aus dem Bett falle.

Nun folgt der zweite Traum von Rose, den sie rund fünfzehn Jahre nach dem ersten träumte. Er heißt »Die Nacht danach«:

In der Nacht, nachdem meine Tochter geboren wurde, schlief ich mit drei anderen Frauen in einem Zimmer auf der Entbindungsstation. Es war spät, fast zwei Uhr morgens, und die

Träume und Katastrophen

Träume über die allgemeine Weltlage sind selten. In der Regel sind Bezüge dieser Art symbolisch und nicht wörtlich oder konkret zu verstehen. Wer von historischen Ereignissen wie dem Untergang der Titanic oder dem Angriff auf das World Trade Center träumt, fühlt sich meist schuldig. Leider ist es nahezu unmöglich, Wahrträume zum Abwenden von Katastrophen zu nutzen, denn Träume geben weder Zeit noch Ort eines bestimmten Ereignisses an.

Kinderschwester hatte gerade mit meiner Tochter den Raum verlassen, nachdem ich sie gestillt hatte. Ich fiel langsam in Schlaf, als plötzlich jemand meinen Namen rief. Ich dachte, es wäre eine der anderen Frauen im Zimmer, und richtete mich abrupt auf, aber alles schlief.

Ich erinnere mich, dass die Zimmertür einen Spaltbreit offen stand und Licht vom Flur hereindrang. Ich hörte ein Telefon klingeln und das leise Zischen der kühlen Luft aus den Lüftungsschlitzen unter der Decke. Ich legte mich wieder hin und schlief erneut ein. Da hörte ich zum zweiten Mal meinen Namen rufen, laut und durchdringend, und ich erkannte, dass die Stimme aus meinem eigenen Innern kam. Also hielt ich die Augen geschlossen, weil ich mir nicht sicher war, ob ich träumte oder nicht, und ließ die Erfahrung zu.

Vor meinem geistigen Auge sah ich schmerzhaft deutlich ein Bild meiner Tochter – sie war wunderschön –, das etwa dreißig Jahre aus der Zukunft stammen musste. Sie schien stark auf etwas konzentriert. Ich begriff, dass sie sich in einer Art hypnotischer Regression befand, und signalisierte ihr meine Bereitschaft zur Mithilfe bei ihrer mir unbekannten Suche. In Gedanken bat sie mich, ihr Geburtsdatum zu nennen. Wo wohnten wir, als sie geboren wurde? Um wie viel Uhr war sie auf die Welt gekommen? In welchem Krankenhaus ... solche Fragen.

Während des Austauschs hatte ich das deutliche Gefühl, selbst nicht mehr am Leben zu sein. Ich spürte, dass sie aus einer Zukunft zu mir sprach, in der die Welt vollkommen anders war. Die Welt, wie ich sie kannte, gab es nicht mehr. Große geologische Umwälzungen hatten stattgefunden. Ich spürte, dass vereinzelt Menschen überlebt hatten, und diese Überlebenden versuchten nun zu begreifen, was geschehen war. Sie verfügten über Wissen zur wahren Natur von Zeit und Raum. Sie konnten Zeit und Raum auf gewisse Weise sogar beeinflussen. Ich weiß nicht genau, was all das zu bedeuten hatte. Jedenfalls gab ich meiner Tochter alle erbetenen Informationen und sagte ihr, dass ich sie liebe. Sie dankte mir, und der Traum oder das Erlebnis oder was auch immer es war ging zu Ende.

Rose deutet ihre beiden Träume so, dass die Prognosen von Nostradamus und Cayce zwei mögliche Wirklichkeiten aufzeigen. Doch die großen Umwälzungen auf der Erde scheinen erst zu einem späteren Zeitpunkt einzutreten, als von den beiden Sehern prophezeit wurde.

Im ersten Traum, den ich Anfang der Siebziger hatte, sagte mir mein Gespür, dass die Vernichtung in den nächsten zehn, fünfzehn Jahren eintreten würde, also irgendwann in den Achtzigern. Im zweiten Traum, den ich am 1. September 1989 träumte, schien mir die Vernichtung weiter entfernt zu sein. Da meine Tochter in dem Traum wie um die dreißig wirkte, hätte es etwa das Jahr 2019 sein müssen, und in meiner Vision lebte sie da bereits in dieser zutiefst veränderten Welt. Es scheint, als würden sich die zwei Träume auf zwei unterschiedliche Zeitverläufe beziehen, zwei Wahrscheinlichkeiten, die gewissermaßen miteinander verknüpft sind, weil sie beide eine geologisch veränderte Welt darstellen.

Obwohl Rose ihre Träume als mögliche Zukunftsentwürfe ansah, glaubte sie, dass die Visionen nur zwei Möglichkeiten unter vielen abbildeten. »Ich will glauben, dass die Zukunft nicht in

Stein gemeißelt ist, dass manche Katastrophen abgewendet werden können – zumindest die menschengemachten.«

Psi

Der griechische Buchstabe Psi bezeichnet jegliche Art von paranormaler Aktivität, etwa ASW, Telepathie oder Psychokinese. Im neunzehnten Jahrhundert erzielte man große Fortschritte auf dem Feld der Traumforschung, dennoch führten Montague Ullman und der Traumexperte Robert Van de Castle erst in den 1960er-Jahren Traumstudien mit ganz gewöhnlichen Menschen durch.

Mit zunehmender Erfahrung im Deuten Ihrer Träume werden Sie telepathische und präkognitive Träume leichter erkennen können. Vielleicht legen Sie für diese Traumsorte eine gesonderte Rubrik in Ihrem Traumtagebuch an oder halten Sie auf besondere Weise fest. Denn diese Träume sind Ihr getreuester Einblick in Ihre eigene Zukunft.

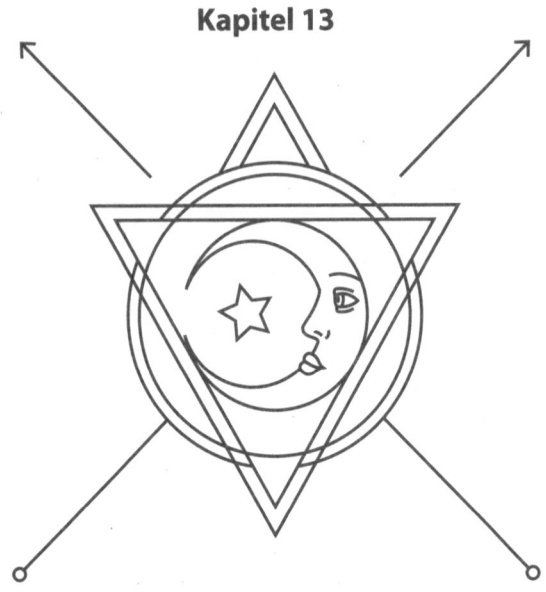

Kapitel 13

Traumreisen

Die uralte Praxis des Schamanismus ist noch heute lebendig, nicht nur als Überbleibsel diverser Kulturen, sondern auch in aktueller, moderner Form. Viele Schamanen von heute stammen aus der westlichen Welt und wurden dort ausgebildet, und man nennt sie nicht länger Hexer oder Medizinmänner. Sie erhielten ihr Wissen in der Regel von Vorgängern, die einer nichtwestlichen Kultur angehören oder noch stark auf sie bezogen sind. Entdecken Sie in diesem Kapitel die magische Macht von Schamanismus und Kraftträumen.

Mythen der Vergangenheit

»Schamanismus ist keine Religion«, erläutert Dr. Alberto Villoldo, Medizinanthropologe und Inka-Schamane. »Es gibt keine

Christusgestalt, keinen Buddha, keinen Guru, niemanden, der uns sagen würde: ‚Folge mir nach.‘ Der Schamanismus verlangt, dass man seinem eigenen Weg mutig, feinfühlig und entschlossen folgt. Er fordert, dass Sie von der Natur lernen. Er zeigt Ihnen, wie man einer Kraft unmittelbar begegnet, sie annimmt und sich zu Eigen macht.«

Villoldos Beschäftigung mit dem Schamanismus begann 1973, als er Antonio Morales Baca kennenlernte, Philosophieprofessor an der Staatlichen Universität San Antonio Abad del Cusco in Peru. Morales war damals an seiner Universität der einzige Dozent mit indianischen Wurzeln. Mit ihm als Führer begab sich Villoldo auf eine Reise den Fluss Urubamba im Altiplano (einer Hochebene der Anden) entlang auf der Suche nach einem *Kurac Akullec*, einem Schamanenmeister namens Don Jicaram.

In *Island of the Sun* erzählt Villoldo von einer Wachtraumfolge, die er letztlich als Traum im Traum erkannte. Sie setzte ein, als er nach einer allein unternommenen Wanderung auf dem Inka-Pfad in Machu Picchu eintraf. Bei Einbruch der Dunkelheit schlich er in die Ruinen und suchte sich eine abgeschiedene Nische. Da er keinen Schlaf fand, schlenderte er bei Vollmond über den Hauptplatz zu einer Wiese neben den Ruinen, nahe beim Pachamamastein, einem Felsblock von etwa sechs Metern Breite und drei Metern Höhe.

Villoldos besondere Erfahrung begann mit einer Meditation, die bei ihm die Vision einer alten Inkazeremonie hervorrief, bei der farbenfroh gekleidete Teilnehmer um ein Feuer vor dem Pachamamastein tanzten und dazu sangen. Er gesellte sich zu ihnen und folgte dann einer Tänzerin – einem jungen Mädchen, das Bänder ins Haar geflochten hatte – vom Lagerfeuer fort einen Pfad hinauf, der zu dem steilen Gipfel Huayna Picchu in der Nähe der Ruinen führte. Das Mädchen verschwand zwischen den Felsen und Villoldo entdeckte eine Höhle, in der er eine alte Frau traf, die auf ihn zu warten schien. Die Frau, die Kerzen aus Tierfett zog, beschimpfte ihn.

Mein erster Gedanke war, dass ich träumte; es war eine Tatsache, dass ich träumen musste. Mir war bewusst, dass es ein Traum war. Und dann stürzte die Höhle in sich zusammen ... und im Traum sah ich mich wieder vor dem Pachamamastein sitzen, und die Tänzer bewegten sich durch sanften Regen und orangefarbenen Feuerschein. Ich wusste, dass ich mich irgendwo in meinem eigenen Körper befand und davon träumte, wie ich den Tänzern dort unten zusah. Das eine ist ein Traum. Und das andere?

Später befand er sich erneut in der Höhle mit der alten Frau. Er beschrieb die Alte sehr genau, von ihrer Knochenpfeife bis hin zu dem gewebten Wollkleid, das sie trug, aber er hörte nicht, was sie zu ihm sagte. Er folgte ihr aus der Höhle zu einem Paar großer Kondore, die ihm zeigten, wie er sich in ein Tier hineinversetzen konnte. Das tat er und verschmolz mit dem Bewusstsein des einen Kondors, mit dem er daraufhin durch die Nacht schwebte. Als er zur Höhle zurückkehrte, befahl ihm die alte Frau zu gehen.

Er versuchte, zu seinem eigentlichen Traum zurückzukehren, um wieder ganz erwachen zu können: »Als ich mich auf der Wiese vor dem Pachamamastein schlafen sah, versuchte ich angestrengt, mich selbst zu wecken. Die Tänzer waren verschwunden, die Dämmerung würde bald einsetzen und ich lag schlafend im Gras. Erst als ich sah, wie ich mich regte und die Augen öffnete, erkannte ich, dass ich von mir selbst träumte, wie ich auf der Wiese erwache.«

Aus diesem Traum, in dem er sich selbst beim Erwachen zusah, erwachte er dann wirklich. Er stellte fest, dass er sich gar nicht mehr auf der Wiese befand, sondern in einer Höhle an der Flanke des Huayna.

Auf dem Weg zum Krafttraum

Um einen Krafttraum zu träumen, brauchen Sie zur Anleitung nicht unbedingt einen Schamanen oder den Kraftgegenstand eines Schamanengeschlechts. Vielleicht besitzen Sie, ohne es zu ahnen, bereits selbst einen Kraftgegenstand. Das könnte zum Beispiel ein altes Familienerbstück sein, das von Generation zu Generation weitergegeben wird. Vielleicht handelt es sich um den Ehering Ihrer Großmutter, der zuvor bereits deren Mutter oder Großmutter gehörte. Die Idee dahinter ist, dass ein solcher Gegenstand Erinnerungen und Botschaften in sich birgt, auf die man durch schamanische Träume zugreifen kann.

Um sich auf Ihren Krafttraum vorzubereiten, nehmen Sie den Gegenstand vor dem Schlafengehen in die Hand. Kommen Sie ganz zur Ruhe. Es ist gar nicht notwendig, dass Sie die genaue Geschichte des Gegenstands kennen. Nachdem Sie Ihren Geist beruhigt haben, achten Sie auf alle Gedanken, die sich wie von weit her bei Ihnen einstellen. Wenn es sich um Warnungen zu handeln scheint, beherzigen Sie diese und dringen Sie nicht weiter vor.

Was haben Sie da genau vor sich?

Informieren Sie sich über etwaige Vorbesitzer des von Ihnen gewählten Kraftgegenstands, selbst wenn er schon seit einem Jahrhundert im Besitz Ihrer Familie ist. Suchen Sie sich keinen Gegenstand aus, der einmal einem bösen Menschen oder einem Straftäter gehört haben könnte. Das kann schlimme Albträume zur Folge haben!

Legen Sie den Gegenstand nach der Meditation unter Ihr Kopfkissen oder an einen anderen Ort nahe bei Ihrem Körper. Konzentrieren Sie sich beim Einschlafen auf den Wunsch, einen Krafttraum von einer Person zu erhalten, die einst mit dem Gegenstand in Verbindung stand. Sagen Sie sich, dass dies nur zu einer positiven Erfahrung führen kann und der Traum Ihr Leben bereichern wird.

Kraftgegenstände

Rachel, eine dreifache Mutter, die sich Villoldo auf einer Wanderung durch die Canyonlands im Südwesten der USA anschloss, erinnert sich an die Erfahrung eines Krafttraums. Er heißt »Der schwarze Panther«:

> *Eines Abends wickelte Alberto seine Mesa aus, ein Bündel aus handgewebtem Stoff, in dem man uralte Kraftgegenstände aufbewahrt: handgearbeitete Steinfiguren, Metallobjekte, Perlenketten, Kristalle und Stoffsäckchen mit irgendetwas Klapperndem darin. All diese Kraftgegenstände waren von Inkaschamane zu Inkaschamane und letztlich an Villoldo weitergereicht worden. Einige waren mehrere hundert Jahre alt.*
>
> *Die Gegenstände wurden im schwach beleuchteten Zelt im Kreis herumgereicht. Wir befühlten sie eher, als dass wir sie sahen. Wir sollten uns einen aussuchen, der uns besonders ansprach, und die anderen rasch weitergeben. In der Nacht sollten wir den ausgewählten Kraftgegenstand mit ins Bett nehmen.*
>
> *Mein Traum begann damals damit, dass ich Berge um mich herum erblickte. Irgendwie wusste ich, dass ich in Südamerika war. Ich verstand nicht, warum ich diesen anderen Ort sah, während wir uns doch gerade in den nordamerikanischen Canyons befanden. Dann entdeckte ich den schwarzen Panther. Er drang durch eine physische Öffnung direkt in meine Stirn ein. Daraufhin öffnete sich alles in mir und ich hatte die Empfindung, mich in einem ursprünglichen, verlorenen Paradies der amerikanischen Ureinwohner zu befinden. Ich spürte die Menschen und die Erde.*

Rachels Kraftgegenstand war ein kleiner, glatter Stein, der in ein grobes Stück Stoff eingewickelt war. Villoldo zeigte sich nicht überrascht, dass sie südamerikanische Berge gesehen und gespürt hatte, wie ein Panther durch ihre Stirn Eingang in ihren Körper fand. Der Stein war Villoldo vom Hochschamanen der Q'eros überreicht worden, der sozusagen die Inka-Entsprechung des Dalai Lama ist.

Ein Mann namens Charles, der sich ebenfalls mit auf der Reise befand, wählte an besagtem Abend einen glatten Stein mit drei Spitzen als Kraftobjekt aus. Er erinnerte sich: »Im Traum sah ich mich selbst für eine Reise gekleidet und ausgerüstet. Ich saß in einem Zug und direkt über mir war eine Frau, die ebenfalls ich war. Dann gab es noch mein träumendes Ich, das diese zwei anderen beobachtete.«

Nachdem Villoldo von diesem Traum gehört hatte, erklärte er, dass der Stein mit den drei Spitzen für die drei Welten der Inka stehe: Kay Pacha, die physische Welt, Ukhu Pacha, die innere oder Traumwelt, und Hanaq Pacha, die obere Welt. Villoldo zufolge verfügen wir alle nicht nur über ein einziges Selbst, sondern leben gleichzeitig in jeder dieser drei Welten.

Übung

Halten Sie Ihre Erfahrungen mit Kraftträumen fest. Notieren Sie die folgenden Punkte:

- Das Datum
- Ihren Kraftgegenstand
- Was der Traum Ihnen für ein Gefühl vermittelt
- Gedanken über den Kraftgegenstand vor dem Einschlafen
- Auswirkungen

Gehen Sie zwei Wochen lang jede Nacht auf diese Weise vor. Halten Sie alles über Ihre Träume fest, an das Sie sich noch erinnern können. Wenn das Vorgehen zu keinem Ergebnis führt und Sie sich mit der Wahl Ihres Gegenstands zunehmend unsicher und unglücklich fühlen, legen Sie ihn in ein geschlossenes Kästchen aus Stein oder Metall und räumen Sie ihn beiseite. Suchen Sie sich einen neuen Gegenstand aus. Sie sollten sich mit Ihrem Kraftgegenstand rundum wohlfühlen.

Große (wichtige) Träume

»Ein Schamane ist ein Mann oder eine Frau, der/die – willentlich – in einen anderen Bewusstseinszustand eintritt, um mit einer normalerweise verborgenen Wirklichkeit in Berührung zu kommen und sie auszuwerten, um Wissen, Kraft und Hilfe für andere zu erhalten«[19], schreibt Michael Harner, ein amerikanischer Anthropologe, der seit Jahrzehnten als Schamane wirkt.

Harner zufolge gibt es aus Sicht des Schamanen gewöhnliche Träume und »große« Träume. Der Schamane interessiert sich vor allem für letztere. Große Träume umfassen den Kontakt zu einem Schutzgeist oder Krafttier. »Es handelt sich um einen Großen Traum, wenn er mehrere Male in der Grundbedeutung während verschiedener Nächte wiederholt wird oder wenn er als einmaliger Traum so lebhaft ist, als ob man wach sei, also ein ungewöhnlich kraftvoller Traum ist.«[20]

Michael Harner ist Gründer und Vizepräsident der Foundation for Shamanic Studies und hat zahlreiche Workshops zum Schamanismus abgehalten. In ihnen kann er Fähigkeiten weitergeben, die in der Menschheitsgeschichte seit Jahrtausenden von

Schamanische Träume und Klarträume

Der Unterschied zwischen einem schamanischen oder großen Traum und einem Klartraum besteht darin, dass ersterer sich mit der Verbindung zu einem Schutzgeist befasst oder das Ziel verfolgt, Kraft und Wissen zu gewinnen. Ein Klartraum dagegen gleicht üblicherweise einem Abenteuer oder einer Reise und muss nicht zwangsläufig einer spirituellen Tradition oder einem festen Ziel folgen.

Generation zu Generation überliefert wurden. »In meinen Workshops zum Schamanismus wird mit den Teilnehmern nicht ‚Indianer gespielt‘, sondern sie suchen den Kontakt zu den gleichen offenbarenden, spirituellen Quellen, auf die Schamanen verschiedener Volksstämme seit undenklichen Zeiten zurückgreifen. Ihre Erfahrungen sind authentisch, und was sie berichten, ist im Wesentlichen identisch mit den Aussagen der Schamanen aus schriftlosen Stammeskulturen.«

Große Träume sind oft wörtlich zu nehmen. Wenn Sie davon träumen, einen Autounfall zu erleiden, ist das möglicherweise nicht symbolisch zu verstehen, sondern eine Warnung vor einem tatsächlichen Unfall. Harner zufolge ist man in einem solchen Fall nicht immer in der Lage, das Unglück abzuwenden, aber man kann es symbolisch inszenieren und dadurch seine Wirkung abschwächen. Oder anders gesagt: Sie können ein Ereignis bereits akzeptieren lernen, bevor Sie überhaupt wissen, ob es wirklich stattfinden wird. Wenn die Traumvision sich anschließend als wahr herausstellt, sind Sie besser darauf vorbereitet.

In seinem Buch *Der Weg des Schamanen* beschreibt Harner den großen Traum einer Frau, die an einem seiner Workshops teilgenommen hatte. Im Traum erlitt sie einen Autounfall, in dem sie zweimal auf Metall prallte, aber nicht schwer verletzt wurde. Der Traum heißt »Großer Warnungstraum«:

> *Während ich darauf wartete, dass der Wagen seine 180-Grad-Drehung beendete, war ich mir bewusst, dass ich im Wagen durch das Drehmoment gegen meinen Sohn gepresst wurde und mich außerhalb etwas über dem Wagen befand und den Ablauf des ganzen »Traumes« beobachtete – noch einmal. Während des Geschehens war ich mir eines Gefühls tiefen Friedens und der Gewissheit bewusst, dass mein Schutzgeist genau hier bei mir war und mich vor jeder »Gefahr« beschirmte.*[21]

Obwohl die Frau wusste, dass man einen solchen Traum symbolisch inszenieren kann, tat sie es nicht. Etwa einen Monat später war sie mit ihrem Sohn im Auto unterwegs, als ein Wagen dicht vor ihr einscherte. Sie fuhr auf, ihr eigenes Auto geriet ins Schleudern, und sie stieß ein zweites Mal mit dem fremden Fahrzeug zusammen. Wie in ihrem Traum prallte sie zweimal auf Metall, wurde jedoch nicht ernstlich verletzt.

Inszeniererungsarbeit – große Träume

Sie müssen kein Schamane sein oder eingehende Kenntnisse auf diesem Gebiet haben, um einen großen Traum symbolisch zu inszenieren. Sie können das Verfahren anwenden, wann immer Sie einen besonders lebendigen Traum erlebt haben, ganz gleich ob unheilvoll oder glückverheißend. Fragen Sie sich zuerst, wie seine Botschaft lauten könnte und ob sie Ihnen wörtlich oder symbolisch übermittelt wurde. In beiden Fällen können Sie den Traum für sich inszenieren. Das im Folgenden geschilderte Erlebnis von Gary zeigt ein mögliches Vorgehen.

Gary hatte einen kurzen, aber sehr lebhaften Traum, und der Inhalt war so verstörend, dass er aus dem Schlaf hochschreckte und sich keuchend im Bett aufsetzte. Im Traum hatte er eine Waffe genommen, sie sich an die Schläfe gehalten und abgedrückt. Tiefrotes Blut spritzte aus der Wunde, und er wusste, dass er sich soeben selbst umgebracht hatte. Gary verwirrte der Traum, weil er keinerlei Selbstmordgedanken hegte und noch nie über einen solchen Schritt nachgedacht hatte. Allerdings hatte er erst kürzlich seine Frau verlassen und begann gerade ein völlig neues Leben. Er begriff, dass das Traumbild den Tod seines alten Selbst symbolisierte.

Gary zog seine Schlüsse und inszenierte den Traum, indem er die Scheidung einreichte, obwohl seine Frau damit gern noch gewartet hätte, um zu sehen, ob die Beziehung doch noch zu retten war. Doch Gary spürte, dass es kein Zurück in sein altes Leben gab und dass der Traum ihm dies bestätigte. Er befand sich in einer schwierigen, höchst emotionalen Lage, aber er war sich sicher, das Richtige zu tun.

Er vollzog zudem eine symbolische Geste des Eintritts in sein neues Leben, indem er sich ein ausgefranstes Seil vorstellte, das ihn weiterhin mit seiner Frau verband. In seiner Vorstellung nahm er eine Schere und kappte die verbleibenden Stränge. Manchmal hilft es, so etwas zu visualisieren.

Träume von Selbstmord

Spielen Sie insgeheim mit dem Gedanken an Selbstmord, wenn Sie davon träumen? Nein! Erinnern Sie sich, dass der Tod in Träumen in der Regel für eine Wandlung oder den Abschluss mit einer alten Lebensweise steht und somit einen Neubeginn symbolisiert. Träume von Tod oder Selbstmord deuten normalerweise darauf hin, dass Sie bereit sind, eine Häutung zu vollziehen und neu anzufangen. Obwohl der Traum selbst vielleicht negativ wirkt, kann er für Ihr Wachleben ein gutes Omen sein.

Eine Visualisierung kann tief greifende Auswirkungen auf unsere Psyche, unsere Lebenskraft und Umwelt haben. Ergründen Sie im Vorfeld, was Sie wirklich wollen. Bitten Sie stets um das bestmögliche Ergebnis. Wünschen Sie sich zum Beispiel nicht, dass Ihr Ex-Freund oder Ihre Ex-Freundin zu Ihnen zurückkehrt, sondern dass Sie dem für Sie passenden Menschen begegnen werden.

Traumkontrolle

Carlos Castaneda war von allen Menschen, die Schamanismus – oder Zauberei, wie er es selbst auch nannte – ausüben, zweifellos der berühmteste. Für seinen indianischen Lehrmeister Don Juan waren Traumreisen von großer Bedeutung: Träume seien, wenn schon keine Tür, dann doch eine Luke in andere Welten. Don Juan zufolge ist das, was wir die Wirklichkeit nennen, nur eine Beschreibung der Welt, in der wir uns aktuell befinden, und diese Beschreibung kann durch Träume verändert werden.

Um Castaneda ins Träumen einzuführen, brachte Don Juan ihm bei, Träume bewusst hervorzurufen und anschließend zu kontrollieren. Dieser Vorgang fördert die »Traumaufmerksamkeit«, um die Wahrnehmung neuer Welten oder neue Sicht-weisen auf unsere eigene Welt zu eröffnen.

Doch bis zu einer solchen Kontrolle bedarf es einiger Übung. Castaneda brachte sich in einem ersten Schritt dazu, im Traum seine Hände zu betrachten, um den Traumzustand besser er-kennen zu können. Wenn Sie sich des Träumens erst einmal be-wusst sind, können Sie die Handlung Ihrer Träume anhalten und Ihre Umgebung eingehend studieren.

Sobald Sie Ihre Träume derart kontrollieren können, haben Sie die »erste Pforte« der Träume durchschritten. »Das Erstaunlichste, was Träumenden widerfährt, wenn Sie an die erste Pforte kom-men, ist, dass sie zugleich den Energiekörper erreichen.« Laut Don Juan kann der Energiekörper »sich selbst in einem einzigen Augenblick an die äußersten Enden des Universums versetzen.«

Die eigenen Hände finden

Das folgende Vorgehen kann Ihnen dabei helfen, im Traum Ihre Hände zu finden und so die Kontrolle über Ihren Traum zu ge-winnen. Es geht auf den russischen Mystiker Georges Gurdjieff zurück.

Schließen Sie zunächst die Augen und stellen Sie sich Ihre Hände vor. Während Sie sich auf den Schlaf vorbereiten, den-ken Sie noch einmal an alles, was Sie über den Tag hinweg getan haben, und rufen Sie sich dann erneut das Bild Ihrer Hände ins Gedächtnis. Nehmen Sie dieses Bild mit in den Schlaf. Sagen Sie sich, dass Sie, sobald Sie erneut Ihre Hände sehen, träumen und im Traum »erwachen« werden.

Sobald Sie Ihre Hände gefunden haben, fahren Sie mit dem zweiten Schritt fort: Halten Sie Ihren Traum an. Möglicherweise brauchen Sie viele Versuche, bis Ihnen das gelingt. Sagen Sie sich bereits vor dem Einschlafen, dass Sie im Traum Ihre Hände an-sehen und daraufhin in der Lage sein werden, den Traum anzu-halten und aufmerksam Ihre Umgebung zu studieren.

Gurdjieff war der Ansicht, dass die Visualisierung der eige-nen Hände während des Tages unsere Gewissheit darüber schwächt, wirklich wach zu sein. Er glaubte, dass jeder von uns eigentlich schläft, und wenn wir schließlich doch erwachten, würden wir erkennen, dass das, was wir für Bewusstsein hielten, in Wirklichkeit nur ein Traum war.

Aus Träumen lernen

Die australischen Aborigines, deren schamanisches Brauchtum angeblich vierzigtausend Jahre alt ist, sehen das Träumen beziehungsweise die Traumzeit als Ursprung der Welt an. »Träume verbinden die Ureinwohner Australiens mit ihrer sogenannten Traumzeit, einem ursprünglichen Zustand, der die Erschaffung der Welt zu Beginn der Zeit beschreibt«[22], so Malcolm Godwin in *Der Traum*. Die Traumzeit ist das Reich jener mythischen Wesen, die dem Universum zu Anbeginn Leben einhauchten.

Für John Perkins, ebenfalls Anhänger der neuen Schamanen, ist der Traum, der unsere Welt erschuf, nur eine mögliche Version dieser Welt; wir können auch neue Versionen und neue Welten schöpfen. Perkins beschreibt Schamanen als Männer oder Frauen, »die in die Traumzeit oder in parallele Welten reisen und das Unterbewusstsein ebenso wie physikalische Gegebenheiten einsetzen, um Veränderungen hervorzubringen«.[23]

Das Träumen steht auch beim Volk der Shuar im Mittelpunkt, wie Perkins in seinem Buch *Und der Traum wird Welt: Schamanische Impulse zur Aussöhnung mit der Natur* schreibt. Die Philosophie der Shuar besagt nämlich, dass die Welt durch Träume entsteht. Wenn Perkins vom Traum der Shuar berichtet, dann meint er damit den kollektiven Traum eines ganzen Volkes – den Traum davon, wie wir die Welt wahrnehmen. »Wenn die Welt aus unseren Träumen entsteht, dann ist die Wirklichkeit eine Frage der Wahrnehmung«, erläutert er. »Wenn wir unsere Energie in einen anderen Traum investieren, wird die Welt transformiert werden.«[24] Doch um eine neue Welt zu erschaffen, brauchen wir zunächst einen neuen Traum.

Teil 4

Traumsymbole – ein Lexikon

Traumsymbole sind für die Deutung Ihrer Träume ungemein hilfreich. Setzen Sie dieses Glossar also ruhig ausgiebig und kreativ ein. Wie bereits erwähnt, können die Symbole für jeden Menschen etwas anderes bedeuten. Um das Lexikon gewinnbringend zu nutzen, sollten Sie nach Lektüre der angebotenen Deutungen selbst entscheiden, ob diese Ihnen persönlich einleuchten.

Zum Gebrauch

Zu Beginn Ihrer Beschäftigung mit Symbolen und Motiven befassen Sie sich am besten zunächst mit jenen, die Ihnen in Ihren eigenen Träumen begegnen. Achten Sie auf die Details – Farben, Anschaulichkeit, Geschehen – sowie auf Ungewöhnliches, das hervorsticht. Träumen Sie zum Beispiel von einem Tier, sollten Sie zunächst versuchen, es mit Situationen und Menschen in Ihrem Leben in Verbindung zu bringen, und dann entscheiden, ob es Ihr Totemtier sein könnte, also ein Traumführer. Denken Sie beim Deuten Ihrer Traumsymbole immer daran, dass es in Träumen keine allgemeingültigen Regeln und Bedeutungen gibt. Haben Sie Freude an Ihren Träumen. Gehen Sie ihnen auf den Grund und lernen Sie daraus. Viel Spaß!

Aal

Ein Aal ist häufig ein phallisches Symbol. Da er sich durchs Wasser schlängelt, können sexuelle Anspielungen vorliegen. Achten Sie darauf, wie der Aal sich verhält.

Abend

Wenn in Ihrem Traum Abend ist, deutet das auf ungewisse oder unerfüllte Hoffnungen hin. Ein Traum von funkelnden Sternen steht für Kümmernisse, auf die bald wieder bessere Zeiten folgen werden. Ein Traum von einem Liebespaar, das einen Abendspaziergang unternimmt, kann Trennung oder ein Verlustgefühl symbolisieren.

Abenddämmerung

Die Abenddämmerung steht für das Tagesende, das Ende von Glück oder Eindeutigkeit bei einem bestimmten Sachverhalt, oder für düstere Aussichten in Bezug auf eine bevorstehende Angelegenheit.

Abgrund

Träumen Sie davon, in einen Abgrund zu stürzen, ist Ihr Leben vermutlich zum Teil aus dem Lot geraten. Ihr Problem könnte darin bestehen, dass Sie Ihre Arbeit schleifen lassen oder nicht gut genug auf sich achtgeben. Vielleicht ist es an der Zeit für eine Veränderung in beruflicher oder sonstiger Hinsicht. In einen Abgrund zu blicken, deutet auf eine bevorstehende Herausforderung hin, die Sie jedoch erfolgreich meistern werden.

Abnormes

Im Traum abnorme, seltsam geformte Dinge zu sehen, etwa einen gekrümmten Spiegel oder einen missgestalteten Arm, weist auf geistige Offenheit für Neues und Ungewöhnliches hin.

Abtreibung

Eine Abtreibung im Traum ist meist im übertragenen Sinne zu verstehen. Darin drücken sich oftmals Schuldgefühle über etwas aus, das man eigentlich nicht tun sollte. Ein Schwangerschaftsabbruch im Traum ist eine Mahnung, dieses Tun »abzubrechen«.

Adler

Der über den Himmel segelnde Adler symbolisiert eine spirituelle Suche. Er kann auch für Kämpfe, Stolz, Mut oder Wildheit stehen. Adler gelten traditionell als edle Tiere und können auch eine Vaterfigur oder die Sonne repräsentieren.

Adoption

Wenn Sie davon träumen, ein Kind zu adoptieren, kann das ganz konkret zu verstehen sein: Vielleicht möchten Sie das zukünftig tatsächlich tun. Dieser Traum kann Ihnen aber auch bedeuten, dass Sie jede Menge Liebe in sich tragen, die zum Ausdruck gebracht werden will.

Affe

Ein Traum von einem Affen zeigt an, dass man vor den Menschen um sich herum auf der Hut sein sollte. Sind sie vertrauenswürdig? Wenn der Affe in Ihrem Traum grinst, wissen Sie die Absichten Ihrer Mitmenschen nicht recht zu deuten.

Aggression

Im Traum Aggressionen ausgesetzt zu sein, deutet auf die Empfindung hin, von jemandem beherrscht zu werden. Sie fühlen sich vermutlich schwach und verletzlich. Sind Sie im Traum selbst aggressiv, hegen Sie womöglich einen Groll gegen sich selbst oder die von Ihnen angegriffene Person.

Akkordeon

Akkordeonmusik steht für Nostalgie. Sie verheißt Zukunfts-
freude, in die sich ein Hauch melancholische Trauer um Vergangenes mischt. Dieser Traum bedeutet: Gehen Sie unverzagt
voran, dann wird alles gut werden.

Akrobatik

Im Traum Akrobatik zu betreiben, ist ein gutes Zeichen: Sie
fühlen sich vital und gesund. Das Symbol kann zudem andeuten, dass Sie seelische Probleme derzeit überwinden können,
weil Sie das Glück auf Ihrer Seite haben.

Akzent

Hören Sie sich selbst oder andere im Traum mit einem fremden Akzent sprechen, könnten Sie bald mit Ausländern oder
Fremden zu tun bekommen, die Ihnen bei einem lästigen Problem weiterhelfen. Das Symbol kann auch ein Rat sein, bald
auf Reisen zu gehen – es verspricht ein toller Urlaub zu werden.

Alte Frau

Die alte Frau ist, um es mit C. G. Jung zu sagen, ein archetypisches Symbol weiblicher Macht, oder die Wächterin des
Tors zwischen Leben und Tod. Ist sie schwach oder verletzt,
steht sie für einen Teil Ihres Selbst, dem Sie mehr Beachtung
schenken sollten, oder für eine Person in Ihrem Leben, die Ihre
Hilfe braucht.

Alter

Ein Traum von alten Menschen, die Sie selbst nicht kennen,
weist auf Angst vor dem Älterwerden hin, kann aber auch einen
vernünftigen oder weisen Rat symbolisieren, der aus Ihnen
selbst oder Ihrem Unbewussten kommt. Geben Ihnen die alten
Menschen im Traum einen Ratschlag? Dann nehmen Sie ihn
an. Es ist Ihr eigener weiser Kern, der Ihnen sagt, was Sie tun
sollten. Das gilt auch, wenn Sie von sich selbst als altem Menschen träumen. Träumen Sie dagegen von einem älteren Ver-

wandten, der bereits tot ist, könnte es ein Besuch aus dem Jenseits sein.

Alter Mann

Führt oder berät Sie der alte Mann in irgendeiner Form, so ist er im Sinne C. G. Jungs ein archetypisches Symbol. Erscheint er schwach oder verletzt, könnte er – wie die alte Frau – für einen Teil Ihres Selbst stehen, der nach Ihrer Aufmerksamkeit verlangt, oder aber für jemanden in Ihrem Leben, der Ihre Hilfe benötigt. Ebenso kann der alte Mann darauf hindeuten, dass Sie Ihre Einstellung zum Älterwerden überdenken sollten.

Ameisen

Ameisen stehen für Schwierigkeiten, die sich mit etwas Einsatz überwinden lassen. Normalerweise geht es um Kleinigkeiten, aus denen Sie vielleicht eine allzu große Sache machen. Blicken Sie in Ihr Inneres, um herauszufinden, woher diese Negativität kommt. Ameisen symbolisieren Unruhe (»Kribbeligkeit«), aber auch kleinere Ärgernisse und Irritationen. Manchmal verweisen sie zudem auf das Gefühl, bedeutungslos oder unscheinbar zu sein. Eine einzelne Ameise symbolisiert Einsamkeit. Viele Ameisen stehen für banale Probleme.

Analphabetismus

Träumen Sie davon, nicht lesen oder schreiben zu können, kann das zwei Bedeutungen haben: Entweder haben Sie in Ihrem Wachleben Probleme damit, sich auszudrücken, oder Sie haben große Schwierigkeiten, mit einem Ihnen nahestehenden Menschen zu kommunizieren.

Angeln

Wenn Sie im Traum angeln, sollten Sie Ihre Gefühle erkunden und sich eingehender mit Ihrem Unbewussten beschäftigen. Da Fische für Intuition stehen, angeln Sie vielleicht nach der Lösung für ein Problem, obwohl Ihnen diese Lösung im Grunde bereits bekannt ist.

Angriff

Wenn Sie im Traum physisch oder anderweitig attackiert werden, fühlen Sie sich im wahren Leben seelisch angegriffen und wahrscheinlich sehr verletzlich. Träumen Sie hingegen, dass Sie selbst jemanden angreifen, sind Sie vermutlich sehr wütend auf diese Person.

Angst

Angstträume sind sehr verbreitet. Gewöhnlich übersetzen sich Ängste aus unserem Wachleben auf groteske Art in unsere Träume. Angstträume sollten Sie am besten vergessen und nicht analysieren. Lassen Sie Ihr Unterbewusstsein die Arbeit machen, während Sie darüber schlafen.

Anker

Ein Anker gibt Halt, er verankert Sie im Grund. Er hält Sie an einer bestimmten Stelle, was gut, aber auch schädlich sein kann. Wenn es etwas gibt, das Sie loslassen sollten, tun Sie es jetzt. Sollten Sie hingegen erwägen, eine Bindung oder Verpflichtung einzugehen, ist vermutlich gerade ein guter Zeitpunkt dafür. Ein Anker steht außerdem für Stabilität und Glück. Haben Sie im Traum jedoch Probleme mit dem Anker, weist das darauf hin, dass Sie sich momentan in einer schwierigen Situation befinden, die gelöst werden muss.

Anklage

Anklagen können im Traum sehr wörtlich zu verstehen sein. Werfen Sie sich vielleicht vor, etwas Unrechtes getan zu haben? Wenn Sie im Traum angeklagt werden, geht das möglicherweise mit dem Gefühl einher, dass jemand über Sie urteilt. In der Regel sind Sie das selbst.

Äpfel

Äpfel stehen für Ganzheit und für Erkenntnis. Reife Äpfel an einem Baum können bedeuten, dass Ihr Streben und Ihre harte Arbeit Früchte tragen. Äpfel symbolisieren außerdem Langlebigkeit und Erfolg. Wenn Sie träumen, dass Sie einen Apfel essen, deutet das darauf hin, dass Sie bei guter Gesundheit sind.

Applaus
Applaus im Traum symbolisiert den Wunsch, für aufrichtige Bemühungen belohnt zu werden. Es ist ein gesunder Traum, der besagt, dass Sie mit dem, was Sie geleistet haben, zufrieden sind und den Respekt und die Anerkennung suchen, die Ihnen gebühren.

April
Der April macht dem Volksmund zufolge die Blumen, und der Mai hat den Dank dafür, und so verheißt ein Traum vom Monat April Freude und Glück. Ist das Wetter in Ihrem Traum schlecht, kann das bedeuten, dass eine Pechsträhne bald vorüber sein wird.

Archivieren
Wenn Sie davon träumen, etwas zu archivieren oder abzuheften, weist das auf ein heimliches Verlangen hin, Ihre Gefühle in einer offenbar schwierigen Situation abzuspalten. Es könnte aber auch einfach darauf verweisen, dass Sie Ihr Leben besser in den Griff bekommen sollten.

Arm
Arme ermöglichen uns, Dinge in unserer Reichweite zu erreichen und zu bedienen. So kann es auch im Traum sein. Sehen Sie dort einen Arm, könnte das heißen, dass Sie etwas in der Traumwelt ergreifen oder handhaben können. Wenn Sie die Arme im Traum auf und ab bewegen, steht das vielleicht für den Wunsch zu fliegen.

Arzt
Ein Arzt verkörpert Heilung oder Hilfe bei der Genesung. Gelegentlich kann ein Traum von einem Arzt einfach bedeuten, dass Sie mal wieder einen Behandlungstermin vereinbaren soll-

ten, aber Angst davor haben. Taucht ein Arzt in Ihrem Traum auf, steht möglicherweise eine Heilung bevor. Mediziner strahlen Autorität aus und können in einer schwierigen Lage eine Diagnose stellen. Manchmal kann ein Arzt im Traum auch in Gestalt eines vertrauten Freundes auftreten, der im echten Leben zwar kein Mediziner ist, dessen fürsorgliche Eigenschaften jedoch heilsam wirken.

Asche

Ist es die Asche eines Menschen oder einfach nur die Asche eines Lagerfeuers? Handelt es sich um die Asche einer lebenden Person, die Sie kennen, so haben Sie wahrscheinlich Angst davor, diese zu verlieren. Ist es die Asche eines bereits Verstorbenen, lässt Ihnen der- oder diejenige vielleicht eine Botschaft aus dem Jenseits zukommen. Wenn es die Asche von einem normalen Feuer ist, fürchten Sie möglicherweise finanziellen Ruin.

Ass

Der Traum von einem Ass ist immer ein gutes Vorzeichen. Asse und Einsen stehen für den Beginn von etwas Positivem. Vielleicht tut sich Ihnen ein neues Geschäft auf. Oder es entwickelt sich eine neue Freundschaft oder Liebesbeziehung.

Atlas

Von einem Atlas zu träumen, deutet darauf hin, dass Sie einen Umzug oder eine Reise in Erwägung ziehen oder dies tun sollten.

Aufzug

Wenn Sie im Aufzug nach oben fahren, kann das bedeuten, dass Sie im Ansehen anderer oder in Ihrem eigenen steigen, etwa durch eine Beförderung oder wachsendes Selbstbewusstsein. Fahren Sie sehr schnell aufwärts? Macht Ihnen das Angst oder Spaß? Geht es abwärts, kann das für sinkendes Ansehen, eine Schlechterstellung oder auch für eine Reise ins Unbewusste stehen. Ein stecken gebliebener Aufzug deutet darauf hin, dass sich etwas in Ihrem Leben verzögert. Ein abstürzender Aufzug symbolisiert häufig ein schnelles Abtauchen ins Unbewusste oder auch die Angst, die Kontrolle über sein Leben zu verlieren.

Augen

Wenn Sie träumen, dass ein oder zwei Augen Sie intensiv anblicken, denkt eine Person aus Ihrer Vergangenheit möglicherweise gerade an Sie und könnte sich bald bei Ihnen melden. Träumen Sie von braunen Augen, drohen Ihnen möglicherweise Täuschung und Verrat, also seien Sie auf der Hut! Ein Traum von blauen Augen kann bedeuten, dass Sie gerade schwach oder machtlos sind und Ihre Vorhaben umso entschiedener umsetzen sollten. Ein Traum von grauen Augen zeigt an, dass Sie sich nach Komplimenten sehnen.

August

Träume vom Monat August können für unglückliche Geschäfts- oder Liebesangelegenheiten stehen. Wenn eine junge Frau davon träumt, dass sie im August heiratet, ist das möglicherweise ein Omen für Kummer in den ersten Ehejahren.

Ausbruch

Der Traum von einem Ausbruch gleich welcher Art zeigt Ihnen, dass Sie im Wachen etwas unterdrücken. Sie sollten Ängste zulassen und einen Neuanfang wagen. Wenn Sie von einem Vulkanausbruch träumen, kann das auch für unterdrückte Lust stehen.

Ausland

Träume von Auslandsreisen kündigen Ihnen positive neue Situationen an. Das Symbol prophezeit zudem Glück in Geschäftsdingen und die Gelegenheit, interessante neue Leute kennenzulernen.

Auspeitschen

Werden Sie im Traum ausgepeitscht, haben Sie das Gefühl, dass Sie für etwas bestraft werden sollten, was Sie getan beziehungsweise jemandem angetan haben. Wenn Sie mit ansehen, wie jemand anderes ausgepeitscht wird, kündigt das bevorstehende Trauer an und bedeutet Ihnen, eine seelisch belastende Angelegenheit zu klären.

Ausscheidungen

Ein Traum über Ausscheidungen, also Exkremente, ist häufig ein gutes Omen. Erstens kann er für das Nähren neuer Einfälle und für Neuanfänge stehen. Zudem sind Ausscheidungen ein Symbol dafür, dass Sie sich von allem befreien, was Sie nicht mehr brauchen, um anschließend neu zu beginnen. In seltenen Fällen kann es auch darauf verweisen, dass Sie sich schmutzig fühlen (s. *Schmutz*).

Außerirdische

Träumen Sie von einem oder mehreren Außerirdischen, ereignen sich in Ihrem Leben vermutlich bald seltsame Dinge, die Ihnen zu einer besseren Zukunft verhelfen könnten. Wenn Sie freundlich zu den Außerirdischen sind, halten gerade positive Einflüsse in Ihr Leben Einzug.

Auto

Ein fahrendes Auto kann darauf verweisen, dass Sie sich auf ein Ziel zubewegen oder gut vorankommen. Wenn Sie selbst am Steuer sitzen, symbolisiert das Auto mutmaßlich, dass Sie die Dinge in Ihrem Leben in die Hand nehmen. Redet Ihnen beim Fahren dauernd jemand dazwischen? Oder sitzen Sie selbst ohne jeden Zugriff hinten im Wagen? Das könnte bedeuten, dass jemand eine bestimmte Situation beeinflusst. Ein gestohlenes oder verschwundenes Auto kann dafür stehen, dass Sie im Begriff sind, die Kontrolle über Ihr Leben zu verlieren. Manchmal repräsentiert ein Auto im Traum auch den Körper, also achten Sie gut auf dessen Zustand.

Autorität

Wenn Sie sich im Traum in einer verantwortungsvollen Position befinden, kann es sich um einen Entlastungs- oder Wunschtraum handeln. Gewöhnlich werden im Traum Aufgaben aus dem Wachleben verarbeitet. Man sucht nachts nach Lösungen, weil einen die eigenen Entscheidungen dann nicht so angreifbar machen, wie das im echten Leben der Fall wäre.

Axt

Wie wird die Axt in Ihrem Traum eingesetzt? Führen Sie sie selbst, stehen vermutlich Neuigkeiten bevor, und es wird Ihnen gelingen, drohende Schwierigkeiten abzuwenden. Wenn die Axt gegen Sie gerichtet ist, haben Sie vielleicht Angst, anderen ausgeliefert zu sein.

Baby

Ein Baby symbolisiert im Traum eine Idee, mit der man schwanger geht oder die allmählich heranreift. Es kann aber auch sehr wörtlich für die bevorstehende Geburt eines Kindes oder für den Wunsch nach einer Familie stehen. Manchmal deutet ein Baby auch auf unselbstständiges Verhalten und infantile Wünsche hin. Ein Baby, das schon allein laufen kann, steht dagegen für Unabhängigkeit. Ein fröhliches, sauberes Baby symbolisiert erwiderte Liebe und viele innige Freundschaften.

Bach

Ein Bach steht für eine kurze Reise oder eine neue Erfahrung. Erkunden Sie den Bachlauf mit einem Freund? Führt der Bach viel Schlamm mit sich? Achten Sie auch auf die kleinsten Details dieses Traums.

Backen

Wenn Sie im Traum backen, kann das ganz wörtlich zu verstehen sein: Sie beschäftigen sich mit bevorstehenden Festlichkeiten. Oder aber Sie sehnen sich nach mehr familiären Aktivitäten. Backen im Traum ist ein gutes Omen und deutet darauf hin, dass glückliche Zeiten bevorstehen.

Bäcker

Der Traum von einem Bäcker zeigt an, dass frohe und glückliche Zeiten bevorstehen. Wenn der Bäcker traurig wirkt, weist das darauf hin, dass Sie sich gegen das Glück sperren, das Ihnen das Schicksal bringt. Ein Bäcker steht zudem für Wärme und familiäre Geborgenheit.

Backofen

Der Backofen kann einen Reifeprozess symbolisieren. Er gilt zudem als Sinnbild für den Mutterleib und für weibliche Energie. Von einem Backofen zu träumen, kann auf eine Schwangerschaft hindeuten.

Baden

Im Traum ein Bad zu nehmen, deutet gewöhnlich auf das Gefühl hin, eine Schuld von sich abwaschen zu müssen. Hat die Traumszene etwas Sexuelles, handelt es sich schlicht um eine geträumte Wunscherfüllung. Wenn Sie im Traum andere Personen baden sehen, sind Sie sich im Wachleben vermutlich nicht sicher, ob diese Personen Ihnen gegenüber ehrlich sind.

Badezimmer

Wenn Sie von einem Badezimmer träumen, kann das ganz einfach bedeuten, dass Ihre Blase voll ist. Ein Badezimmer kann aber auch für einen Ort stehen, an dem man allein und ungestört ist. Herrscht dort gerade Hochbetrieb, signalisiert Ihnen der Traum vielleicht, dass Sie nicht genug Privatsphäre haben. Wenn Sie sich auf einer Toilette für das andere Geschlecht wiederfinden, überschreiten Sie derzeit möglicherweise gewisse Grenzen. Ein Badezimmertraum kann zudem dafür stehen, dass etwas aus Ihrem Leben beseitigt wird.

Balkon

In welchem Zustand ist der Balkon? Wenn er blitzblank aussieht, stehen Sie bei anderen vermutlich in hohem Ansehen. Ist es ein maroder, unansehnlicher Balkon, könnte das bedeuten, dass Sie etwas für Ihr Ansehen tun sollten.

Ball

Ein Ball steht für das Auf und Ab, für gute und schlechte Zeiten. Sie sollten belanglose Dinge fahren lassen und sich dafür ganz den positiven öffnen. Paradoxerweise kann ein Ball auch bedeuten, dass Sie in einer bestimmten Angelegenheit mehr Stärke zeigen müssen.

Ballon

Ein Ballon in der Luft deutet auf den Wunsch hin, dass sich ein Verlangen oder eine Fantasie erfüllen möge. Sie möchten vielleicht gern kreativer sein und in neue Höhen emporsteigen. Das Symbol kann aber auch Sehnsucht nach der Kindheit ausdrücken. Wenn Ihr eigenes Kind im Traum einen Luftballon in der Hand hält, steht das für Ihre Trauer darüber, dass es so schnell heranwächst.

Bande

Begegnen Sie im Traum einer Bande oder Gang, sind Sie vermutlich in Bezug auf eine aktuelle Situation in Ihrem Leben nervös und verspüren den starken Wunsch, ihr zu entfliehen. Stellen Sie sich dem Problem und diese belastenden Träume werden aufhören.

Bänder

Wehende Bänder im Traum prophezeien glückliche, wohltuende Freundschaften und kaum Sorgen im Alltag. Träumen Sie davon, Bänder zu kaufen, so ist Ihnen ein glückliches Leben vorherbestimmt. Schmücken Sie sich im Traum mit Bändern oder Schleifen, kann das auf eine gute Partie, einen geeigneten Heiratskandidaten hindeuten.

Bank (Geldinstitut)

Eine Bank ist ganz allgemein ein Symbol für Sicherheit und Macht – für eine solide Grundlage. Wenn Sie im Traum Geld erhalten oder auf Ihr Konto einzahlen, ist das gewöhnlich ein Zeichen von Glück: Sie befinden sich offensichtlich in einer finanziell abgesicherten Lage. Müssen Sie auf der Bank anstehen, kann das ganz konkret bedeuten, dass Sie auf einen Geldeingang warten. Und wenn Sie im Traum aus Geldmangel eine Bank überfallen, kann sich das entsprechend darauf beziehen, dass es Ihnen derzeit tatsächlich an Geld mangelt, etwa weil eine erwartete Zahlung einfach nicht eintrifft.

Bankrott

Es kommt vor, dass man vom eigenen Bankrott träumt, selbst wenn man gar keine Geldprobleme hat. Manchmal ist ein solcher Traum zwar ganz wörtlich zu verstehen, häufiger symbolisiert er jedoch das Gefühl, eine Chance verpasst zu haben, die man hätte ergreifen sollen.

Bär

Ein Bär kann im Traum für Veränderungen stehen, zum Beispiel für einen Umzug. Wenn der Bär Sie jedoch führt, ist er vielleicht Ihr Totem, Ihr tierischer Seelenführer.

Bauch

Wenn Sie von Ihrem Bauch träumen, weist das auf das Wachstum oder die Verarbeitung einer neuen Idee oder eines neuen Lebensabschnitts hin. Wirkt Ihr Bauch aufgebläht, könnte die Geburt eines neuen Vorhabens bevorstehen. Leiden Sie im Traum unter Bauchschmerzen, gehen Sie am besten bald einmal zum Arzt, um sich gründlich untersuchen zu lassen.

Bauchredner

Wenn Sie von einem Bauchredner träumen, sollten Sie sich vor Täuschung und Betrug in Acht nehmen. Das Symbol kann außerdem ein Hinweis darauf sein, dass eine Liebesbeziehung ein eher ungutes Ende nehmen wird.

Baum

Ein Baum symbolisiert Stärke und Erdung. Er kann auch für innere Stärke stehen. Ein Baum wächst sowohl unter als auch über der Erde. In diesem Sinne transzendiert er den Himmel über und die Erde unter uns und repräsentiert das Naturreich und die Seele. Wenn Sie von einem Baum mit jungem Laub träumen, verweist das auf einen guten Ausgang in Bezug auf Ihre Wünsche und Hoffnungen. Klettern Sie im Traum auf einen Baum, symbolisiert das häufig einen schnellen beruflichen Aufstieg. Frisch gefällte belaubte Bäume verheißen unverhofftes Unglück nach einer Zeit des Wohlstands und der Freude.

Beerdigung

Dieses Traumsymbol bezieht sich eher nicht auf den Tod, sondern auf einen Abschied von einer gewissen Denk- oder Lebensweise. Es steht für Veränderungen und Wandel. Seltener kann es auch Angst vor dem Alter ausdrücken.

Befragung

Wenn Ihnen jemand im Traum unablässig Fragen zu einem bestimmten Thema stellt, sind Sie sich vermutlich bewusst, dass Sie diese Sache angehen müssen. Antworten Sie, haben Sie sich offensichtlich dazu entschlossen, loszulegen und zu handeln. Wenn Sie schweigen, sind Sie zu einer Auseinandersetzung noch nicht bereit, aber Sie wissen, dass Sie nicht ewig damit warten können.

Beine

Wenn Sie im Traum wohlgeformte Beine bewundern, sind Sie möglicherweise zu unkritisch. Missgestaltete Beine stehen für erfolgloses Streben und übellaunige Freunde. Ein Holzbein symbolisiert die Täuschung von Freunden, ein verwundetes Bein repräsentiert Macht- und Statusverlust. Eine junge Frau, die ihre Beine bewundert, ist ein Symbol für Eitelkeit. Wenn Sie davon träumen, dass Ihre Beine sauber und wohlgeformt sind, dürfen Sie auf eine Zukunft mit treuen Freunden hoffen.

Beleidigungen

Wenn man Sie im Traum beleidigt, gehen in Wirklichkeit Sie selbst gerade hart mit sich ins Gericht. Worin bestehen die Beleidigungen? Würden Sie die Vorwürfe in Bezug auf sich selbst unterschreiben? Wenn Sie jemand anderen im Traum beleidigen, weist das häufig auf Ihre wahren Gefühle dieser Person gegenüber hin.

Berg

Berge stehen für Herausforderungen. Erklimmen Sie den Berg in Ihrem Traum, so arbeiten Sie hart an Ihren Zielen. Steigen Sie ihn hinab, wird es von jetzt an einfacher: Ihr Erfolg könnte den Grundstein für eine gesicherte Zukunft legen.

Beruf

Wenn Sie von Ihrem Job träumen, weist das darauf hin, dass Sie überarbeitet sind oder sich sehr stark auf einen bestimmten Aspekt Ihrer Arbeit konzentrieren, oder auch, dass Sie gern fleißiger sein und mehr erreichen würden.

Berühmtheit

Wenn Sie im Traum mit berühmten Persönlichkeiten befreundet sind, stellt das in der Regel eine geträumte Wunscherfüllung dar. Insgeheim wünschen Sie sich, dass ein wenig vom Erfolg und Ruhm dieser Personen auf Sie abfärbt. Wenn Sie davon träumen, selbst berühmt zu sein, möchten Sie vermutlich gern im Rampenlicht stehen und für geleistete Anstrengungen belohnt werden.

Beschämung

Wenn Sie davon träumen, beschämt oder peinlich berührt zu sein, wissen Sie im Wachleben vermutlich gerade nicht weiter. Ein solcher Traum weist außerdem auf einen Mangel an Selbstvertrauen hin. Vermutlich sind alte Probleme, mit denen Sie schon früher einmal zu kämpfen hatten, erneut in Ihr Leben getreten.

Besucher

Im Traum Besuch zu empfangen, deutet darauf hin, dass Ihr Leben gerade eine neue Wendung nimmt. Heißen Sie den Besucher willkommen, wird es wahrscheinlich eine Veränderung zum Guten sein. Wenn Sie ihn abweisen, lehnen Sie die Veränderung ab oder schlagen ein Angebot aus.

Betrug

Wenn Sie von einem Betrug träumen, kann das eine Warnung vor Ihnen selbst oder vor anderen sein. Wer übt im Traum den Betrug aus? Wenn Sie es selbst sind, haben Sie jemandem vielleicht kürzlich eine neue Seite von sich offenbart und fühlen sich dadurch angreifbar.

Bettler

Wenn Sie von einem Bettler träumen, ist entscheidend, wie Sie mit ihm umgehen. Das verrät Ihnen nämlich etwas darüber, wie Sie zu Ihrer eigenen schwachen Seite stehen. Sind Sie freundlich zu ihm? Dann bedeutet es sehr wahrscheinlich, dass Sie auch zu sich selbst gut sind. Verhalten Sie sich dagegen schäbig, sollten Sie weniger streng mit sich sein.

Bewunderung

Wenn Sie im Traum von jemandem bewundert werden, ist das ein sicheres Zeichen dafür, dass Sie sich in Ihrer Haut wohlfühlen. Wenn Sie selbst im Traum jemanden bewundern, deutet das darauf hin, dass Sie im Umgang mit einem aktuellen Problem an Ihrer Unsicherheit scheitern könnten.

Blasen

Blasen, zum Beispiel Luft- oder Seifenblasen, stehen im Traum für Neugeburt oder eine völlig neue Weltanschauung. Wenn die

Blasen in der Luft schweben, repräsentieren sie völlig unrealistische Vorstellungen. An eine gegebene Situation sollte dann praktischer herangegangen werden.

Blitz

Ein Traum von einem Blitz symbolisiert eine blitzartige Eingebung oder das plötzliche Bewusstsein über den wahren Kern einer Sache. Ein Blitz kann auch für Reinigung und Läuterung stehen, oder für die Angst vor Bevormundung oder vor dem Tod.

Blumen

Blumen stehen im Traum für Liebe und Schönheit. Sie können außerdem ein Symbol für Ihr inneres Selbst sein. Junge Blüten stehen für die Öffnung dieses Selbst. Verwelkte, tote Blumen können Enttäuschungen und aussichtslose Situationen symbolisieren. Ein frisches Blumengebinde besagt, dass sich Ihnen bald eine Chance bieten wird, die Sie nutzen sollten.

Blutegel

Blutegel sind schauerliche Tiere, die einem das Blut aussaugen. Gibt es jemanden in Ihrem Leben, der Ihnen alle Kraft entzieht?

Bluten

Blut ist der »Lebenssaft«, und wenn man träumt, dass man blutet, steht das für einen Verlust an Kraft oder für eine Veränderung in Herzensdingen. Wenn Sie davon träumen, dass Ihnen ein Vampir oder irgendein anderes Wesen das Blut aussaugt, werden Sie in einer Partnerschaft oder Freundschaft wahrscheinlich emotional ausgezehrt. Brechen Sie den Kontakt ab.

Boot

Wenn Sie sich in einem Boot auf ruhiger See befinden, kommen beschauliche, friedliche Zeiten auf Sie zu. Aufgepeitschte Wellen stehen dagegen für Probleme mit Ihrem Partner. Boote oder Schiffe in der Ferne können Freiheit und Schutz vor Unheil bedeuten. Leere Boote stehen für Einsamkeit, und Boote, die mit vielen Menschen besetzt sind, deuten auf unerwarteten Besuch hin.

Braut

Egal, ob es sich bei der Braut um Sie selbst oder jemand anderen handelt, ein solcher Traum ist ein gutes Zeichen und kann Wohlstand oder auch eine Erbschaft verheißen. Wenn in Ihrem Traum ein Mann eine Braut küsst, kündigt das glückliche Zeiten im Familien- und Freundeskreis an. Brennt in Ihrem Traum allerdings jemand durch, um zu heiraten, könnten Widrigkeiten bevorstehen.

Brief

Manchmal symbolisiert ein Brief eine Botschaft Ihres Unbewussten. Wenn Sie den Brief nicht lesen können, suchen Sie im Traum nach weiteren Hinweisen. Ein anonymer Brief könnte für Sorgen aus unbekannter Quelle stehen. Blaue Tinte ist ein Zeichen für Beständigkeit und Zuneigung. Rote Tinte drückt Misstrauen und Eifersucht aus, und ein Brief mit schwarzem Trauerrand steht oft für Bedrängnis und eine Art von Tod oder Sterben. Wenn Sie im Traum einen Brief erhalten, der mit weißer Tinte auf schwarzes Papier geschrieben wurde, empfinden Sie vielleicht in irgendeinem Bereich Kummer und Enttäuschung. Wird ein solcher Brief zwischen Eheleuten oder Liebhabern ausgetauscht, könnte es Sorgen innerhalb der Beziehung geben. Ein zerrissener Brief verweist auf die Befürchtung, dass heillose Fehler Ihrem Ruf schaden könnten.

Briefkasten

Ein Briefkasten steht für Befugnisse und Kompetenzen. Wenn Sie im Traum Post in einen Briefkasten einwerfen, könnte das darauf verweisen, dass Sie sich einer bestimmten Macht beugen oder sich wegen etwas schuldig fühlen.

Brille

Brillen stehen im Traum dafür, dass man die Welt klarer sieht. Ihr Unbewusstes versucht Ihnen zu vermitteln, dass Sie Ihre Umgebung aufmerksam in den Blick nehmen sollten. Wenn Sie die Brille von jemandem gereicht bekommen, will diese Person Ihnen vermutlich etwas Wichtiges mitteilen.

Brücke

Da eine Brücke zwei Orte miteinander verbindet, kann sie für den Übergang von einem Seelenzustand in einen anderen stehen. Achten Sie auch auf die anderen Elemente des Traums: Überqueren Sie ein gefährliches Gewässer? Was erwartet Sie am anderen Ende der Brücke? Was lassen Sie hinter sich?

Brunnen

Ein Brunnen im Traum deutet an, dass tief in Ihnen Ressourcen schlummern, derer Sie sich vielleicht nicht bewusst sind. Wenn Sie in einen Brunnen fallen, symbolisiert das einen akuten Kontrollverlust. Ein ausgetrockneter Brunnen verweist darauf, dass Sie einen Teil Ihres Lebens als leer empfinden und er genährt werden müsste. Wenn Sie Wasser aus einem Brunnen schöpfen, deutet das auf die Erfüllung sehnlichster Wünsche hin.

Brüste

Weibliche Brüste sind häufig ein Symbol für sexuelles Verlangen. Sie können aber auch für nährende Zuwendung, Mutterschaft oder die Angst vor Entblößung stehen. Sind die Brüste unverhüllt? Weisen sie Symptome von Krankheit oder Verletzungen auf? All das könnte einen Hinweis auf Ihre emotionale Verfassung geben.

Buch

Ein Buch steht im Traum oft für einen Neuanfang oder ein neues Lebenskapitel. Es symbolisiert zudem innere Weisheit und Ihr Bauchgefühl. Ein altes oder zerfleddertes Buch ist ein

Hinweis darauf, dass Sie die Vergangenheit hinter sich lassen und der Zukunft freudig entgegensehen sollten.

Bügeln

Wenn Sie im Traum bügeln, lässt das darauf schließen, dass Sie all die wichtigen Kleinigkeiten in Ihrem Leben im Griff haben; Sie bezahlen Ihre Rechnungen pünktlich, gehen regelmäßig zum Arzt und so weiter. Manchen Traumdeutern zufolge steht Bügeln dafür, in Bezug auf bestimmte Dinge die Kurve zu kriegen, sodass alles reibungsloser gelingt.

Bus

Ein Bus kann dazu dienen, sich auf ein bestimmtes Ziel zuzubewegen. Wenn Sie in Ihrem Traum mit anderen Personen im Bus sitzen, befinden Sie sich vielleicht auf einer gemeinsamen Reise. Achten Sie auch auf weitere Aspekte des Traums, etwa auf Ihr Gepäck, das Fahrtziel und auf das, was Sie hinter sich lassen.

Bussard

Träumen Sie von einem Bussard, ist Vorsicht geboten! Ein alter Skandal könnte wieder an die Oberfläche dringen und Ihren Ruf schädigen. Wenn in Ihrem Traum ein Bussard an einer Bahnstrecke sitzt, könnte Ihnen in näherer Zukunft ein Unfall oder Verlust drohen. Fliegt der Bussard in Ihrem Traum davon, werden sich alle Ihre gegenwärtigen Probleme lösen.

Café (oder Kaffeehaus)

Egal ob Sie männlich oder weiblich sind, der Traum von einem Cafébesuch zeigt an, dass Frauen sich gegen Sie verschwören und es auf Ihren Besitz abgesehen haben. Hüten Sie sich vor übler Nachrede durch Arbeitskolleginnen.

Chaos

Ein Traum von Chaos, Verwüstung oder Tumult steht für das Gefühl, die Kontrolle über Finanzen oder Karriere zu verlieren.

Wenn Sie das Chaos im Traum selbst verursachen, sind Sie sich vermutlich darüber im Klaren, dass andere mit Ihrem Verhalten nicht zufrieden sind.

Chemie

Im Traum Substanzen zu mischen, steht für Lebensintensität und Läuterung. Was müssten Sie in Ihrem Leben vereinfachen, damit es besser läuft? Stimmt bei Ihnen derzeit die Balance? Das Symbol kann auch bedeuten, dass Sie Verantwortung für Ihr Handeln übernehmen sollten.

Clown

Clowns stehen häufig für die Angst vor dem Unbekannten und für die dunkle, unsichere Seite Ihres Selbst. Wenn Sie im Traum fröhlich und vergnügt auf den Clown reagieren, kann das Symbol aber auch bedeuten, dass Sie sich nach glücklicheren, weniger komplizierten Zeiten sehnen.

Dachboden

Wenn Sie davon träumen, einen Dachboden zu betreten, erkunden Sie vielleicht gerade den Bereich des höheren Selbst oder suchen dort nach Erkenntnis. Ein Dachboden kann zudem für einen Ort stehen, wo Dinge aus der Vergangenheit aufbewahrt oder versteckt werden. Vielleicht sollten Sie einen gewissen Teil Ihrer selbst aus dem Verborgenen hervorholen oder sich von Dingen aus der Vergangenheit trennen, an die Sie sich zu sehr klammern.

Decke

Decken stehen für Wärme und Geborgenheit. Eine Patchwork-Decke symbolisiert die Vereinigung verschiedener Aspekte Ihres Lebens zu einer schützenden Hülle.

Delfin

Ein Delfin kann ein Bote des Unbewussten sein, da sein Lebensraum das Meer ist. Der Delfin weist Ihnen den Weg ins Reich des Unbewussten und symbolisiert damit, dass Sie sich auf diesen Teil Ihres Selbst einlassen. Wovor haben Sie Angst? Worauf hoffen Sie?

Desinfektionsmittel
Desinfektionsmittel im Traum können darauf hinweisen, dass Sie in Ihrem Leben aufräumen wollen. Fühlen Sie sich unrein, etwa aufgrund gewisser Gefühle, die Sie gerade erleben? Sind Sie zufrieden mit Ihrer Sexualität? Das Desinfektionsmittel kann auch dafür stehen, dass Sie sich mit unangenehmen Themen auseinandersetzen.

Dezember
Eine Zeit, in der man Geschenke gibt und erhält. Von diesem Monat zu träumen, kann für das Anwachsen von Vermögen und Glück stehen.

Diamant
Ein Diamant symbolisiert Liebe, etwa im Fall eines Diamantrings, oder auch Geld. Ein verlorener Diamant, vor allem an einem Ring, kann für Bedenken gegenüber einer Liebesbeziehung stehen. Ein geschenkter Diamant ermöglicht je nach Schenkendem und Kontext verschiedene Deutungen: Ein Diamantgeschenk von einem Elternteil oder Verwandten kann auf ein Erbe hindeuten. Erhalten Sie den Diamanten jedoch von einem Freund, drückt das möglicherweise den Wunsch aus, die Liebe dieser Person zu gewinnen.

Dieb
Wenn Sie im Traum sehen, wie jemand etwas stiehlt, deutet das darauf hin, dass Ihnen selbst etwas genommen wird. Zum Beispiel könnte Ihr Vorgesetzter oder ein Kollege Ihnen Kraft oder Ideen rauben. Eine solche Deutung ist wahrscheinlicher als der Bezug auf einen Diebstahl von handfestem Eigentum. Wenn Sie selbst im Traum der Dieb sind, könnte das Symbol eine Warnung sein, weil Sie sich gerade etwas nehmen, was

Ihnen nicht zusteht, und dass Sie Ihre Gewohnheiten ändern sollten.

Disziplin

Discipliniertheit in Träumen kann ein Hinweis darauf sein, was Sie in Bezug auf sich selbst oder andere fühlen. Erledigen Sie Ihre Aufgaben, wie es sich gehört? Falls nicht, haben Sie vielleicht das Gefühl, sich selbst bestrafen zu müssen.

Dolch

Hüten Sie sich vor Verrat durch Freunde oder andere nahestehende Personen. Geben Sie außerdem gut auf Ihre Wortwahl acht, ein Missverständnis könnte Sie in große Schwierigkeiten bringen.

Drache (Mythologie)

Drachen verweisen auf Intuition und übersinnliche Fähigkeiten. Vielleicht spüren Sie im Voraus, dass etwas Bedeutendes geschehen wird, wollen das aber nicht zugeben. Drachen symbolisieren außerdem Kraft und Macht. Was empfinden Sie angesichts des Drachen in Ihrem Traum?

Drachen (Spiel- und Sportgerät)

Wenn Sie im Traum einen Drachen steigen lassen, verweist das meist auf eine Aufgabe oder eine soziale Stellung, mit der es endlich vorangeht – Sie haben Erfolg oder stehen kurz davor.

Drillinge

Ein Traum von Drillingen verheißt Erfolg in einer Sache, mit deren Scheitern man eigentlich gerechnet hatte. Wenn ein Mann davon träumt, dass seine Frau Drillinge zur Welt bringt, steht das für die erfreuliche Auflösung eines lange strittigen Sachverhalts. Wenn Sie von schreienden neugeborenen Drillingen träumen, deutet das auf eine Meinungsverschiedenheit hin, die sich bald zu Ihren Gunsten aufklären wird.

Drogen

Oft sind Träume über Drogen sehr wörtlich zu verstehen – Sie stehen unter ihrer Wirkung. Wenn Ihnen jemand im Traum Drogen anbietet, verweist das jedoch eher auf negative Einflüsse in Ihrem Umfeld. Von wem bekommen Sie die Drogen?

Dschungel

Ein Dschungel könnte einen dunklen, verborgenen Teil des Selbst darstellen, den man sonst eher verdrängt. Ihr Unbewusstes möchte Ihnen möglicherweise vermitteln, dass Sie diesen Teil näher erkunden sollten. Ein Dschungel kann zudem ein großes, bisher unerschlossenes Potenzial für spirituelles Wachstum in Ihnen symbolisieren.

Duft

Wenn Sie im Traum einen Duft wahrnehmen, ist das ein gutes Zeichen für bevorstehendes Glück beziehungsweise Liebesglück. Ein Duft kann auch ein Symbol fürs Reisen sein, oder für ältere Frauen, die bald bei Ihnen zu Besuch kommen werden.

Dunkelheit

Dunkelheit steht für das Unbewusste, Verborgene und Unbekannte. Sie kann auch das Böse, Tod oder Furcht symbolisieren. Wenn Sie davon träumen, von Dunkelheit umfangen zu werden, verweist das auf eine Angst oder Unruhe angesichts aktueller Lebensumstände. Wenn Sie im Traum einen Freund oder Ihr Kind im Dunkeln verlieren, wird man Sie in naher Zukunft vielleicht von verschiedenen Seiten herausfordern.

Dunst

Wie Nebel verweist Dunst auf eine vorübergehende Zeit der Ungewissheit. Sehen Sie andere wie durch Dunst verschleiert, werden Sie möglicherweise von deren Unglück oder Unsicherheit profitieren.

Durchbrennen

Träumen Sie davon, mit jemandem durchzubrennen, sind Sie vermutlich unzufrieden mit Ihrem Liebesleben. Wenn Sie im Traum Glück verspüren, kann das auch darauf hinweisen, dass Sie sich nach mehr Beständigkeit bezüglich Ihrer Gefühle und in Liebesdingen sehnen. Wenn Sie im Traum dabei zusehen, wie zwei Menschen miteinander durchbrennen, sind Sie möglicherweise mit dem Verhalten von Menschen in Ihrem Umfeld nicht einverstanden.

Dürre

Dürre ist in Träumen in der Regel ein ungünstiges Vorzeichen. Sie steht für die Abwesenheit von Leben oder verdorrende Gefühle. Kommt in Ihrem Traum noch eine weitere Person vor? Vielleicht gibt es einen ungelösten Konflikt zwischen Ihnen und einem vertrauten Menschen, der zu Streit oder Trennung zu führen droht.

Durst

Wenn Sie im Traum Durst haben, verlangt Ihr Körper vermutlich nach Nahrung, gleich ob leiblicher, geistiger oder seelischer Art. Wenn Sie sehen, wie andere im Traum Ihren Durst stillen, kann das darauf hinweisen, dass die Nahrung Ihnen von anderen zukommen wird.

Dusche

Im Traum zu duschen, kann auf eine spirituelle Erneuerung verweisen. Es kann aber auch ein Zeichen für eine Belohnung sein, die auf den Träumenden niedergeht.

Dynamit

Wenn Sie von Dynamit träumen, fürchten Sie sich vor einer potenziell explosiven Situation. Gibt es in Ihrem Innern unterdrückte Gefühle? Oder behandeln Sie eine für Sie wichtige Person schlecht? Analysieren Sie den Traum, um zur Wurzel des Problems vorzudringen.

Echo

Hören Sie im Traum ein Echo, kann das zwei Dinge bedeuten: Entweder haben Sie das Gefühl, dass Ihnen niemand richtig zuhört und Ihre Anliegen nicht verstanden werden, oder eine von Ihnen empfundene Einsamkeit wird allmählich zur großen Belastung.

Efeu

Ein Traum von Efeu, der sich an Bäumen oder einer Hauswand hinaufrankt, verheißt beste Gesundheit und Erfolg. Nach einem solchen Traum können Sie in Ihrem Leben auf viele Freuden hoffen. Wenn eine junge Frau von mondbeschienenem Efeu an einer Mauer träumt, kündigt das eine heimliche Liebschaft mit einem jungen Mann an. Träume von vertrocknetem Efeu sind als Warnung zu verstehen. Dieses Symbol steht für gebrochene Versprechen und Trauer.

Ei

In der freudianischen Tradition können Eier die männlichen Hoden symbolisieren und somit für Potenz stehen. C. G. Jung zufolge sind sie ein Zeichen für Ganzheit, Fruchtbarkeit und neues Leben. Eier können auch Ideen darstellen, über die man noch »brütet«. Wenn Sie im Traum ein Nest voller Eier finden, verweist das möglicherweise auf eine Zeit des Wartens oder auf heranreifende Ideen. Finanziell gesehen, können Eier für Ihren Notgroschen stehen.

Eiche

Die Eiche steht sowohl für Kraft, Beständigkeit und Ausdauer als auch für Wahrheit und Weisheit. Eine Eiche im Traum deutet darauf hin, dass Sie sich in einer bestimmten Angelegenheit eine solide Grundlage geschaffen haben.

Eichel

Eine Eichel symbolisiert im Traum gewöhnlich Fülle – Sie wünschen sich etwas, was Sie nicht haben können. Die Eichel kann außerdem für finanziellen Erfolg und gesteigerte geistige und körperliche Gesundheit stehen. Manchmal repräsentiert sie auch sexuelles Verlangen oder eine sexuelle Handlung, die tabuisiert oder moralisch geächtet ist.

Eichhörnchen

Wenn Sie diese Geschöpfe in einem Traum sehen, verweist das auf baldigen angenehmen Besuch oder auch auf geschäftliches Fortkommen.

Eifersucht

Auf wen sind Sie im Traum eifersüchtig? Kennen Sie die Person oder handelt es sich um einen Fremden? Falls es ein Bekannter ist, könnte der Traum wörtlich zu verstehen sein. Im Fall eines Fremden hegen Sie möglicherweise starke Gefühle der Unzulänglichkeit. Lassen Sie sich mal wieder verwöhnen.

Einbruch

Wenn im Traum jemand bei Ihnen einbricht, haben Sie wahrscheinlich Angst, dass andere Sie von Ihren Idealen abbringen oder sich auf unerwünschte Art in Ihr Leben einmischen könnten. Ein solcher Traum kann aber auch sehr wörtlich zu verstehen sein: Ist Ihr Haus oder Ihre Wohnung ausreichend gesichert? Das sollten Sie überprüfen.

Eingang

Ein Eingang steht für Entscheidungen, die Sie treffen müssen. Träume von einem Eingang treten üblicherweise auf, wenn Sie sich im Leben an einem Wendepunkt befinden. Wenn Sie davon träumen, einen großen Auftritt hinzulegen, sollten Sie vermutlich mehr unter Leute gehen.

Eingeweide

Ein Traum von Eingeweiden bezieht sich in Wahrheit auf Ihren Mut, denn die Innereien unseres Körpers stehen für Stärke, Willenskraft und die Entschlossenheit, allen Widrigkeiten zum

Trotz weiterzukämpfen. Achten Sie darauf, was Sie in Bezug auf die Eingeweide empfinden. Scheinen sie Ihnen stark und gesund oder eher kränklich?

Einhorn

Ein Traum von einem Einhorn bedeutet, dass schöne Dinge auf Sie warten. Einhörner sind Beschützer und können eventuelle böse Omen aufwiegen. Wenn man das Horn eines Einhorns berührt, kann man sich auf eine monatelange Glückssträhne freuen. Wenn Sie davon träumen, auf einem fliegenden Einhorn zu reiten, winken Ihnen wahre Freundschaft und gute Gesundheit.

Einladung

Erhalten Sie im Traum eine Einladung, würden Sie vielleicht gern mehr vor die Tür kommen und in Gesellschaft sein. Wenn Sie selbst eine Einladung versenden, suchen Sie nach Hilfe für einen Menschen, der Ihnen nahesteht.

Einlauf

Ein Einlauf oder Klistier kann im Traum für etwas stehen, was Sie emotional auszehrt. Das Symbol könnte aber auch auf Menschen verweisen, die finanziell von Ihnen abhängig sind. Was zieht Sie in Ihrem Leben derzeit runter?

Einrad

Wenn Sie im Traum Einrad fahren, sorgen Sie sich vielleicht um Ihr Gleichgewicht. Möglicherweise sind Sie aber auch ganz allein für etwas verantwortlich und auf sich gestellt.

Einsiedler

Der Traum von einem Einsiedler bedeutet Ihnen, geduldig zu sein und abzuwarten, dass sich gewisse Dinge von selbst richten. Jetzt ist nicht die Zeit, um alles selbst in die Hand zu nehmen. Das Symbol lässt zudem vermuten, dass Sie die Zeit genießen, die Sie allein verbringen.

Eis

Wird Ihnen ein eisiger Empfang bereitet? Wenn Sie sich in einer heiklen Lage befinden, bewegen Sie sich vielleicht auch im Traum auf »dünnem Eis«. In sexueller Hinsicht zeigen Sie Ihrem Partner möglicherweise gerade die kalte Schulter. Wenn Sie von Eisschollen träumen, die auf einem klaren Fluss treiben, steht das für die Unterbrechung einer Zeit des Glücks. Essen Sie im Traum klares Eis, kündigt das Krankheit an.

Eisbär

Dieses Tier kündet von Trug und Täuschung. Vielleicht tarnt sich einer Ihrer Feinde als Freund, um Sie zu überlisten. Sehen Sie im Traum allerdings ein Eisbärenfell, so steht das für den triumphalen Sieg über Unglück oder Widrigkeiten.

Eisberg

Wenn Sie davon träumen, einen Eisberg zu rammen, läuft es bei Ihnen finanziell vermutlich gerade nicht besonders rund, oder Sie ahnen Geldsorgen voraus. Das Symbol ist ein Hinweis darauf, dass es Hindernisse zu überwinden gilt, danach aber alles gut wird, solange Sie die Warnhinweise beherzigen.

Eiscreme

Ein Traum von Speiseeis, besonders wenn es schmilzt, deutet darauf hin, dass Hindernisse aus dem Weg geräumt werden und es Grund zum Feiern gibt. Wenn Eis Ihre Lieblingssüßigkeit ist, kündigt der Traum eine Belohnung an oder vermittelt Ihnen, dass Sie sich ruhig etwas gönnen dürfen. Das Symbol kann auch für den Wunsch nach sexueller Erfüllung stehen.

Eiszapfen

Eiszapfen stehen für Gefahr oder die Angst vor etwas, das drohend über Ihnen schwebt. Wenn Sie davon träumen, wie Eiszapfen von Bäumen oder Dachrinnen fallen, wird ein Unglück vermutlich bald verschwinden. Wenn Sie von Eiszapfen an immergrünen Pflanzen träumen, symbolisiert das eine verheißungsvolle Zukunft, die jedoch von Zweifeln überschattet wird.

Elefant

Da Elefanten im Tierreich kaum Feinde haben, kann ihr Auftauchen im Traum darauf hinweisen, dass Sie im Beruf oder in der Familie der Alleinherrscher sind. Eine Elefantenherde symbolisiert großen Reichtum, während ein einzelner Elefant eher für ein kleines, aber ansehnliches Vermögen steht. Ein Elefant, der seinen Rüssel hebt, ist ein Symbol für baldiges großes Glück.

Elektrizität

Ein Traum von Strom oder Elektrizität steht für Schwung und Spontaneität – für neues Leben. Er verweist darauf, dass Sie aktiver werden sollten. Wenn Sie im Traum sehen, wie etwas unter Strom gesetzt wird, sind Sie sich eines inneren Ringens bewusst, das Sie gerade mit sich selbst austragen, vermutlich aufgrund des Älterwerdens oder einer unsicheren Finanzlage.

Embryo

Ein Traum von einem Embryo steht für Anfänge und keimende Ideen, die Sie weiterentwickeln sollten. Das Symbol kann natürlich auch auf Geburt, Wiedergeburt und Schwangerschaft verweisen. Für einen Mann kann der Traum von einem Embryo bedeuten, dass er zu den Frauen in seinem Leben gern eine engere emotionale Bindung aufbauen würde.

Engel

Engel stehen für Hilfe von Ihrem höheren Selbst oder von einem Schutzwesen. Das Erscheinen eines Engels kann auf ein zunehmendes spirituelles Bewusstsein hinweisen. Wenn Sie einem Engel mit menschlichem Antlitz begegnen, handelt es sich sehr wahrscheinlich um Ihren persönlichen Seelenführer. Hören Sie auf das, was der Engel Ihnen zu sagen hat.

Entbindung

Träume vom Gebären stehen für die Geburt neuer Ideen. Wenn es eine schwere Geburt ist, haben Sie einen mühsamen Prozess vor sich, der am Ende jedoch Früchte tragen wird.

Entführung

Werden Sie im Traum entführt oder verschleppt, bedeutet das, dass Sie sich im Wachleben etwas zu sagen oder zu tun gezwungen sehen, das Ihren Überzeugungen widerspricht. Entführungsträume entspringen häufig Schuldgefühlen, weil man etwas getan hat oder tun wird, das einem wesensfremd ist. Im Traum mitanzusehen, wie eine andere Person entführt wird, deutet an, dass der Träumende die sich bietenden Möglichkeiten nicht nutzt.

Enthauptung

Ein Enthauptungstraum kann auftreten, wenn Sie sich irgendwie von Ihrem Körper abgetrennt fühlen. Das kann bei einer Krankheit der Fall sein oder wenn Sie nicht bereit sind, eine neu eingetretene körperliche, etwa altersbedingte Einschränkung hinzunehmen. Wenn Sie davon träumen, dass jemand geköpft wird, achten Sie darauf, wer es ist. Sind Sie es selbst, vernachlässigen Sie vermutlich Ihre emotionalen Bindungen. Wenn es jemand anderes ist, haben Sie das Gefühl, dass Ihre Karriere gefährdet ist.

Erbrechen

Wenn Sie sich im Traum erbrechen, kann das der drastische Ausdruck dafür sein, dass Sie sich von einer Person oder einer Sache befreien müssen. Sehen Sie im Traum, wie andere sich übergeben, werden die falschen Vorwände einer Person bald enttarnt werden.

Erbschaft

Träumen Sie davon, etwas zu erben, ist das ein positives Zeichen für bevorstehende Chancen. Greifen Sie nach den Sternen und

Sie werden in Ihren Bestrebungen Erfolg haben. Wenn Sie allerdings davon träumen, enterbt zu werden, kündigt das schwere Zeiten an. Wenn Sie von einem Testament träumen oder im Traum Ihr Testament verfassen, werden sich bald vermutlich bedeutsame Dinge ereignen.

Erdbeben

Ein Erdbeben im Traum deutet oftmals an, dass persönliche, finanzielle oder geschäftliche Dinge auf schwankendem Grund stehen. Erdbeben können aber auch sexuelle Konnotationen haben und zum Beispiel den Wunsch nach einem Orgasmus ausdrücken. Falls es noch andere Menschen in Ihrem Traum gibt: Bringt vielleicht einer von ihnen die Erde für Sie zum Beben?

Erde

Ein Traum von der Erde verweist auf ein Bewusstsein für spirituelle Dinge. Er mahnt Sie außerdem, in Ihren Beziehungen oder in finanziellen Angelegenheiten geerdeter und beständiger zu sein.

Erfrierungen

Wenn Sie davon träumen, Erfrierungen oder Frostbeulen zu haben, fühlen Sie sich möglicherweise in einer Situation oder Beziehung gefangen. Oder Sie artikulieren sich nicht so deutlich, wie Sie könnten oder sollten.

Erhängen

Wenn Sie im Traum sehen, wie jemand erhängt wird, haben Sie vermutlich Angst vor einer Verurteilung, ohne selbst dazu Stellung nehmen zu können. Wenn Sie träumen, selbst für eine Tat erhängt zu werden, verweist das auf starke Schuldgefühle. Das Symbol ist eine Warnung, nicht so selbstkritisch zu sein.

Erinnerungsalbum

Erinnerungsalben sind voller Dinge aus Ihrer Vergangenheit, die Sie abgeheftet und vergessen haben. Achten Sie auf die weiteren Details des Traums: Sehen Sie sich das Album vielleicht mit jemandem zusammen an? Was sortieren Sie ein? Es könnte für eine unangenehme Situation stehen, mit der Sie abschließen sollten.

Ernte

Die Ernte steht für Vollendung und Überfluss und könnte Ihnen anzeigen, dass Sie bald belohnt werden. Wie bei allen Symbolen sind jedoch auch in diesem Fall persönliche Assoziationen von großer Bedeutung. Wenn Sie zum Beispiel auf einem Bauernhof aufgewachsen sind, könnte ein Erntetraum für den Wunsch stehen, wieder in die Vergangenheit oder in einfachere Zeiten zurückzukehren.

Erscheinung

Eine Erscheinung kann für eine Botschaft oder Warnung stehen. Sie lässt sich als Kommunikation mit den Toten deuten. Vielleicht empfinden Sie aber auch eine Person in einer Beziehung wie eine flüchtige Erscheinung – sie ist da, aber nicht wirklich anwesend.

Erschöpfung

In den meisten Fällen verweist dieser Traum sehr direkt auf Ihre tatsächliche körperliche Verfassung. Vielleicht ist es an der Zeit, dass Sie sich eine Pause gönnen oder Urlaub einreichen. Erschöpfung im Traum kann auch darauf verweisen, dass Sie sich emotional ausgelaugt fühlen.

Ersticken

Wenn Sie davon träumen zu ersticken, könnte das mit Ihrem Schlaf zusammenhängen. Ist Ihre Atmung eingeschränkt, sind Sie zum Beispiel erkältet, haben Asthma oder liegt die Bettdecke über Ihrem Mund? Falls nicht, fürchten Sie sich vielleicht davor, von anderen herumkommandiert oder in Ihrer Freiheit beschränkt zu werden.

Ertrinken

Ein Traum vom Ertrinken steht für eine tief verwurzelte Angst, sein Unbewusstes zu erforschen. Ist das Wasser, in dem Sie sich befinden, aufgewühlt oder ruhig? Ein Ertrinken in aufgewühlter See verweist auf die Furcht, von geliebten Menschen verlassen zu werden.

Esel

Esel und Maultiere sind bekannt für ihr störrisches Verhalten, sie sind sprichwörtlich »sture Esel«. Ein Traum von einem Esel kann bedeuten, dass der Träumende sich gerade dickköpfig verhält und andere damit verärgert. Esel sind außerdem Arbeits- und Lasttiere. Überlegen Sie, ob Sie vielleicht innerlich gegen einen Aspekt Ihres Berufslebens aufbegehren.

Essen

Ein Traum vom Essen kann ein Verlangen nach Liebe oder Macht ausdrücken. Er kann bedeuten, dass Sie das Leben genießen und seine Freuden voll auskosten. Wenn Sie selbst im Traum auf- gegessen werden, überlegen Sie sich, ob irgendetwas an Ihnen nagt.

Eule

Die Eule steht für Weisheit, aber auch für Geheimnisse, und ist ein Symbol für das Unbewusste. Hören Sie im Traum den Schrei einer Eule, kann das schlechte Nachrichten ankündigen.

Eunuch

Ob Sie selbst im Traum der Eunuch sind oder jemand anderes, das Symbol bezieht sich ziemlich sicher auf Sie selbst und auf eine Unzulänglichkeit, die Sie empfinden. Es kann auch für Schuldgefühle darüber stehen, wie Sie sich gegenüber Men- schen in Ihrem Umfeld verhalten haben.

Exhibitionismus

Im Traum ist Exhibitionismus durchaus gesund. Das Symbol steht für den Willen, die Dinge mit offenen Armen anzunehmen und anderen Ihre Verwundbarkeit zu zeigen. Manchmal verweist geträumter Exhibitionismus auch auf einen Wunsch nach größeren sexuellen Abenteuern. Außerdem steht er für ein Freiheitsgefühl ohne die Zwänge von Gesellschaft oder Alter.

Expedition

Wenn Sie im Traum auf eine Expedition gehen, sind Sie offen und gewillt, sich auf neue Abenteuer einzulassen, ob in Bezug auf Reisen oder in Ihrer Beziehung. Das Symbol kündigt baldige positive Erfahrungen an.

Explosion

Der Traum von einer Explosion könnte ein Versuch Ihres Unterbewusstseins sein, Ihre Aufmerksamkeit auf ein bestimmtes Problem zu lenken. Eine Explosion kann für Befreiung oder den Ausbruch unterdrückter Wut stehen, oder für plötzliche Umwälzungen in Ihrem Leben.

Fächer

Fächer stehen für spirituelle Führung und die Lösung quälender Situationen. Sie bedeuten Ihnen, sich den Dingen hinzugeben und sie so zu nehmen, wie sie kommen. Vielleicht ist Ihre Lage derzeit etwas vertrackt, aber letztlich werden Sie wieder obenauf sein.

Falke

Der Falke steht für spirituelle Erkenntnis und den Aufstieg zu neuen Höhen. Zudem symbolisiert er die Befreiung von gesellschaftlichen Zwängen. Andererseits kann ein Falke baldige Neuigkeiten verheißen.

Fallen

Ein Traum vom Fallen steht meist für die Angst zu versagen, etwa im Beruf. In den meisten Träumen dieser Art trifft der Träumende nie auf dem Boden auf. Falls doch, kann das dafür stehen, dass Sie bei einer Sache gewissermaßen auf Grund gelaufen sind. Wenn Sie unverletzt bleiben, kann das bedeuten, dass Sie eine als Misserfolg empfundene Situation heil überstehen werden.

Fälschungen
Möglicherweise sind Sie von Menschen umgeben, die Ihnen gegenüber ein falsches Spiel treiben, also seien Sie auf der Hut! Dieses Symbol kann auch andeuten, dass Sie es mit fragwürdigen Verträgen zu tun haben, lesen Sie also stets aufmerksam das Kleingedruckte. Fälschungen im Traum können auch auf einen unerwarteten Geldsegen verweisen, etwa durch ein Erbe oder einen Lottogewinn.

Februar
Ein Traum von diesem kurzen Wintermonat deutet auf längere Krankheit und Melancholie hin. Wenn Sie dagegen von einem sonnigen Februartag träumen, kann das unerwartete Veränderungen in Bezug auf Ihr Glück und Ihre Zukunft verheißen.

Feder
Wenn Sie von einer in der Luft schwebenden Feder träumen, ist das ein gutes Zeichen. Etwaige Lasten werden leicht und mühelos von Ihnen abfallen. Wenn Sie von einer Adlerfeder träumen, werden Sie Ihre eigenen Ziele voraussichtlich erreichen.

Federkiel
Schreibfeder oder Füllfederhalter sind Symbole der Männlichkeit und mahnen Sie, Ihrem Herzenswunsch zu folgen. Das Symbol gilt außerdem als Aufforderung, fest zu Ihren Überzeugungen zu stehen.

Fee
Dieses Symbol zeigt an, dass jemand auf Sie achtgibt. Hier auf der Erde oder auch im Jenseits möchte ein Seelenführer oder Mentor Ihnen helfen.

Feige

Träume von Feigen können alle möglichen erotischen Konnotationen haben: Begehren, Sex, das Bedürfnis nach Sex, oder Verlangen. Isst jemand in Ihrem Traum die Feige? Das Symbol steht außerdem für geheime Freuden, die Sie auskosten sollten.

Feind

Der Traum von einem Feind deutet darauf hin, dass Sie sich nach Frieden mit der betreffenden Person sehnen, aber nicht recht daran glauben. Wenn Sie von einem Ihnen unbekannten Feind träumen, bezieht sich das in der Regel auf Sie selbst – Sie sind dieser Feind. Laufen Sie im Traum vor dem Feind davon oder treten Sie ihm entgegen?

Feld

Wenn man von reifen Feldern voller Mais oder Getreide träumt, kündigt das großen Überfluss an. Ein Traum von umgepflügten Feldern verspricht Reichtum und hohes Ansehen schon in jungen Jahren. Wenn Sie von einem Feld mit zerstörter Ernte träumen, sollten Sie sich auf schwere Zeiten einstellen, die Sie vor den guten durchstehen müssen. Träumen Sie von einem frisch gepflügten Acker, auf dem ausgesät werden kann, wird sich ein langer Konflikt in Kürze lösen und Sie dürfen auf großen Erfolg hoffen.

Felsspalte

Eine Felsspalte steht für das Unbekannte. Seien Sie auf der Hut vor künftigen unerwarteten Situationen, in die Sie geraten könnten. Sehen Sie im Traum etwas in der Felsspalte oder ist sie einfach nur schwarz? Letzteres könnte auf verborgene, unbewusste Sehnsüchte hindeuten.

Fenster

Wenn in Ihrem Traum ein Fenster vorkommt, könnte das für einen Blick auf Ihr Leben von innen nach außen stehen. Gibt es Veränderungen, die Sie herbeisehnen? Wenn Sie aus dem Fenster blicken und draußen ist die Welt hell oder erleuchtet, verspricht das strahlende Aussichten. Stehen Sie selbst außen vor dem Fenster und schauen hinein, fühlen Sie sich vielleicht von etwas ausgeschlossen.

Ferse

Die Ferse Ihres Fußes oder Ihr Schuhabsatz können für Verletzlichkeit stehen, analog zum Mythos von der Ferse des Achilles. Die Ferse kann zudem eine bedrückende Situation symbolisieren, ähnlich wie in der Redensart »unter dem Pantoffel stehen«. Haben Sie es derzeit mit jemandem zu tun, dem Sie nicht trauen? Dann könnte der Traum auf diese Person verweisen.

Fest

Sehen Sie sich selbst im Traum auf einem Fest, dann haben Sie vermutlich Grund zum Feiern. Sind Sie aufgrund einer bestimmten Angelegenheit besorgt, die es noch zu klären gilt, so kann der Traum auf einen glücklichen Ausgang hindeuten.

Fett

Dieses Symbol könnte eine Warnung sein, sich in Liebesdingen vorzusehen. Möglicherweise liegt ein rutschiger, schmieriger Weg vor Ihnen. Versichern Sie sich, dass Sie Ihrem Partner vertrauen können. Auch wenn er nur die besten Absichten verfolgt, kann Ihnen sein Verhalten möglicherweise schaden.

Fettheit

Ein Traum davon, fett zu sein, kann eine Sorge über Ihre Ernährung ausdrücken, das Symbol kann aber auch als Metapher für Reichtum und Überfluss oder für Völlerei stehen.

Feuchtigkeit

Wenn Sie von Feuchtigkeit oder drückender Schwüle träumen, steht das für eine beklemmende Situation auf der Arbeit oder in der Familie.

Feuer

Feuer ist in der Regel ein positives Traumsymbol, solange Sie sich nicht daran verbrennen. Es steht für nachhaltigen Reichtum und Glück. Wenn Sie im Traum in Flammen stehen, ist das vermutlich eine Metapher für Leidenschaft – Sie brennen vor Verlangen. Feuer kann auch für Zerstörung, Läuterung, Erleuchtung oder eine spirituelle Erweckung stehen.

Feuerstein

Wenn Sie im Traum Funken mit einem Feuerstein schlagen, kann das für Launenhaftigkeit oder ein gemeines Teufelchen stehen, das in Ihnen lauert. Das Symbol kann aber auch Liebe und Heirat oder einen Funken zwischen Ihnen und einer anderen Person darstellen.

Feuerwehrauto

Ein Symbol für Not, aber letztlich vor allem für Schutz. Ein Feuerwehrauto symbolisiert die Sorge bezüglich einer wichtigen Angelegenheit, die sich bald zum Guten wenden wird.

Feuerwerk

Ein geträumtes Feuerwerk symbolisiert Feierlichkeiten, einen freudigen Ausbruch oder die Freisetzung unterdrückter Gefühle.

Fieber

Wenn Sie davon träumen, Fieber zu haben, drückt das eine unnötige Sorge wegen etwas Belanglosem aus. Haben Sie Geduld und die Dinge werden sich ganz von allein fügen.

Finger

Finger verweisen im Traum auf Berührungen, Gefühle, Vorwürfe, Wärme und Kommunikation, sie sind also sehr vieldeutig. Um die Bedeutung Ihres Traums zu ergründen, achten Sie gut darauf, was Sie oder andere mit Ihren Fingern tun. Nehmen Sie das wörtlich und suchen Sie dann nach weiteren Symbolen in diesem Traum.

Finsternis

Wenn Ihr Traum sich in einer finsteren Umgebung abspielt, fühlen Sie sich bezüglich Ihrer aktuellen Lebenssituation vermutlich ganz ähnlich. Was bedrückt Sie? Achten Sie auch auf andere Personen und Elemente in Ihrem Traum und fragen Sie sich, ob diese einen positiven Einfluss auf Sie haben oder nicht.

Fische

Schwimmende Fische symbolisieren die Erforschung des Unbewussten oder anderer Dinge unter der Oberfläche. Freud zufolge sind Fische ein phallisches Symbol, und ein Traum von Fischen steht für sexuelles Verlangen. Jung hingegen deutet Fische als Metapher für eine spirituelle Suche. Fische stehen in Träumen außerdem für eine gute Intuition, vertrauen Sie also auf Ihr Bauchgefühl.

Fitness

Wenn Sie von körperlicher Fitness träumen, ist das ein erfreuliches Zeichen dafür, dass Sie sich geistig im Einklang fühlen. Es kann sich aber auch um eine geträumte Wunscherfüllung handeln: Sie wünschen sich vielleicht tatsächlich, besser auszusehen und leistungsfähiger zu sein.

Flagge

Unbewusst nehmen Sie soziale Spannungen in Ihrem Umfeld wahr. Gibt es politische Streitfragen, die Sie umtreiben? Vielleicht sehnen Sie sich auch nach weniger Verwirrung und einem stärkeren Zusammengehörigkeitsgefühl in Ihrer Partnerschaft.

Flammen

Flammen symbolisieren im Traum das Bedürfnis nach Reinheit und Läuterung Ihrer Gedanken und Taten. Achten Sie darauf, was genau in Flammen steht, und schlagen Sie auch dieses Symbol hier im Glossar nach. Flammen können außerdem für heimliche Leidenschaften oder eine Verliebtheit stehen, die Sie nicht zugeben wollen.

Flasche

Hier hängt die Deutung davon ab, um was für eine Art Flasche es sich handelt. Ist es eine Wasser- oder Schnapsflasche, müssen Sie mit Neid von Kollegen rechnen. Eine Babyflasche hingegen steht für das Bedürfnis nach mehr Vertrauen und Nähe zu den Personen in Ihrem Traum.

Fliege

Erleben Sie derzeit ärgerliche und enttäuschende Rückschläge? Bleiben Sie geduldig. Es dauert vielleicht etwas länger, aber letztlich wird alles nach Plan verlaufen. Wenn Sie davon träumen, von einer Mücke oder einem ähnlichen Insekt gestochen zu werden, hüten Sie sich vor Freunden, die sich vielleicht vor Ihnen verstellen.

Fliegen

Ein Traum vom Fliegen deutet an, dass der Träumende sich aufgrund einer erfolgreichen Unternehmung aufschwingt oder schwebt. Im Traum zu fliegen, kann auch heißen, dass man sich von Beschränkungen oder Hemmungen freimacht. Das Fliegen selbst ist im Traum meist eine beglückende Erfahrung, ganz unabhängig vom symbolischen Gehalt.

Flirten

Wenn Sie im Traum mit jemandem flirten, deutet das stark darauf hin, dass Sie mit Ihrem Verhalten in letzter Zeit unzufrieden waren. Mit wem flirten Sie? Wenn Sie erfolgreich anbandeln, handelt es sich vielleicht eher um eine Wunscherfüllung als um einen prophetischen Wahrtraum.

Fluchen

Wenn Sie davon träumen, wie jemand Sie lauthals verflucht oder beschimpft, kann das bevorstehende harte Zeiten ankündigen. Wenn Sie selbst im Traum fluchen, nehmen Sie vermutlich gerade schlechte Gewohnheiten von eher fragwürdigen Freunden an.

Flucht

Träumen Sie davon zu fliehen, denken Sie darüber nach, ob Sie in Ihrem Leben etwas meiden oder einer bestimmten Sache entkommen möchten. Achten Sie darauf, wer in Ihrem Traum vorkommt. Versuchen Sie vielleicht, sich diesen Menschen zu entziehen? Haben sie etwas getan, das Sie diesen Personen gegenüber ansprechen sollten?

Flüchtender

Wenn Sie im Traum vor etwas davonlaufen, dann vermutlich vor sich selbst. Mit welchem Aspekt Ihres Lebens sind Sie unzufrieden? Wenn Sie in Ihrem Traum als Flüchtender auftreten, verweist das oft auf eine Flucht vor Problemen in der Liebe, der Familie oder im Beruf.

Flügel

Mit Flügeln kann man sich fortbewegen, sie können dafür stehen, dass Sie in ungeahnte Höhen des Reichtums und der Ehre aufsteigen werden, oder auch, dass Sie sich um jemanden sorgen, der eine lange Reise angetreten hat.

Flugzeug

Sie werden in einem Lebensbereich möglicherweise ganz neue Höhen erreichen oder eine metaphorische Reise ins Unbewusste antreten. Ein Flugzeugtraum kann zudem für beruflichen Aufstieg stehen oder auf eine bevorstehende Reise hindeuten. Solche Träume lassen sich als Startrampe zum Klarträumen nutzen. Wenn Sie im Traum Ihren Flug verpassen, deutet das auf eine verpasste Gelegenheit hin, mit der Sie sich noch einmal auseinandersetzen sollten.

Flur

Ein Flur oder Korridor verweist meist auf die vielen Möglichkeiten (oder Eingänge), die Ihren Weg säumen. Wenn Sie von einem leeren Flur träumen, in dem es keine Türen gibt, haben Sie das Gefühl, dass Ihnen Ihr Weg vorgegeben wurde. Stehen die Türen entlang des Flurs offen, haben Sie Ihren eigenen Weg wahrscheinlich noch nicht gefunden – aber das werden Sie.

Fluss

Träumen Sie davon, sich einen Fluss abwärts treiben zu lassen, kann das auf einen Mangel an Motivation hindeuten. Lassen Sie Ihr Leben vielleicht von äußeren Umständen bestimmen, statt selbst die Zügel in die Hand zu nehmen? Der Traum von einem reißenden, schäumenden Fluss kann auf tief sitzenden Groll verweisen. In der Mythologie steht der Fluss zudem für den Tod oder den Übergang von einem Zustand in einen anderen.

Flut

Wenn Sie von einer Flut träumen, steht das für Veränderungen, meist zum Guten. Das Blatt wendet sich; nach der Ebbe kommt die Flut.

Fotografie

Da ein Foto nur das Abbild einer Person oder Sache ist und nicht das Original, kündigt dieses Symbol Täuschung an. Wenn Sie eine Person auf dem Foto in Ihrem Traum erkennen, seien Sie vorsichtig im Umgang mit ihr und achten Sie auf heimliche Andeutungen in ihrem Verhalten. Träumen Sie davon, fotografiert zu werden, sind Sie möglicherweise unwissentlich selbst schuld an Ihren Problemen.

Frau

Verschiedene Frauentypen symbolisieren im Traum gewöhnlich verschiedene Dinge. Eine dunkelhaarige Frau mit blauen Augen und Stupsnase kann für einen Rückzug aus einer aktuellen Angelegenheit stehen. Eine Frau mit rötlich braunem Haar stellt Ihre Angst bezüglich eines Problems dar. Eine blonde Frau verheißt günstige oder erfreuliche Resultate.

Freiberuflichkeit

Wenn Sie von freiberuflichen Projekten träumen, kann das wörtlich zu verstehen sein; vielleicht sind sie gerade mit derartigen Aufträgen beschäftigt oder wünschen sich das. Das Symbol könnte auch dafür stehen, dass Sie gern über mehr Autonomie verfügen würden. Kreative Ideen kommen Ihnen nach einem solchen Traum vielleicht leichter.

Freiheit

Ein Traum von Freiheit kann bedeuten, dass Sie sich auf irgendeine Art unterdrückt fühlen und nach mehr Freiraum sehnen, um die Dinge zu tun, die Ihnen wichtig sind. Es könnte aber auch heißen, dass Sie mit dem aktuellen Maß an Freiheit in Ihrem Leben glücklich sind.

Fremdgehen

Wenn Sie im Traum fremdgehen, deutet das darauf hin, dass Sie anfällig dafür sind oder mit dem Gedanken spielen. Wenn Sie träumen, dass Ihr Partner fremdgeht, haben Sie sehr wahrscheinlich Angst davor, aber das heißt nicht zwangsläufig, dass er oder sie es wirklich tut. Nutzen Sie den Traum als Anstoß, mögliche Probleme in der Beziehung auszuloten.

Fremdsprache

Wenn Sie im Traum eine fremde Sprache hören, sehnen Sie sich vermutlich danach, neue Menschen kennenzulernen und vielleicht selbst ins Ausland zu reisen. Das Symbol steht auch für ein weites Herz – Sie sind bereit für die Liebe.

Freunde

Wenn Sie von einem Treffen mit Ihren Freunden träumen und alle glücklich wirken, steht Ihnen ein schönes Ereignis bevor. Sind Ihre Freunde im Traum allerdings traurig und bedrückt, sollten Sie sich mal wieder bei ihnen melden – vermutlich läuft es bei ihnen gerade nicht so gut.

Frosch

Frösche sind, wie schon das Märchen vom Froschkönig zeigt, gestaltwandelnde Wesen. Sie schlüpfen als Kaulquappen, dann wachsen ihnen Arme und Beine, und die Lunge entwickelt sich. Wenn Sie von einem Frosch träumen, könnte das auf grundlegende Veränderungen und Wandlungen in Ihrem Leben hindeuten. Da Frösche einen Teil ihres Lebens im Wasser verbringen, kann der Frosch auch das Eintauchen ins Unbewusste symbolisieren.

Frost

Frost kann, ebenso wie Eis, für einen Gefühlszustand des Träumenden oder einer anderen Person im Traum stehen. Wenn Sie einen Freund oder Ihren Partner in einer frostigen Umgebung sehen, kann das auf Kälte innerhalb der Beziehung verweisen.

Früchte

Früchte verweisen in Träumen auf Gesundheit, langes Leben und Weisheit. Würden Sie sich gern fortbilden? Jetzt wäre vermutlich ein guter Zeitpunkt dazu. Manchmal sind Früchte auch ein sehr handfester Wink Ihres Unterbewusstseins, sich gesünder zu ernähren.

Fuchs

Wenn Sie gerade Streit mit jemandem haben, könnte der Traum von einem Fuchs Sie davor warnen, sich voreilig zu äußern. Schweigen wird Ihnen dabei helfen, die Situation in den Griff zu bekommen. Hüten Sie sich zudem vor Ihren Mitmenschen, denn es könnte sein, dass jemand nicht so rechtschaffen ist, wie er vorgibt, möglicherweise eine Frau.

Führungskraft

Wenn Sie davon träumen, eine leitende Position auszufüllen, ist das in der Regel sehr wörtlich zu verstehen. Vielleicht wünschen Sie sich mehr Macht und Befugnisse im Job. Manchmal bezieht sich das Symbol auch darauf, dass in Ihrem Zuhause und im Familienleben größere Beständigkeit einkehrt.

Füße

Ein Traum von Füßen kann darauf hindeuten, dass Sie sich übernehmen. Gönnen Sie sich bei Bedarf eine Pause. Nackte Füße stehen für Freiheit und das Bedürfnis nach mehr Spontaneität im Leben sowie nach neuen Bekanntschaften. Eine Schnittwunde an Ihrem Fuß bedeutet, dass Sie sich in Ihrem aktuellen sozialen Gefüge auf gewisse Weise gefangen fühlen.

Fußspuren

Fußspuren im Traum können Neid repräsentieren. Vielleicht möchten Sie jemandem nacheifern, der Ihnen nahesteht, und würden gern ebenso erfolgreich oder beliebt sein wie diese Person. Das Symbol könnte aber auch eine Mahnung sein, gut darauf zu achten, wohin man im Leben seine Schritte lenkt.

Gans

Die Gans wird oft mit einem goldenen Ei in Verbindung gebracht; ein solcher Traum steht für Überfluss. Andererseits kann eine Gans im Ofen oder über einem Feuer darauf hindeuten, dass Sie in Schwierigkeiten stecken. Oder aber ein großes Gänseei symbolisiert »null« Belohnung für Ihre Anstrengungen.

Gänseblümchen

Ein Gänseblümchen verweist darauf, dass Sie sich stärker zu einer Person hingezogen fühlen könnten, die Sie bereits kennen.

Garnitur

Die Garnitur auf einem Teller symbolisiert die Feinheiten Ihrer Seele. Da sich Essen im Traum vor allem auf spirituelle Nahrung bezieht, steht die Garnitur für den letzten Schliff. Das Symbol zeigt an, dass Sie Ihr Leben im Griff haben und mit sich zufrieden sein können.

Garten

Ein Garten bedeutet Ihnen manchmal, dass Sie mehr Schönheit in Ihr Leben lassen sollten. Das Symbol könnte auch eine

Metapher für persönliches oder spirituelles Wachstum sein, oder für den Wunsch, ein neues Talent zu entwickeln oder eine höhere Bewusstseinsebene zu erreichen. Ein Garten voller Unkraut steht möglicherweise dafür, dass Sie überkommene Ideen »ausmerzen« oder Ihrer spirituellen Seite mehr Beachtung schenken sollten.

Gärtner
Ein Gärtner kümmert sich um Dinge, die sprießen und gedeihen sollen. Das kann sich im Traum etwa auf Beziehungen, finanzielle Unternehmungen oder Ihr persönliches Glück beziehen.

Gaspedal
Träume von einem Gaspedal können Entlastungsträume eines Kontrollverlusts sein. Wenn das Gaspedal Ihres Wagens bis zum Anschlag durchgetreten ist und Sie nicht anhalten können, drückt sich darin wahrscheinlich das Gefühl aus, dass die Dinge eine ungute Wendung nehmen und Sie nicht wissen, wie Sie eine Veränderung zum Besseren herbeiführen sollen.

Gast
Wenn Sie davon träumen, einen Gast bei sich zu empfangen, kann das zwei Bedeutungen haben. Kennen Sie die betreffende Person? Falls ja, möchten Sie ihr vermutlich näherkommen, sie in Ihren Freundeskreis aufnehmen. Wenn der Gast ein Fremder ist, würden Sie sich in der Wahl Ihrer Freunde und innerhalb Ihres sozialen Umfelds wahrscheinlich gern freier fühlen.

Gebrechen
Wenn Sie träumen, irgendeine Art von Gebrechen zu haben, bedeutet das gewöhnlich genau das Gegenteil. Es ist ein gutes Zeichen und weist darauf hin, dass Sie sich unbegründete Sorgen machen – Sie sind bei bester Gesundheit.

Geburtstag

Geburtstagsträume können je nach Kontext ganz Verschiedenes bedeuten. Wenn Sie davon träumen, Geburtstagsgeschenke zu bekommen, kann das darauf hindeuten, dass Ihnen freudige Überraschungen oder eine Beförderung bevorstehen. Bei einem älteren Menschen kann ein Geburtstagstraum für lang anhaltende Mühsal und Sorge stehen, bei einem Jüngeren ist er möglicherweise ein Symbol für Armut.

Gefängnis

Der Traum von einem Gefängnis oder Kerker lässt darauf schließen, dass Sie sich eingeschränkt oder eingeengt fühlen und Angst vor Strafe haben. Oder Sie glauben, Strafe zu verdienen. Träumen Sie, ein Gefängniswärter zu sein, verweist das auf den Wunsch, andere zu kontrollieren oder mehr Kontrolle über Ihr eigenes Leben zu gewinnen. Für manche Menschen repräsentieren Gefängnisträume frühere Leben. Wer ist der Wärter in Ihrem Gefängnis? Kennen Sie die Person in Ihrem jetzigen Leben?

Gegenstände

Gibt es viele verschiedene Gegenstände in Ihrem Traum, dann sollten Sie jeden einzelnen und dessen Symbolik genau analysieren. Oft stehen Gegenstände im Traum dafür, wie Sie über sich selbst denken.

Geier

Wenn Sie von Geiern träumen, gibt es in Ihrem Umfeld vermutlich eine intrigante Person, die Ihnen schaden will. Dieser Bösewicht wird allerdings keinen Erfolg haben, falls der Geier in Ihrem Traum tot ist. Träumt eine Frau von einem Geier, deutet das darauf hin, dass sie bald unter übler Nachrede zu leiden haben wird.

Geige

Wenn in Ihrem Traum Geigenmusik erklingt, verheißt das ein romantisches Intermezzo – eine Zeit der Liebe und Harmonie.

Es kann aber auch bedeuten, dass bei Ihnen oder bei jemand anderem die Saiten beziehungsweise Nerven aufs Äußerste gespannt sind.

Gelb

Bei positiver Deutung steht die Farbe Gelb für Helligkeit, Energie und den Intellekt. Sie kann aber auch Neid oder feiges Verhalten symbolisieren.

Geld

Geld steht für Energie, Macht und Einfluss. Träumen Sie davon, Geld zu bekommen, so verweist das auf Überfluss. Der Verlust von Geld lässt dagegen vermuten, dass sich Ihre körperlichen und emotionalen Reserven erschöpfen. Im Traum Geld zu stehlen, deutet auf Gefahr hin.

Gepäck

Gepäck symbolisiert Ihren persönlichen Besitz beziehungsweise die Dinge, die Sie auf eine Reise mitnehmen. Was passiert im Traum mit dem Gepäck? Verlorene Gepäckstücke können Sorgen in Bezug auf Ihre Identität ausdrücken, oder Zweifel, ob Sie auf eine bevorstehende Reise gut genug vorbereitet sind. Gestohlenes Gepäck deutet darauf hin, dass jemand Sie Ihrer Meinung nach an dem Versuch hindert, ein bestimmtes Ziel zu erreichen.

Gericht

Der Traum von einem Gerichtstermin kann eine sehr wörtliche Bedeutung haben. Befinden Sie sich gerade in einem Rechtsstreit? Er drückt außerdem die Angst davor aus, beurteilt zu werden. Wer ist in Ihrem Traum der vorsitzende Richter und was könnte Sie zu dem Schluss führen, dass diese Person etwas gegen Sie hat (s. *Prozess*)?

Geruch

Nehmen Sie im Traum einen Geruch wahr, kann es durchaus sein, dass Sie diesen auch in Wirklichkeit riechen und er schlicht den Weg in Ihre Träume findet. Ansonsten stehen gute Gerüche für Glück und schlechte für das Gegenteil.

Gerümpel

Wenn Sie von Gerümpel oder großem Durcheinander träumen, sollten Sie sich fragen, ob Sie vielleicht zu sehr an der Vergangenheit hängen; an Dingen oder Überzeugungen, die Ihnen nicht länger nützlich sind. Wenn etwas, das Ihnen wichtig ist, im Traum als Gerümpel erscheint, kann das ein Hinweis darauf sein, dass Sie Ihre Prioritäten neu setzen sollten.

Gesang

Wenn Sie im Traum Gesang hören, steht das für eine positive, heitere Grundeinstellung. Vielleicht werden Sie schon bald verheißungsvolle Neuigkeiten erfahren. Singen Sie selbst im Traum, achten Sie darauf, welches Lied Sie singen.

Geschenk

Wenn man Ihnen im Traum ein Geschenk überreicht, ist das ein gutes Zeichen. Sie fühlen sich vermutlich für eine erfolgreich ausgeführte Arbeit belohnt. Ist das Geschenk allerdings beschädigt oder kaputt, wünschen Sie sich möglicherweise mehr Aufmerksamkeit von den Menschen, die Ihnen nahestehen.

Geschlechtsverkehr

Hierbei handelt es sich häufig um eine geträumte Wunscherfüllung oder einen Entlastungstraum. Manchmal tritt das Symbol auch auf, wenn Sie im Leben gern mehr Abenteuer eingehen würden. Ihr Sexualpartner in diesem Traum ist weniger wichtig als Ihre Empfindungen beim Akt.

Gesicht

Wenn Sie von Ihrem Gesicht träumen, sollten Sie Ihren Lebensweg überdenken. Wenn das Gesicht zu einem Engel gehört, achten Sie sehr genau auf seine Worte, denn er könnte Ihr Seelenführer sein (das Gleiche gilt, wenn Ihnen bloß ein Gesicht ohne

Körper erscheint). Der Traum von einem Gesicht kann außerdem andeuten, dass Sie sich klarere Ziele setzen sollten.

Gesichtsstraffung

Wenn Sie davon träumen, eine Gesichtsstraffung, ein Facelifting vornehmen zu lassen, möchten Sie von Ihren Mitmenschen vermutlich anders wahrgenommen werden. Was halten die anderen Ihrer Meinung nach von Ihnen? Manchmal kann der Traum auch wörtlich zu verstehen sein: Sie haben Angst davor, alt zu werden und auch so auszusehen.

Gespenst

Ein Gespenst im Traum kann darauf verweisen, dass in Ihrem Leben etwas schwer zu fassen oder unerreichbar scheint. Wenn Ihnen eine verstorbene Person im Traum erscheint, denken Sie über Ihre frühere Beziehung zu ihr nach und was sie Ihnen im Leben bedeutet hat. Das Gespenst eines noch lebenden Verwandten oder Freundes kann andeuten, dass Ihnen diese Person gefährlich werden könnte. Wirkt das Gespenst verstört oder besorgt, könnte es das Ende einer Freundschaft ankündigen.

Getreide

Getreide steht für Fruchtbarkeit, Gesundheit und Wiedergeburt. Wenn eine Frau von Getreide träumt, ist der Zeitpunkt günstig für eine Schwangerschaft. Körper und Seele sind bereit für neues Leben.

Gewehr

Wenn Sie im Traum ein Gewehr haben, verweist das auf Schutz, es ist aber auch ein phallisches Symbol und steht für Aggression. Erschießen Sie sich im Traum, ist die Tat ausschlaggebend, nicht das Gewehr (s. *Selbstmord*).

Glas

Glas steht für Trennung und für unbeteiligte Beobachtung. Sehen Sie im Traum durch Glas, symbolisiert das herbe Enttäuschungen, die Ihre strahlendsten Hoffnungen trüben. Wenn Sie im Traum geschliffenes Glas erhalten, kann das jedoch auch eine Belohnung für Ihre Mühen bedeuten.

Glasgefäße

Glasgefäße stehen für Ihr Privatleben. Zerbricht das Glas, könnte das einen aktuellen oder drohenden Streit bei Ihnen zu Hause symbolisieren. Wenn die Glasgefäße sehr schön sind oder Sie daraus trinken, steht das für Stabilität und Glück in der Familie.

Gleichgültigkeit

Dieser Traum verrät Ihnen etwas darüber, wie andere Sie Ihrer eigenen Meinung nach sehen. Wenn sich jemand im Traum Ihnen gegenüber gleichgültig zeigt, sorgen Sie sich vielleicht, dass die Person tatsächlich auf diese Weise empfindet. Noch wahrscheinlicher ist es jedoch, dass Sie ihr wirklich gleichgültig sind und Ihr Unbewusstes Ihnen das klarmachen will.

Gleiten

Gleiten Sie im Traum dahin, zum Beispiel auf Schlitt- oder Rollschuhen, kann das bedeuten, dass Ihnen eine Aufgabe derzeit mühelos von der Hand geht, oder aber, dass Sie sich auf dünnem Eis bewegen. Achten Sie genau auf alle Einzelheiten des Traums. Gleiten Sie auf etwas zu? Oder vor etwas davon (s. *Spaziergang* und *Laufen*)?

Globus

Der Traum von einem Globus steht für Weisheit, Weltzugewandtheit und für Politik. Er könnte auch auf eine baldige Reise verweisen. Außerdem ist ein Globus eine Kugel und symbolisiert somit Vollkommenheit. Möglicherweise hoffen Sie auf den erfolgreichen Abschluss eines Projekts.

Glocke

Unerwartete freudige Nachrichten stehen Ihnen bevor. Wenn Sie im Traum jedoch selbst eine Glocke läuten, kann das bedeuten, dass Sie sich bald an verlässliche Freunde wenden müssen. Sie werden Ihnen in Ihrer gegenwärtigen Lage beistehen. Im Traum Glocken läuten zu hören, könnte auch darauf verweisen, dass ein ferner Freund sehr krank ist. Träumen Sie hingegen von fröhlichem Glockengeläut, dürfen Sie demnächst mit Erfolg in allen Lebensbereichen rechnen.

Glück
Wenn Sie im Traum glücklich sind, blicken Sie insgesamt zuversichtlich in die Zukunft. Sie sind sich der positiven Energie in Ihrem Umfeld bewusst. Lassen Sie sich darauf ein. Das Glück ist auf Ihrer Seite.

Glücksspiel
Wenn Sie vom Glücksspiel träumen, gehen Sie im Leben vermutlich gerade ein Risiko ein. Gewinnen Sie, könnte das ein gutes Omen für ein riskantes Geschäft sein. Wenn Sie sehen, wie andere gewinnen, drückt das möglicherweise die Angst vor einem bestimmten Risiko aus. Ob Sie sich mehr trauen oder besser auf Nummer sicher gehen sollten, hängt maßgeblich von weiteren Traumelementen ab.

Gold
Ein Traum von Goldschmuck, Goldmünzen oder anderen goldenen Dingen deutet auf bevorstehenden Erfolg hin. Wenn Sie von einem Zimmer träumen, das bis zur Decke mit Gold gefüllt ist, trügt irgendwo in Ihrem Leben möglicherweise der Schein. Geben Sie also acht.

Goldstaub
Wenn Sie im Traum Goldstaub sehen oder spüren, symbolisiert das in der Regel den Kummer über den Verlust einer geschätzten Bindung oder Beziehung. Wenn der Goldstaub Ihnen durch die Finger rinnt, sinnen Sie vermutlich über diesen Verlust nach. Sehen Sie den Goldstaub nur von ferne, scheinen Sie das Gefühl zu haben, dass dieser Verlust zu Ihrem eigenen Besten ist.

Gott

Wenn Sie im Traum die Stimme Gottes hören, werden Sie von ehrenwerten Menschen schon bald für Ihre Selbstlosigkeit und Großzügigkeit gelobt werden. Wenn Sie Gott sogar mit eigenen Augen sehen, deutet das auf baldiges, außerordentliches Glück hin. Wenn Gott Ihnen zürnt, sind Sie mit einer kürzlich getroffenen Entscheidung unzufrieden.

Grab

Ein Grab als Traumsymbol wird sicher Ihre Aufmerksamkeit erregen, vor allem, wenn es sich um Ihr eigenes handelt. Ein Grab kann tatsächlich auf den Tod verweisen, allerdings nicht unbedingt auf einen leiblichen. Es könnte auch einfach symbolisieren, dass Sie Altes hinter sich lassen und etwas Neues beginnen. Metaphorisch kann ein Grab zudem für eine sehr ernste Angelegenheit in Ihrem Leben stehen.

Graben

Wonach graben Sie? Wenn es ein verlorener Gegenstand ist, versuchen Sie vielleicht gerade, etwas aus Ihrer Vergangenheit wieder ans Tageslicht zu holen. Ist es ein Schatz, erforschen Sie möglicherweise Ihr Unbewusstes: eine Schatztruhe an Wissen. Wenn Sie dagegen etwas *ver*graben, versuchen Sie vermutlich, etwas zu vertuschen, Ihre Gefühle zu verbergen oder etwas zu verschleiern.

Gras

Wenn Sie von grünem Gras träumen, wird Ihnen im Leben vermutlich bald etwas Schönes widerfahren. Falls Sie geschäftlich tätig sind, könnten sie bald zu Reichtum gelangen. Arbeiten Sie als Künstler, werden Sie möglicherweise bald bekannter. Und wenn Sie bald heiraten wollen, steht Ihnen mit Ihrem Partner ein sicheres, glückliches Leben bevor. Wenn das Gras in Ihrem Traum welk ist, sollten Sie Ihre finanzielle Situation überdenken.

Großeltern

Ein Traum von Großeltern könnte bedeuten, dass Sie sich nach Bestätigung und Anerkennung für Ihre jüngsten Bemühungen sehnen. Falls Ihre Großeltern bereits tot sind, überlegen Sie, ob es sich um einen Astraltraum handeln könnte. Normalerweise erhalten Sie Besuch aus dem Jenseits immer nur von einem Großelternteil pro Traum.

Großmutter

Achten Sie gut auf die weiteren Umstände dieses Traums: Träumen Sie von einer bereits verstorbenen Großmutter? Wenn der Traum lebendig und farbig ist, erleben Sie möglicherweise gerade eine astrale Begegnung. Wenn Sie nicht von Ihrer eigenen Großmutter träumen, sehnen Sie sich vermutlich allgemein nach einer mütterlichen Person in Ihrem Leben.

Großstadt

Die Großstadt steht für Herausforderungen, Vergnügen und neue Unternehmungen. Fangen Sie gerade etwas Neues an, das sich unmittelbar auf Ihre finanzielle Situation auswirken könnte? Wenn ja, fragen Sie sich, wie Sie sich in der geträumten Großstadt fühlen. Mit einem ähnlichen Gefühl sehen Sie auch Ihrer weiteren beruflichen Entwicklung entgegen.

Groteske

Wenn Sie von etwas besonders Groteskem träumen, bezieht sich das meist auf eine Ihnen innewohnende Angst. Was genau ist an Ihrem Traum so grotesk? Hat es für Sie eine bestimmte Bedeutung? Achten Sie auf den grotesken Gegenstand oder Sachverhalt und schlagen Sie ihn in diesem Glossar nach.

Grün

Wenn die Farbe Grün in Ihrem Traum vorherrscht, ist das metaphorisch zu verstehen. Grün steht für Heilung, Wachstum, Hoffnung, Geld und Neuanfänge. Es deutet auf eine positive Entwicklung hin.

Gruppe

Der Traum von einer Gruppe kann zwei Bedeutungen haben. Was empfinden Sie in Bezug auf die Gruppe? Gehören Sie dazu? Falls Sie gern ein Teil von ihr wären, fühlen Sie sich in Ihren persönlichen Beziehungen möglicherweise außen vor. Wenn die Gruppe Sie stört, sträuben Sie sich vermutlich dagegen, mit dem Strom zu schwimmen.

Haare

Wenn Sie davon träumen, wunderschönes Haar zu haben und es zu kämmen, sind Ihnen Äußerlichkeiten vermutlich gerade besonders wichtig. Wird Ihr Haar im Traum auf einen Schlag weiß, kündigt das plötzliches Unglück und Kummer an. Wenn Sie träumen, einen vollen weißen Haarschopf zu haben, können Sie auf einen angenehmen, glücklichen Lebensweg hoffen. Wenn ein Mann davon träumt, dass sein Haar schütter wird, symbolisiert das Unglück aufgrund von Großzügigkeit oder eine durch Sorge verursachte Krankheit. Sind Sie im Traum am ganzen Körper stark behaart, ist das ein Hinweis darauf, dass Sie sich Ihren Lastern hingeben, und ein Traum von wirren, ungekämmten Haaren deutet auf Schwierigkeiten oder Sorgen in Bezug auf aktuelle Geschehnisse hin. Wenn eine Frau im Traum ein weißes und ein schwarzes Haar betrachtet, die sie sich beide selbst ausgerissen hat, schwankt sie zwischen zwei Möglichkeiten.

Habicht

Ein Habicht hat sehr scharfe Augen. Ein kreisender Habicht kann im Traum für den Wunsch nach mehr Einsicht stehen. Er kann zudem anzeigen, dass der Träumende eine bestimmte Person oder Situation genau im Blick behalten sollte.

Hafen

Wenn Sie von einem Hafen träumen, sucht Ihr Unbewusstes vermutlich gerade nach Lösungen für ein bestimmtes Problem. Sie sehnen sich nach Ruhe und Frieden. Andererseits kann ein

Hafen auch gute Aussichten in Finanzdingen oder eine mögliche Reise ankündigen.

Hagel

Wenn Sie davon träumen, in einen Hagelschauer zu geraten, oder wenn Sie Hagel gegen die Hauswand trommeln hören, stürmen vermutlich gerade Sorgen, Gedanken oder Gefühle auf Sie ein. Sehen Sie den Hagel jedoch bei gleichzeitigem Sonnenschein und Regen fallen, könnten Ihnen Glück und Freude bevorstehen, allerdings erst nach einer kurzen leidvollen Phase.

Hals

Der Hals gilt häufig als sexuelles Symbol, da etwa Küsse auf den Hals als sehr intensiv wahrgenommen werden. Er kann aber auch dafür stehen, seinen »Hals zu riskieren«, also zum Beispiel ohne große Vorüberlegung eine Chance zu ergreifen, wie es auch die Redensart »Hals über Kopf« andeutet. Ist Ihr Traum mit Schmerzen im Halsbereich verbunden, möchten Sie sich vielleicht jemanden oder etwas »vom Hals schaffen«.

Halsband

Ein Halsband steht für Besitzansprüche. Wer trägt in Ihrem Traum das Halsband? Oder suchen Sie vielleicht nach dem Halsband Ihres Hundes? Viele Menschen träumen von einem Hundehalsband, wenn ihr Hund krank oder kürzlich gestorben ist. In diesem Fall steht es für wahre Liebe und Zuneigung zu ihrem Haustier. Wenn Sie selbst im Traum ein Halsband tragen, deutet das darauf hin, dass Sie sich von anderen unterdrückt fühlen.

Halskette

Träumen Sie davon, dass man Ihnen eine Halskette schenkt, kündigt das Glück in Liebe und Ehe an. Der Verlust einer Kette weist auf bestehende oder nahende Probleme in Ihrem Liebesleben hin. Der Traum kann aber auch ganz buchstäblich bedeuten, dass Sie Angst haben, eine bestimmte Halskette zu verlieren.

Hammer

Ein Hammer kann Stärke und Macht symbolisieren. Er lässt sich allerdings für konstruktive wie destruktive Zwecke verwenden, daher ist für die Deutung des Traums entscheidend, wie der Hammer eingesetzt wird.

Hand

Der Traum von einer Hand (oder Händen) eröffnet zahlreiche Deutungen, je nachdem, was die Hand tut und welche sonstigen Umstände den Traum kennzeichnen. Zum Gebet gefaltete Hände können darauf verweisen, dass Sie sich Hilfe wünschen oder einem religiösen oder spirituellen Bedürfnis folgen. Eine verkrampfte Hand kann die Angst vor dem Tod symbolisieren. Oder etwas sehr Wichtiges könnte »zum Greifen nahe« sein. Schöne Hände repräsentieren große Ehrgefühle und rasches Vorankommen, während hässliche und missgestaltete Hände auf Enttäuschungen und Armut hinweisen. Eine einzelne Hand steht für Einsamkeit – möglicherweise verstehen Ihre Mitmenschen Ihre Ansichten und Gefühle nicht. Wenn Sie sich die Hände an etwas verbrennen, haben Sie sich vermutlich übernommen und werden demnächst Schaden erleiden. Ein Traum vom Händewaschen symbolisiert Teilhabe an einer freudigen Angelegenheit.

Händeschütteln

Jemandem im Traum die Hand zu schütteln, kann entweder einen Neubeginn oder ein Ende symbolisieren. Verabschieden Sie sich in Ihrem Traum von jemandem? Dann verabschieden Sie sich vielleicht in Wirklichkeit von einer Idee oder einer bestimmten Situation. Schütteln Sie die Hand einer berühmten Führungspersönlichkeit, kann das Wertschätzung durch Fremde verheißen. Händeschütteln kann auch als Zeichen für Freundschaft oder eine Abmachung stehen.

Handschuhe

Wenn Sie davon träumen, Handschuhe zu tragen, und das vielleicht noch nicht einmal bei kaltem Wetter, sollten Sie bei finanziellen Vorhaben künftig Vorsicht walten lassen. Wenn Sie von alten, verschlissenen Handschuhen träumen, werden Sie möglicherweise bald einen Verlust oder Treuebruch erleiden. Finden Sie im Traum ein Paar Handschuhe, könnte Ihnen ein neues Liebesabenteuer (vielleicht sogar mit Ihrem aktuellen Partner) ins Haus stehen.

Handtasche

Wenn Sie von einer Handtasche träumen, versuchen Sie vermutlich gerade, Probleme des Alltags zu lösen. Sie hängen an Einzelheiten: Terminen, offenen Rechnungen und so weiter. Eine verlorene Handtasche steht für Verwirrung in Bezug auf Ihr Sexualleben.

Handwerker

Wenn eine Frau von einem Handwerker träumt, fehlt Ihr meist etwas in Ihrem Liebesleben. Vielleicht wünscht sie sich eine tiefere emotionale Bindung zu ihrem Partner oder träumt von einer neuen Liebe.

Harem

Wenn Sie sich im Traum in einem Harem wiederfinden, wären Sie in sexuellen Angelegenheiten vermutlich gern offener, oder aber Sie vermuten, dass Ihr Partner Sie betrügt. Das Symbol kann ausdrücken, dass Sie nun bereit sind, kreativere Dinge in Ihrem Leben auszuprobieren.

Haus

Steht das Haus selbst im Mittelpunkt des Traums, achten Sie genau auf die Art des Hauses und auf seine Größe. Wenn Sie neue Zimmer entdecken oder in einem alten Haus Geheimgängen folgen, kann das für eine Erkundung Ihres Unbewussten stehen. Ein kleines Haus könnte ein Gefühl der Enge und Beschränkung. Ein baufälliges Haus verweist darauf, dass im Leben des Träumenden möglicherweise gewisse Verbesserungen notwendig sind.

Heiligenschein

Der Traum von einem Heiligenschein bezieht sich auf die Sehnsucht nach Unschuld und die Rückkehr zu spiritueller Reinheit. Welcher Aspekt in Ihrem Leben bedarf Ihrer Meinung nach der Läuterung? Sehr wahrscheinlich träumen Sie von einem Menschen oder einem Ort Ihrer eigenen Vergangenheit, der Ihnen einst vollkommen erschien.

Heiliger

Erscheint Ihnen ein Heiliger im Traum, kann das ein Zeichen dafür sein, dass Sie Rat von einer höheren Macht erhalten oder suchen. Achten Sie darauf, was der Heilige sagt oder tut, und befolgen Sie seinen Ratschlag.

Heimweh

Wenn Sie im Traum Heimweh haben, ist das meist sehr wörtlich zu verstehen: Sie sehnen sich danach, wie es früher einmal war. Das Symbol kann auch einen Anruf oder Besuch von einem alten Bekannten ankündigen, von dem Sie lange nichts mehr gehört haben.

Held

Der Traum von einem Helden lässt vermuten, dass Sie sich in Ihrem Beruf mehr Anerkennung wünschen. Wenn Sie dagegen träumen, selbst der Held oder die Heldin zu sein, fühlen Sie sich sehr wahrscheinlich wohl in Ihrer Haut und haben den Eindruck, dass sich die Dinge derzeit zu Ihren Gunsten entwickeln.

Heldenreise

Träumen Sie von einer Heldenreise, symbolisiert das den Wunsch, ein Ziel zu erreichen oder sich ins Abenteuer zu stürzen.

Helm

Wenn Sie im Traum einen Helm tragen, symbolisiert das Schutz. Oder der Helm mahnt Sie, besser auf Ihre Zeit, Gedanken oder Einfälle achtzugeben.

Hermaphrodit

Der Traum von einem Hermaphroditen oder Zwitter kann zwei Bedeutungen haben: Entweder wollen Sie Ihre emotionale Seite stärken oder Sie stehen vor zwei Wahlmöglichkeiten und müssen eine wichtige Entscheidung treffen.

Herz

Ein Herz kann für Romantik stehen. Sind Sie im Moment verliebt? Das Symbol kann auch anzeigen, dass Sie den Dingen auf den Grund gehen, alles auf Herz und Nieren prüfen möchten. Wenn Ihnen dagegen im Traum das Herz blutet, ist die Bedeutung eher negativ: Übermäßiges Mitgefühl wird Ihnen oder dem Bemitleideten – oder beiden – allmählich zur Last.

Hexe

Das Symbol der Hexe kann auf eine furchteinflößende oder üble Situation verweisen. Wer sich mit dem Wicca-Kult befasst oder New-Age-Ideen zuneigt, könnte die Hexe aber auch mit der Verehrung und Achtung der Natur und der Erde in Verbindung bringen.

Himmel

Vom Himmel zu träumen, verheißt Hoffnung, Lebenskraft und kreative Energie.

Himmelreich

Wenn Sie vom Himmelreich träumen, streben Sie in Ihrem Liebesleben oder im Beruf vermutlich nach Höherem. Achten Sie darauf, wer sonst noch im Traum auftaucht und was diese Personen tun.

Hindernisse

Hindernisse lassen sich im Traum stets metaphorisch deuten: Ihnen stehen Schwierigkeiten oder Probleme im Weg, und nun müssen Sie einen Schritt zurücktreten und das große Ganze in den Blick nehmen, um einen Ausweg zu finden.

Hinrichtung

Wenn Sie im Traum kurz vor der Hinrichtung stehen oder einer Hinrichtung beiwohnen sollen, deutet das auf akute Gefühle der Trauer und des Schmerzes hin. Falls Sie unter Depressionen leiden, sollten Sie fachkundige Hilfe in Anspruch nehmen. In seltenen Fällen kann eine Hinrichtung auch für einen Abschluss mit dem Alten und einen Neubeginn in Bezug auf Ihren Lebenswandel stehen.

Hinterhof

Wenn Sie von einem Hinterhof träumen, bezieht sich das möglicherweise auf Ihre Kindheit, also auf eine Zeit, als Sie vielleicht manchmal im Hof Ihres Hauses gespielt haben. Das Symbol kann eine Sehnsucht nach unbeschwerten Zeiten oder nach mehr Freiraum oder Intimsphäre ausdrücken, oder nach etwas, das die Leere auf dem Hof füllt.

Hochschule

Die Hochschule symbolisiert Status und durch harte Arbeit erfüllte Hoffnungen. Vielleicht steigen Sie bald in eine seit Langem ersehnte Position auf. Wenn Sie davon träumen, noch einmal zu studieren, versinnbildlicht das eine Auszeichnung, die auf eine Phase großer Anstrengung folgt.

Hochzeit

Eine Hochzeit ist ein Bund zwischen zwei Menschen, Träume von Hochzeiten können deshalb die Aufnahme oder Akzeptanz einer Idee oder eines Gefühls durch Ihr Unbewusstes symbolisieren. Wenn Sie im Traum auf einer Hochzeit zu Gast sind, steht das möglicherweise für ein Ereignis, das Verbitterung und verzögerten Erfolg mit sich bringen wird. Wenn die Hochzeit im Traum von Ihren Eltern nicht gutgeheißen wird, deutet das auf Unfrieden innerhalb der Familie hin.

Hochzeitsreise

Der Traum von einer Hochzeitsreise kann wörtlich zu verstehen sein: als eine Wunscherfüllung. Er kann sich aber auch auf eine Geschäftsverbindung beziehen. In jedem Fall ist das Symbol ein gutes Omen für die Zukunft. Wenn die Hochzeitsreise im Traum schiefgeht, zweifeln Sie vielleicht an den guten Absichten eines Menschen, der neu in Ihr Leben getreten ist.

Höhe

Im Traum blicken Sie aus großer Höhe hinab. Worauf stehen Sie? Ist es etwas Festes oder etwas Bewegliches? Wenn es beispielsweise ein hoher Berg ist, dürfte das bedeuten, dass Sie Angst vor der Zukunft haben und sich um Ihre finanzielle Absicherung kümmern sollten.

Höhenangst

Wenn Sie im Traum Höhenangst verspüren, strengen Sie sich beruflich vermutlich nicht genug an. Sie haben möglicherweise Angst vor dem eigenen Erfolg und bremsen sich dadurch selbst aus.

Höhle

Eine Höhle steht für Ihr verborgenes Selbst – dafür, wer Sie wirklich sind. Wie haben Sie sich im Traum in der Höhle gefühlt? Hatten Sie Angst oder war es gemütlich? Höhlen symbolisieren außerdem Neugeburt und die Wandlung alter Vorstellungen.

Homosexualität

Wenn Sie davon träumen, homosexuell zu sein, hat das selten etwas mit Ihrer tatsächlichen Sexualität zu tun, es sei denn, das Thema beschäftigt Sie. Wahrscheinlicher ist, dass das Symbol etwas mit einem Aspekt Ihres Gefühlshaushalts zu tun hat, den Sie erst kürzlich entdeckt haben.

Hügel

Wenn Sie davon träumen, einen Hügel zu besteigen, will Ihnen Ihr Unbewusstes vermitteln, dass Sie in der Liebe und im Leben nach Höherem streben sollten. Wenn Sie im Traum einen Hügel hinabsteigen, fürchten Sie sich möglicherweise vor baldigen finanziellen Einbußen.

Hund

Ein Traum von einem Hund kann für den Wunsch nach einem Gefährten, nach Zuneigung oder Treue stehen. Wenn der Hund beißt, symbolisiert das möglicherweise einen Verdacht der Untreue. Hundebellen verweist auf eine unterbewusste Botschaft oder Warnung. Manchmal kann ein Hund allerdings auch für Ihre Mutter stehen. Achten Sie darauf, welche Gefühle Sie dem Hund im Traum entgegenbringen.

Hut

Ein Hut kann für Tarnung oder Geheimhaltung stehen. Wenn Sie davon träumen, dass eine Feder an Ihrem Hut steckt, deutet das auf besondere Erfolge hin. Das Symbol kann auch ankündigen, dass Sie bald eine neue Freundschaft schließen werden, die für Ihr Leben wichtig sein wird. Ein hoher Hut symbolisiert Verantwortung und Autorität.

Idiot

Wenn Sie von einem Idioten träumen, warnt Ihr Unbewusstes Sie davor, dass Sie kurz vor einem sehr törichten Entschluss stehen. Wenn Sie selbst im Traum der Idiot sind, ist Ihr Selbstbewusstsein gerade an einem Tiefpunkt und Sie sollten es stärken.

Immergrün

Ein Traum von einer immergrünen Pflanze verweist auf Reichtum oder zumindest auf finanzielle Sicherheit. Immergrün oder Kiefern stehen zudem für Hoffnung oder sogar Unsterblichkeit. Ein geschmückter Immergrünzweig oder Weihnachtsbaum symbolisiert Geschenke, die man gibt oder erhält.

Impotenz

Ein Traum von Impotenz zeigt an, dass Sie sich unbedeutend fühlen und Ihres Erachtens keine Kontrolle über Ihre Finanzen mehr haben. Das Symbol verweist nur sehr selten auf tatsächliche sexuelle Probleme.

Initiation

Das Symbol legt nahe, dass sich Ihnen ein neuer Weg eröffnet. Das könnte sich auf einen Jobwechsel oder auf beruflichen Erfolg beziehen. Oft verweisen Träume über Initiationen auch auf eine spirituelle Suche.

Innenhof

Ein Innenhof symbolisiert ruhige, friedliche Zeiten. Er kann zudem für die Familie stehen. Was tun Sie im Traum in diesem Hof? Wenn er sehr grün ist, kündigt er als gutes Omen häufig finanziell einträgliche Zeiten an.

Insekten

Was stört Sie gerade? Was geht Ihnen auf die Nerven? Wenn Sie von Ameisen träumen, fühlen Sie sich vermutlich wegen irgendetwas sehr kribbelig (s. *Ameisen*).

Insel

Eine Insel kann für einen exotischen Ort stehen oder auch für einsames, abgeschiedenes Land. Der Traum von einer Insel kann darauf verweisen, dass es mal wieder Zeit für einen Urlaub wäre, vor allem wenn Sie Ihre Ferien häufig auf Inseln verbringen. Andererseits kann der Aufenthalt auf einer einsamen Insel auch für Isolierung stehen, für die Abgeschiedenheit von anderen Menschen oder Ihrem inneren Selbst.

Interview

Wenn Sie im Traum interviewt werden, hat das ähnliche Konnotationen wie eine Prüfungssituation. Es verweist darauf, dass Sie sich von anderen beurteilt fühlen. Wenn das Interview Sie überrascht, fühlen Sie sich möglicherweise auf eine geschäftliche oder familiäre Angelegenheit schlecht vorbereitet.

Invalide

Der Traum von einem Invaliden kann bedeuten, dass Sie (oder jemand anderes) sich schwach oder zu unabhängigem Leben nicht in der Lage fühlen. Das Symbol ermahnt Sie, Ihr Leben selbst in die Hand zu nehmen.

Inzest

Wenn Sie von einer sexuellen Erfahrung mit einem Familienmitglied träumen, stellt das nicht unbedingt eine Warnung vor Inzest dar. Denken Sie über Ihre Beziehung zu der entsprechenden Person nach. Wenn Sie sich in letzter Zeit von ihr entfremdet haben, kann der Traum ein Ausdruck Ihrer Liebe oder Ihres Liebesbedürfnisses sein, und die anstößige Form des Traums soll Ihre Aufmerksamkeit erregen.

Januar

Ein Traum von diesem Monat kann bedeuten, dass Sie mit ungeliebter Gesellschaft oder Kindern in Verbindung gebracht werden.

Jongleur

Wenn Sie von einem Jongleur träumen oder selbst im Traum jonglieren, haben Sie sich in letzter Zeit vermutlich verzettelt. Auch Geldsorgen können einem solchen Traum zugrunde liegen. Konzentrieren Sie sich stets nur auf eine Sache.

Jubiläum

Ein Traum von einem Jubiläum steht für gegenwärtiges und zukünftiges Glück und für viele weitere festliche Anlässe. Es verheißt zudem Gesundheit. Achten Sie darauf, wie Sie das Jubiläum gefühlsmäßig erleben, und deuten Sie es dann entsprechend.

Juckreiz

Wenn es Ihnen im Wachleben wegen irgendetwas in den Fingern juckt, kann sich dieses Gefühl auf Ihre Träume übertragen. Metaphorisch steht Juckreiz im Traum für kleine, nagende Probleme, mit denen Sie sich so schnell wie möglich befassen sollten.

Jugendlicher

Der Traum von einem jugendlichen Menschen kann darauf verweisen, dass jüngere Personen Ihnen neuen Antrieb verleihen. Wenn Sie selbst im Traum jünger sind als in Wirklichkeit, deutet das auf jugendliche Selbstermächtigung hin.

Juli

Ein Traum, der sich im Juli abspielt, steht für deprimierende Aussichten, die sich jedoch unerwartet in Freude und Glück wandeln werden.

Juni

Ein Traum, der im Juni spielt, kündigt ungewöhnliche Gewinne bei allen Unternehmungen an.

Jury

Wenn Sie träumen, vor einer Jury zu sitzen, sind Sie der Ansicht, dass jemand zu hart mit Ihnen ins Gericht geht. Wenn Sie selbst Teil der Jury sind, müssen Sie vermutlich ein paar wichtige Entscheidungen treffen.

Juwelen (Edelsteine)

Ein Traum von Juwelen kündigt Glück an. Wenn Sie träumen, Smaragde zu besitzen, könnten Sie bald Grundbesitz erben. Ein Saphir steht für anhaltendes Glück. Wenn eine Frau von Smaragden träumt, wird sie möglicherweise bald eine gute Wahl in Bezug auf Ihren Ehepartner treffen oder hat dies bereits getan (s. *Perlen* und *Diamant*).

Käfer

Ein Traum von Käfern kann für Frieden und familiäre Sicherheit stehen. Die Bedeutung hängt jedoch davon ab, wie die Käfer sich verhalten. Eventuell steht das Symbol auch für das genaue Gegenteil, nämlich dass Sie um Ihre familiäre Sicherheit und den häuslichen Frieden fürchten.

Kaffee

Wenn Sie vom Kaffeetrinken träumen, heißt das häufig, dass Freunde Ihren aktuellen oder künftigen Ehepartner missbilligen oder missbilligen werden. Wenn Sie bereits verheiratet sind und davon träumen, Kaffee zu trinken, machen Sie sich auf kleinere Streitereien gefasst. Wenn Sie vom Kaffeerösten träumen, werden Sie bald einer neuen Liebe begegnen. Träumen Sie von gemahlenem Kaffee, können Sie sich vermutlich bald erfolgreich einem Missgeschick entziehen.

Käfig

Ein Käfig steht für Besitz oder Kontrolle. Ausschlaggebend für die Deutung des Symbols ist das, was sich im Käfig befindet. Ein Käfig voller Vögel kann Reichtum und eine große Kinderschar verheißen, ein einzelner Vogel eine glückliche Ehe oder Partnerschaft. Ein leerer Käfig könnte für den Verlust eines Familienmitglieds stehen, während ein Käfig voll wilder Tiere am ehesten ausdrückt, dass Sie einen bestimmten Aspekt Ihres Lebens im Griff haben und Widrigkeiten trotzen werden.

Kahlköpfigkeit

Wenn eine Frau träumt, kahlköpfig zu sein, steht das für die Angst vor dem Älterwerden oder vor dem Verlust von Weiblichkeit und Attraktivität. Bei einem Mann bedeutet ein solcher Traum Angst vor finanziellen Schwierigkeiten oder gar vor dem Ruin.

Kakerlake

Falls Sie am Tag eine Kakerlake gesehen haben, kann der Traum ganz einfach wörtlich zu verstehen sein: Sie greifen das Erlebnis im Traum wieder auf. Die Kakerlake kann aber auch für Schmutz und Scham stehen. War sie im Traum in Ihrem Haus oder Ihrer Wohnung? Da Ihr Zuhause Sie selbst symbolisiert, überlegen Sie in diesem Fall, warum Sie sich schmutzig oder beschämt fühlen könnten.

Kamin

Kamine stehen für Wärme, Behaglichkeit, finanzielle Sicherheit, Harmonie im eigenen Heim und für den Wunsch, den eigenen sozialen Status zu erhöhen. Untersuchen Sie die weiteren Aspekte Ihres Traums, um die naheliegendste Deutung zu finden. Wenn Sie im Traum mit einem Freund oder Ihrem Partner vor dem Kamin sitzen, wünschen Sie sich vermutlich mehr emotionale Nähe zu dieser Person.

Kampf

Wenn Sie im Traum kämpfen, verweist das auf einen Konflikt, oder auf die Notwendigkeit, einen Streit zu schlichten. Achten Sie aufmerksam auf weitere Aspekte Ihres Traums, um ihn besser deuten zu können. Gehen Sie als Sieger oder Verlierer aus dem Kampf hervor? Kämpfen Sie gegen jemanden, der Ihnen wichtig ist?

Kanal

Kanäle stehen für eine Reise durch Ihr Unbewusstes. Ist das Wasser im Kanal trübe oder klar? Sind Sie mit Freunden oder Familienmitgliedern unterwegs? Ein verdreckter Kanal deutet auf untergründige Probleme in Ihrem Liebes- oder Familienleben hin, die Sie möglichst schnell beheben sollten.

Känguru

Wenn Sie im Traum ein Känguru sehen, deutet das darauf hin, dass irgendetwas Sie derzeit fuchsteufelswild macht. Das Symbol könnte aber auch bedeuten, dass Sie in Bezug auf eine bestimmte ausstehende Sache »sprungbereit« sind.

Kaninchen

Das Kaninchen gilt als Symbol der Fruchtbarkeit und Magie, schließlich ziehen Zauberer Kaninchen aus dem Hut. Obwohl man Fruchtbarkeit einerseits auf Schwangerschaft und Empfängnis beziehen kann, mag sie andererseits finanziellen Überfluss, den Erfolg eines bestimmten Projekts oder ähnliche Dinge ausdrücken. Ein weißes Kaninchen weist auf Treue in einer Liebesbeziehung hin.

Kannibalismus

Ein Traum von Kannibalismus verweist auf den unbewussten Drang, sich die Energie einer anderen Person anzueignen. Kann es sein, dass Sie die Menschen in Ihrem Umfeld emotional auszehren? Wenn Sie davon träumen, dass jemand Sie aufisst, sollten Sie sich vor den Menschen hüten, mit denen Sie sich umgeben. Sie sind nicht gut für Ihr Selbstwertgefühl.

Kantine

Wenn Sie von einer Kantine träumen, symbolisiert das eventuell eine gesellige Situation ohne echten Kontakt. Sie sehnen sich möglicherweise nach mehr emotionaler Tiefe. Ist die Kantine hübsch und sauber oder schmuddelig und trist? Der Zustand sagt etwas darüber aus, wie Sie Ihr Sozialleben empfinden.

Kanu

Ein Kanu steht für eine kurze Reise, die zwar einige Mühe kostet, aber angenehm still und friedlich verläuft. Auf einem ruhigen Fluss zu paddeln, symbolisiert Vertrauen in die eigenen Fähigkeiten. Ist der Fluss flach und strömt schnell dahin, kann der Traum auf Besorgnis aufgrund einer übereilt getroffenen Entscheidung in jüngerer Vergangenheit hindeuten. Zusammen mit Ihrem Partner in einem Kanu zu paddeln, lässt auf eine bevorstehende, dauerhafte Ehe schließen; ist das Wasser im Traum aufgewühlt, bedarf es vor der Heirat allerdings noch einer gewissen Anstrengung.

Karate

Wenn Sie von Karate träumen, haben Sie entweder das Gefühl, dass irgendetwas sich Ihnen vehement widersetzt und Sie sich emotional davor schützen müssen, oder aber Sie haben sich in letzter Zeit körperlich bedroht gefühlt und würden diesbezüglich gern vorbereitet sein.

Karotte

Ein Traum von Karotten kann anzeigen, dass Sie gern kreativer wären. Dieses Wurzelgemüse steht außerdem für irdische Leidenschaften, Selbstbehauptung und Bodenständigkeit. Sie sollten sich selbst treu bleiben.

Karussell

Im Traum Karussell zu fahren, verweist darauf, dass Sie sich im Kreis drehen und mit Ihren Vorhaben nicht weiterkommen. Andere Karussell fahren zu sehen, steht für unerfüllte Ambitionen.

Käse

Von Käse zu träumen, kann bevorstehenden Kummer verheißen. Schweizerkäse steht allerdings dafür, dass Sie bald zu einer beträchtlichen Geldsumme gelangen und sich bester Gesundheit erfreuen werden.

Kastration

Kastrationsträume stehen für Gefühle der Unzulänglichkeit oder Machtlosigkeit im Wachleben. Möglicherweise fürchten Sie sich vor dem Unbekannten. Das Symbol spiegelt zudem die Angst vor dem Älterwerden und vor dem Verlust von Dingen oder Menschen wider, die Ihnen viel bedeuten.

Kater (Brummschädel)

Wenn Sie davon träumen, verkatert zu sein, haben Sie es mit einer ungesunden Sache in Ihrem Leben vermutlich übertrieben. Es könnte sein, dass Sie zu viel geraucht oder sogar zu viel nachgedacht haben. Ihr Unbewusstes erkennt dieses Verhalten als Laster, das Sie ablegen sollten.

Katze

Katzen stehen häufig für Wohlstand und junge Kätzchen für neue Einfälle. Jungkatzen in einem Keller können aus dem Unbewussten emporsteigende Gedanken repräsentieren. Katzen sind zudem ein Symbol für Unabhängigkeit, Weiblichkeit und sexuelle Potenz. Die Katze steht manchmal auch für das Böse und für Unglück oder für einen durchtriebenen Menschen (s. *Leopard*).

Kelle

Wenn Sie in Ihrem Traum etwas mit einer Kelle servieren, fühlen Sie sich vielleicht ruhelos und sind momentan genervt von Ihrer Aufgabe als Bezugsperson oder Mutter. Das Symbol verweist darauf, dass Veränderungen und weniger Verantwortung angebracht wären. Gönnen Sie sich eine Pause.

Keller

Wenn Sie sich im Traum in einem Keller befinden, kann das darauf hinweisen, dass Sie in Kontakt mit Ihrem Unterbewusstsein treten. Vielleicht holen Sie gerade etwas aus Ihrer Vergangenheit hervor, mit dem Sie sich näher auseinandersetzen müssen (s. *Untergrund*).

Kerzen

Eine Kerze spendet Licht im Dunkeln, also Orientierung in einer undurchsichtigen Angelegenheit oder in unbekannten Bereichen. Wenn eine Kerze im Traum ganz herunterbrennt, kann das auf Angst vor dem Tod oder vor Machtlosigkeit verweisen. Eine Kerze, die ausgelöscht wird, drückt möglicherweise ein Gefühl der Überarbeitung aus. Eine stetig brennende Kerze kann für einen steten Charakter und für Konstanz oder Loyalität im Freundes- und Familienkreis stehen.

Ketchup

Ein Traum, in dem Ketchup eine Rolle spielt, verweist auf etwas Süßes und Liebliches in Ihrem Leben, das Sie bisher vernachlässigt haben. Möglicherweise sind Sie mit einer Ihnen lieben Person zu hart umgegangen. Sie sollten lernen, sich diesem Menschen zu öffnen, es wird sich für Sie auszahlen.

Kette

Die Kette sagt als Traumsymbol eine positive Entwicklung in Herzensdingen voraus. Wenn die Kette glänzt und funkelt, kann sie zudem ein Vorzeichen für eine Verlobung sein.

Keule

Eine Keule steht im Traum für untergründige Aggressionen aus der Vergangenheit. Weil Keulen schon vor langer Zeit in Gebrauch waren, kann das Symbol für eine alte seelische Wunde stehen, die durch irgendetwas wieder aufgerissen wurde. Wenn jemand diese Keule schwingt, ist das als Warnung zu sehen, sich mit aktuellen emotionalen Problemen auseinanderzusetzen.

Kiefer (Körperteil)

Haben Sie das Gefühl, dass Sie angegriffen werden? Kiefer können der Ausgangspunkt für eine archetypische Reise in die Unterwelt sein. Das Symbol kann zudem auf einen Konflikt mit einem guten Freund, Familienmitglied oder Ihrem Partner verweisen.

Kinder

Von Kindern zu träumen, kann bedeuten, dass man sich nach einem weniger komplizierten Leben zurücksehnt. Kinder können im Traum aber auch für den Wunsch stehen, in die Vergangenheit zurückzukehren, um schöne Erfahrungen noch einmal zu durchleben oder unerfüllte Hoffnungen zu verwirklichen. Wenn Sie von einem schwimmenden Kleinkind träumen, kündigt das an, dass eine böse Sache glücklich enden wird.

Kindergarten

Wenn Sie von einem Kindergarten träumen, haben Sie vermutlich die Nase voll vom kindischen Benehmen Ihrer Mitmenschen. Falls Sie selbst Kinder haben, könnte der Traum auch bedeuten, dass Sie sich für Ihre Kinder die bestmögliche Ausbildung wünschen. Falls Sie im Traum selbst in den Kindergarten gehen, sehnen Sie sich nach einfacheren Zuständen.

Kirsche

Die Kirsche kann für Wollust, weibliches Begehren und verbotene Früchte stehen. Wie der Kreis symbolisiert sie aber auch Ganzheit. Wer isst die Kirschen in Ihrem Traum? Liegen sie in einer Schüssel oder befinden sie sich außerhalb Ihrer Reichweite?

Klavier

Musik im Allgemeinen steht im Traum für fröhliche oder feierliche Stimmung. Achten Sie auf die Art der Musik, die auf dem Klavier gespielt wird, und auf den Zustand des Instruments. Ein beschädigtes Klavier deutet auf Unzufriedenheit mit den eigenen Leistungen hin, ein altertümliches Klavier symbolisiert Nachlässigkeit.

Klebstoff

Ein Traum von Klebstoff könnte für den Wunsch stehen, einen Menschen oder eine Sache stärker an sich zu binden. Würden Sie einer bestimmten Person gern näher sein? Wenn der Kleber in Ihrem Traum lästig ist, fühlen Sie sich vielleicht in Ihrer derzeitigen Lage gefangen, oder jemand in Ihrem Umfeld hält sich nicht an gemachte Zusagen.

Klee

Klee ist ein positives Zeichen: Sie dürfen auf Gutes hoffen. Klee steht grundsätzlich für Glück. Wenn er eine andere Farbe als Grün hat, müssen Sie vermutlich etwas Geduld aufbringen, bevor das Gute sich einstellt.

Kleidung

Die Kleidung, die Sie im Traum tragen, zeigt an, wie Sie momentan zu sich selbst und zu Ihren Leistungen stehen. Ist Ihre Kleidung teuer und prächtig? Oder eher schäbig und zerlumpt? Die Kleidung repräsentiert Ihr Selbstwertgefühl.

Klettern

Im Traum emporzuklettern oder -zusteigen, steht für den Wunsch nach mehr Erkenntnis. Es kann auch bedeuten, dass Sie sich nach mehr Herausforderungen sehnen, sich emotional jedoch ausgelaugt fühlen. Sie suchen nach einem Glaubenssystem für Ihre Ideale.

Klingeln

Wenn Sie von einem klingelnden Warnsignal träumen, beunruhigt Sie irgendetwas in Ihrem Leben. Versuchen Sie herauszufinden, wo das Problem liegt, und tun Sie etwas dagegen. Andererseits kann ein Klingeln im Traum auch ganz wörtlich zu verstehen sein: Zeit aufzuwachen!

Knien

Wenn Sie im Traum niederknien, fühlen Sie sich vermutlich schuldig. Vielleicht gibt es auch jemanden, von dem Sie hoffen, dass er Ihre aufrichtige Entschuldigung annehmen wird.

Knochen

Knochen stehen im Traum für den innersten Kern, die Grundsubstanz. Sind die Knochen verstreut? Vielleicht sind Sie im Wachleben bei einer Entscheidung hin- und hergerissen. Achten Sie auf den Zustand der Knochen. Er spiegelt Ihre Gefühle in Bezug auf ein Problem, das Ihnen keine Ruhe lässt.

Knöpfe

Knöpfe stehen im Traum für gesellschaftliche Veränderungen und für Ihr Bild in der Öffentlichkeit. Sind die Knöpfe besonders schick? Haben Sie Schwierigkeiten beim Zuknöpfen?

Wenn das geknöpfte Kleidungsstück stark spannt, könnte es sein, dass Sie Ideale allzu streng verfolgen.

Knoten

Wenn in Ihrem Traum Knoten vorkommen, sind Sie vermutlich in irgendetwas verstrickt oder verfangen – Sorgen und Ängste quälen Sie. Vielleicht fühlen Sie sich wie durch einen Knoten gebunden. Wenn hingegen Sie selbst oder eine Ihnen nahestehende Person im Traum den Knoten bindet, symbolisiert das möglicherweise Sorgen in Bezug auf eine bevorstehende Heirat.

Kohl

Kohl ist ein einfaches, günstiges Nahrungsmittel, für jeden erschwinglich. Wenn Sie von Kohl träumen, kann das für eine gedrückte Stimmung oder für die Sehnsucht nach unkomplizierteren Zeiten stehen.

Kokon

Ein Kokon verkörpert Sicherheit, Wärme und Schutz, vor allem durch Familie und Freunde. Er steht zudem für Wiedergeburt und einen unmittelbar bevorstehenden oder bereits angebrochenen neuen Lebensabschnitt. Der Traum von einem Kokon vermittelt Ihnen, dass Sie neue Elemente in Ihrem Leben annehmen sollten. Er steht für eine positive Veränderung.

König

Ein König ist ein Herrscher und eine Autoritätsperson. Wenn Sie von einem König träumen, wünschen Sie sich vielleicht mehr Ansehen und Unterstützung. Der König könnte Ihren Vater oder eine andere bedeutsame Person in Ihrem Leben darstellen. Wenn Sie selbst der König sind, haben Sie vermutlich einen hohen Status erreicht oder sind außerordentlich kompetent.

Königin

Als Autoritätsperson und Mutterfigur in einem stellt die Königin ein archetypisches Symbol der Macht dar. Sind Sie im Traum selbst die Königin, kann das auf den Wunsch nach Führungsverantwortung hinweisen. Ist jemand anderes die Königin, könnte der Traum bedeuten, dass Sie diese Frau für stark und kompetent halten.

Kopf

Der Traum von einem menschlichen Kopf zeigt oftmals an, dass Sie die Nase vorn haben, erfolgreich oder gerade mit einer wichtigen Aufgabe beschäftigt sind. Das Symbol steht zudem für einen Quell der Weisheit.

Körner

Körner stehen für Geburt und Wiedergeburt. Sie können sich auf den Beginn einer neuen Unternehmung beziehen. Ein Traum von Körnern kann außerdem Überfluss und die Umsetzung finanzieller Vorhaben repräsentieren.

Kostüm

Achten Sie sorgfältig auf das Kostüm in Ihrem Traum. Tragen Sie es selbst? Falls ja, sehen Sie sich möglicherweise auf ganz ähnliche Weise, wie es die Verkleidung suggeriert. Ein Kostüm steht für Verstellung und für die Art, wie man sich der Außenwelt darbietet. Trägt ein anderer das Kostüm? Dann sehen Sie vielleicht etwas von der Art der Verkleidung in der betreffenden Person.

Krähe

Eine Krähe kann für finanzielle Schwierigkeiten oder bevorstehende schwere Zeiten stehen. Sie kann als Warnung dienen, nicht jedermann bedenkenlos zu trauen und sein Geld mit Bedacht anzulegen. Seltener symbolisiert die Krähe jene Eigenschaften eines Menschen, die er an sich selbst für schlecht hält.

Krankenhaus

Wenn Sie im Traum im Krankenhaus liegen, haben Sie vielleicht das Bedürfnis nach Heilung oder sorgen sich um Ihre Gesundheit. Befindet sich jemand anderes in Ihrem Traum im Krankenhaus, ist diese Person möglicherweise geschwächt. Falls Sie im Wachleben im Krankenhaus arbeiten, könnte sich das Symbol natürlich auch auf Ihren Beruf beziehen. In diesem Fall sollten Sie auf weitere Umstände Ihres Traums achten.

Krankenschwester

Träume von Krankenschwestern oder -pflegern können auf einen Heilungsprozess oder das Bedürfnis nach Heilung verweisen. Ihnen liegt oft auch der Wunsch zugrunde, umsorgt oder verwöhnt zu werden. Andererseits kann sich der Traum auf Beziehungen oder Projekte beziehen, die Sie selbst hegen und pflegen.

Krankenwagen

Sich im Traum in einem Krankenwagen zu befinden, weist auf überzogene Ängste in Bezug auf etwas hin, das man nicht beeinflussen kann. Haben Sie im Traum dagegen ein medizinisches Problem, ist es vielleicht an der Zeit, sich einmal gründlich untersuchen zu lassen. Wenn Sie jemand anderen in einem Krankenwagen sehen, plagen Sie womöglich Schuldgefühle, weil Sie die betreffende Person schlecht behandelt haben.

Krankheit

Wenn Sie träumen, krank zu sein, stellen Sie sich die Frage, ob Sie Hilfe brauchen oder gern ein wenig umsorgt werden würden. Der Traum könnte auch eine Warnung sein, auf Ihre Gesundheit zu achten. Von kranken Familienangehörigen zu träumen, deutet auf ein Unglück oder Problem im familiären Umfeld hin.

Krebs (Krankheit)

Wenn Sie im Traum Krebs haben, bedeutet das keineswegs, dass Sie tatsächlich an der Krankheit leiden oder sie bekommen werden. Eine erfolgreiche Krebsbehandlung steht im Traum für eine Wende zum Besseren. Ein Krebstraum kann außerdem für eine verzweifelte oder bedrohliche Lage oder für das Schwinden von Ressourcen stehen.

Krebs (Tier)

Der Traum von einem Krebs deutet auf Stimmungsschwankungen und emotionale Turbulenzen hin. Das Symbol kann auch für lästige Ärgernisse stehen, oder für die Angst, von Banalitäten zu Fall gebracht zu werden. Wenn der Krebs Sie zwickt, haben Sie Ihre Gefühle nicht richtig unter Kontrolle.

Kreis

Ein Kreis ist nach C. G. Jungs Verständnis ein Symbol für das Selbst und für Ganzheit. Er kann zudem für Schutz oder soziale Kontakte stehen, wie schon das Wort »Freundeskreis« ausdrückt. Nach freudianischer Deutung repräsentiert er die Vagina und sexuelles Begehren. Das Symbol kann außerdem anzeigen, dass Sie Geschenke oder Geld erwarten dürfen. Wenn eine Frau bald heiraten wird, ist der Kreis ein hervorragendes Omen, dass die Zukunft Gutes bringen wird.

Kreisen

Wenn Sie sich im Traum beständig im Kreis bewegen, kann das schlicht dafür stehen, dass Sie nicht von der Stelle kommen, sich immer nur im Kreis drehen. Bündeln Sie Ihre Kräfte und analysieren Sie Ihre Ziele.

Krieg

Ein Traum vom Krieg könnte eine Erinnerung an Ihre Vergangenheit beim Militär sein. Ob Sie gedient haben oder nicht, ein Kriegstraum kann auch für inneren Aufruhr oder für das Bedürfnis stehen, mit sich selbst oder anderen Frieden zu schließen. Wenn Sie auf weitere Elemente des Traums achten, erkennen Sie vielleicht die Botschaft hinter den aggressiven Traumszenen.

Krokodil

Dieses Symbol kann darauf hinweisen, dass Sie jemandem gegenüber dickhäutig, also unsensibel sind. Es kann aber auch Gefahr ankündigen. Ein Krokodil, das Sie anleitet oder mit Ihnen spricht, ist vielleicht einfach Ihr Totemtier. Wenn das Krokodil in Ihrem Traum vollständig untergetaucht ist, suchen Sie möglicherweise nach dem Schlüssel für unterdrückte Gefühle. Irgendetwas hemmt Sie. Befindet das Tier sich an Land, kann das bedeuten, dass Sie sich selbst gegenüber nicht aufrichtig sind.

Krone

Die naheliegendsten Deutungen sind Reichtum, Ansehen, Macht und Einfluss. Die Frage ist jedoch, ob die Krone im Traum etwas Ersehntes oder eher etwas Gefürchtetes ist. Befindet sie sich in Reichweite oder entzieht sie sich Ihnen? Die Krone kann ebenso für guten Rat einer älteren Person oder eines Mentors stehen.

Krücken

Wenn Sie von Krücken träumen, haben Sie vielleicht den Eindruck, zu stark auf etwas oder jemanden angewiesen zu sein. Krücken stehen außerdem für die Angst vor mehr Eigenständigkeit und persönlichem Risiko.

Küche

Wenn Sie im Traum eine Küche betreten, brauchen Sie in einem bestimmten Lebensbereich vermutlich eine besondere »Nahrung«. Das Symbol kann auch dafür stehen, dass etwas in Ihnen brodelt und gärt, etwa ein neues Projekt.

Kuchen

Ein Kuchen kann ein Symbol dafür sein, dass eine Feier bevorsteht. Er kann auch auf einen Grund zum Feiern hinweisen, der bisher übergangen wurde. Vielleicht sollten Sie einmal wegen der erhofften Beförderung nachhaken.

Kuh

Eine Kuh steht für Fruchtbarkeit, den Lebensunterhalt oder sogar Wohlstand. Sie kann aber auch einen Wunsch nach Sex ausdrücken und außerdem die Angst, diesem nicht widerstehen zu können.

Kummer

Kummer kann im Traum eine positive Bedeutung haben, da dieses Gefühl Ihnen dabei hilft, mit einem Problem umzugehen, das Sie möglicherweise im Wachleben beschäftigt. Oft leidet der Träumende wirklich unter einem herben Schlag, sowohl im Traum als auch im echten Leben. Das Symbol könnte außerdem eine Warnung sein, sich wieder einmal ärztlich untersuchen zu lassen.

Kuss

Ein Kuss symbolisiert häufig eine romantische Verwicklung, kann aber auch als Metapher gedeutet werden, etwa im Sinne von »wachgeküsst werden« oder »Todeskuss«. Wenn Sie davon träumen, Ihren Ehepartner zu küssen, steht das für Harmonie in der Beziehung. Ist es draußen während des Kusses hell oder dunkel? Bei Dunkelheit drohen Gefahr und Unerlaubtes, Helligkeit dagegen lässt auf ehrbare Absichten schließen. Wenn Sie jemanden im Traum auf den Hals küssen, symbolisiert das Leidenschaft für diese Person.

Labor

In einem Labor werden Experimente durchgeführt. Das Symbol legt nahe, dass Sie mit Ihrer aktuellen Lage unzufrieden sind und gerade neue Dinge ausprobieren. Vielleicht führen Sie auch eine Beziehung auf Probe.

Labyrinth

Der Traum von einem Labyrinth kann darauf hindeuten, dass Sie sich in einer bestimmten Situation oder Beziehung gefangen fühlen und nach einem Ausweg suchen. Das Symbol könnte auch für die Unwägbarkeiten einer spirituellen Reise stehen.

Lagune

Lagunen stehen für Zweifel und Verwirrung in Bezug auf Ihre Gefühle oder für eine verfahrene Situation, die unbeweglich ist wie ein stehendes Gewässer.

Lamm

Ein Lamm kann für Sanftmut und Verletzlichkeit stehen, analog zu den Redewendungen »sanft wie ein Lamm« oder »wie ein Lamm zur Schlachtbank«. Oder es könnte als spirituelles Symbol dienen, wie in »Opferlamm« oder »Lamm Gottes«. Allerdings kann der Traum von einem Lamm auch einfach allgemeine Tierliebe ausdrücken. Könnte dieses Tier vielleicht sogar Ihr Totem sein?

Lampe

Eine Lampe steht wie eine Laterne für Licht und Erleuchtung und deutet an, dass Sie nach Wahrheit streben.

Landkarte

Sie suchen nach einem neuen Weg oder es wird Ihnen eine neue Richtung gewiesen.

Landstreicher

Haben Sie Angst davor, Ihr Zuhause, Ihren Halt oder Ihre Lebensgrundlage zu verlieren? Vielleicht möchten Sie aus gewissen sozialen Zwängen ausbrechen.

Landung

Von einer Landung zu träumen, etwa mit einem Flugzeug, verweist auf den Wunsch, ein Projekt erfolgreich zum Abschluss zu bringen. Wenn die Landung reibungslos verläuft, ist das ein gutes Omen.

Lanze

Eine Lanze ist bei Freud ein phallisches Symbol und steht für Männlichkeit und Aggression. Wer setzt in Ihrem Traum die Lanze ein? Haben Sie zu der Person im Wachleben ein inniges Verhältnis?

Lasso

Wenn man Sie mit einem Lasso fängt, hält irgendjemand oder irgendetwas Sie offenbar zurück. Wenn Sie selbst das Lasso benutzen, deutet das auf baldiges Glück in Finanzdingen hin.

Laterne

Wenn Sie eine Laterne in der Hand halten oder sie im Traum sehen, möchten Sie auf ein aktuelles Problem vermutlich mehr Licht werfen und es aufklären. Vielleicht sind Sie sich darüber bewusst, dass man Ihnen nicht die ganze Wahrheit offenbart.

Laub

Ein Traum von Laub steht für Sorgen in Liebesdingen und in Bezug auf finanzielle Sicherheit. Wenn das Laub grün und üppig ist, kündigt das gute Zeiten an. Ist es welk, könnten Probleme bevorstehen.

Laufen

Wenn Sie im Traum schnell laufen, wollen Sie im Leben vielleicht vor etwas davonrennen (meist vor sich selbst oder einem aktuellen Konflikt) oder auch ein Ziel erreichen. Der Traum kann bedeuten, dass Sie sich tatsächlich beeilen müssen oder dass Sie sich im Gegenteil zu sehr abhetzen und innehalten sollten. Laufen Sie allein oder in einer Gruppe? Ersteres deutet darauf hin, dass Sie Ihre geschäftliche Konkurrenz weit hinter sich lassen werden, Letzteres symbolisiert die Teilnahme an einem freudigen Ereignis. Laufen Sie im Traum zu Ihrer körperlichen

Ertüchtigung, so sind Sie auf dem besten Weg, sich ein schönes, erfolgreiches Leben aufzubauen. Kommen Sie nicht von der Stelle, weist das auf ein Gefühl von Kontrollverlust im Wachleben hin.

Lawine

Der Traum von einer Lawine ist als Prophezeiung und Warnung zu verstehen. Das Symbol besagt, dass etwas Großes und leicht Beängstigendes auf Sie zukommt und Sie das im tiefsten Innern bereits wissen. Zudem ist ein solcher Traum eine Botschaft: Gehen Sie vorsichtig vor, dann wird alles gut.

Lebensmittelgeschäft

Der Traum von einem Lebensmittelgeschäft bezieht sich auf eine Vielzahl von Entscheidungen, die in Kürze auf Sie zukommen werden. Achten Sie darauf, was Sie im Traum einkaufen. Handelt es sich um ein Grundnahrungsmittel wie Reis oder Mehl? Oder ist es etwas besonders Leckeres, etwa Süßigkeiten, Kekse oder Kuchen? Im letzteren Fall handelt es sich vermutlich um eine Warnung vor einer Fehlentscheidung.

Leere

Ein leerer Raum, eine leere Tasse, ein leeres Behältnis sind Metaphern dafür, wie Sie sich selbst gegenwärtig wahrnehmen. Leere steht zudem für Langeweile und Einsamkeit.

Leichenwagen

Wenn Sie im Traum einen Leichenwagen sehen, ahnen Sie sehr wahrscheinlich finanzielle Engpässe voraus. Wenn Sie davon träumen, selbst in einem Leichenwagen mitzufahren, verabschieden Sie sich vielleicht gerade von einem Teil Ihres Selbst. Seien Sie bereit für Neues.

Leichnam

Von sich selbst als Leichnam zu träumen oder im Traum den eigenen Tod zu erleben, ist nicht als Todesomen zu verstehen.

Der Traum könnte vielmehr einen bedeutenden Wandel in Ihrem Leben symbolisieren, etwa eine Scheidung oder die Beendigung eines langen Arbeitsverhältnisses. Wenn Sie davon träumen, sich umzubringen, durchleben Sie vielleicht eine traumatische persönliche Wandlung und möchten Ihr altes Leben hinter sich lassen.

Leiter

Steigen Sie die Leiter hinauf oder hinunter? Ein Aufstieg könnte eine höhere Stufe in Bezug auf Ihr Innenleben symbolisieren oder eine Beförderung auf einen höheren Posten. Eine Leiter mahnt zudem zur Geduld – das Schicksal weist Ihnen den Weg.

Leopard

Wenn Sie davon träumen, dass Sie von einem Leoparden angegriffen werden, sollten Sie sich in Zukunft auf einige Schwierigkeiten einstellen. Wenn Sie den Leoparden allerdings töten, werden Sie im Leben triumphieren. Träumen Sie von einem Leoparden im Käfig, deutet das darauf hin, dass Sie zwar von Feinden umgeben sind, diese Ihnen jedoch nichts anhaben können.

Loch

Wenn Sie im Traum ein Loch sehen, steht das häufig für Angst vor dem Unbekannten. Es kann aber auch auf sexuelles Verlangen und den Wunsch nach Sex verweisen, weil man sich erst so wirklich vollständig fühlt. Ein Loch in Ihrer Kleidung verheißt baldigen finanziellen Erfolg.

Löscharbeiten

Wenn Sie davon träumen, dass ein Feuer gelöscht wird, deutet das auf harte Arbeit hin, die vor einem ersehnten Erfolg steht. Der Traum von einem Feuerwehrmann kann für eine belastbare Freundschaft stehen. Wenn der Feuerwehrmann in Ihrem Traum verletzt ist, könnte ein enger Freund in Gefahr schweben.

Lotterie

Wenn Sie von einer Lotterie oder einem anderen Gewinnspiel träumen, lässt das vermuten, dass Ihr Glück vom Zufall oder Schicksal abhängt. Wenn Sie im Traum gewinnen, werden Sie in einer aktuellen Lage vermutlich bald Glück haben. Erleben Sie im Traum, wie andere bei einem Gewinnspiel den Sieg davontragen, kann das bedeuten, dass viele Freunde bald auf angenehme Weise zusammenkommen werden.

Löwe

Der Traum von einem Löwen zeigt an, dass Sie von einer großen Kraft angetrieben werden. Einen Löwen zu bezwingen, symbolisiert einen Triumph. Wenn der Löwe Sie überrascht, ist das ein Hinweis darauf, dass Sie anfällig für Angriffe unbestimmter Art sind. Ein Löwe im Käfig könnte dafür stehen, dass Sie Erfolg haben werden, solange Sie Ihre Gegner im Zaum halten.

Mädchen

Wenn Sie von einem kleinen Mädchen träumen, sehnen Sie sich vielleicht nach mehr Unschuld und Reinheit in Ihrem Leben. Das Symbol könnte sich auch auf Weiblichkeit oder auf das Bedürfnis beziehen, einen Beschützer zu haben. Wenn Sie im Traum selbst das Mädchen sind, fühlen Sie sich in letzter Zeit vermutlich sehr verletzlich und müssen ein Machtwort mit jemandem sprechen.

Magie

Dieses Symbol könnte auf die magischen Elemente der Kreativität verweisen oder, in einer düsteren Lesart, auf Betrug und Schwindel.

Mai

Ein Traum vom Monat Mai kündigt glückliche Zeiten und Freuden für die Jugend an. Wenn die Natur in Ihrem Traum allerdings sonderbar wirkt, lässt das auf plötzlichen Kummer und Elend schließen.

Malen

Wird im Traum eine Wand gestrichen, wird in Ihrem Leben möglicherweise etwas versteckt oder vertuscht. Ein Bild auf einer Staffelei zu malen, deutet auf künstlerische Begabung hin, die es umzusetzen gilt.

Maler

Wenn Sie davon träumen, Maler oder Malerin zu sein, verweist das auf ein erhebliches Bedürfnis, Ihren Gefühlen und Ihrer Kreativität mehr Ausdruck zu verleihen. Es bedeutet nicht unbedingt, dass Sie wirklich malen wollen. Versuchen Sie doch einmal, künstlerische Ideen in Ihr Arbeits- oder Liebesleben zu integrieren.

Mann

Wenn Sie von einem schönen Fremden träumen, symbolisiert das Lebensfreude. Wenn der Mann in Ihrem Traum entstellt ist, werden Sie vielleicht gerade von Ratlosigkeit und Kummer geplagt. Träumt eine Frau von einem attraktiven Mann, wird sie möglicherweise bald zu höherem Ansehen gelangen.

Mantel

Ein Mantel verbirgt Ihre wahren Absichten. Er schützt Ihre Geheimnisse. Haben Sie wegen einer bestimmten Tat Schuldgefühle? Wenn jemand anderes den Mantel trägt, fühlen Sie sich wahrscheinlich außen vor gelassen.

Manuskript

Ein Manuskript stellt Ihre gesammelten Hoffnungen und Wünsche dar. Achten Sie auf die Form und Anmutung des Schriftstücks, um den Traum erfolgreich zu deuten. Ist es abgeschlossen oder unvollendet? Arbeiten Sie gerade daran? Oder haben Sie es vielleicht verloren?

Marionette

Träume von Marionetten oder Handpuppen können darauf verweisen, dass Sie sich in einem Bereich Ihres Lebens manipuliert fühlen. Sehen Sie sich dagegen selbst als Strippenzieher, kann der Traum Ihnen signalisieren, dass Sie sich manipulativ verhalten.

März

Ein Traum von diesem Monat könnte für unbefriedigende Resultate in einer geschäftlichen Angelegenheit stehen.

Maske

Eine Maske verbirgt Ihr Aussehen und Ihre Gefühle vor anderen, aber als Traumsymbol steht sie häufig dafür, dass Sie selbst sich Ihre Gefühle in Bezug auf eine bestimmte Sache nicht eingestehen. Wenn andere in Ihrem Traum Masken tragen, sehen Sie sich im Wachleben vielleicht mit einer Situation konfrontiert, in der jemand Ihrer Meinung nach unehrlich zu Ihnen ist.

Meer

Das Meer steht im Traum für unerfüllte Sehnsüchte oder beständige Gefühle.

Menschenmenge

Verloren in einer Menge zu sein, kann einen Verlust an Individualität ausdrücken. Vielleicht wünschen Sie sich, aus der Masse hervorzustechen. Das Symbol kann auch für Verwirrung in Ihrem Umfeld stehen, oder sogar für Langeweile. Vielleicht sollten Sie mal wieder auf Reisen gehen.

Messer

Ein Messer ist ein Zeichen für Aggression und ein phallisches Symbol. Achten Sie auf weitere Aspekte Ihres Traums. Sticht Ihnen jemand in den Rücken? Halten Sie selbst das Messer oder werden Sie von jemandem damit bedroht? Ein rostiges

Messer kann für Unzufriedenheit, ein scharfes Messer für Sorge und ein abgebrochenes für eine Niederlage stehen.

Meteor

Ein Meteor oder eine Sternschnuppe im Traum kann Ihnen anzeigen, dass ein Wunsch in Erfüllung gehen wird, oder das Symbol verweist darauf, dass Sie sich Wunschdenken hingeben. Achten Sie auf weitere Traumelemente und entscheiden Sie selbst, welche Deutung Ihnen naheliegend erscheint.

Mikrofon

Ein Mikrofon symbolisiert möglicherweise den Wunsch nach mehr Aufmerksamkeit oder nach Macht über andere. Es kann auch auf die Sorge verweisen, nicht energisch genug und auf andere angewiesen zu sein, um sich hervorzutun.

Mikroskop

Ein Mikroskop symbolisiert das Bedürfnis oder den Wunsch, etwas zu finden, das Ihnen verborgen oder nicht in Sichtweite ist.

Milch

Milch versinnbildlicht Fürsorge. Sie kann außerdem für Stärke und Zeugungskraft stehen. Von Milch zu träumen heißt: Glück und Wohlstand sind nicht fern. Träumen Sie davon, Milch zu verschenken, sind Sie möglicherweise großzügiger, als Ihnen guttut. Saure Milch lässt Kummer über das Unglück eines Freundes erahnen.

Missbrauch

Missbrauchsträume sind ein Zeichen dafür, dass Sie sich im Wachleben emotional ausgenutzt fühlen. Bei einer Frau deuten sie auf den Eindruck hin, die Kontrolle über die eigenen Gefühle oder das eigene Liebesleben verloren zu haben.

Mistelzweig

Von Mistelzweigen zu träumen, kündet von Glück und Ehre. Träumen Sie in Ihrer Jugend davon, so erwarten Sie in der Zukunft vermutlich viele glückliche Momente. Jemanden unter einem Mistelzweig zu küssen, deutet darauf hin, dass diese Person Ihre Gefühle womöglich erwidert.

Möbel

Wenn es sich um Möbel aus der Kindheit handelt, wurden Sie vielleicht erneut mit Problemen Ihrer Vergangenheit konfrontiert. Wenn das Möbelstück im Traum bequem ist, sehnen Sie sich wahrscheinlich nach mehr Gemütlichkeit und Wärme in Ihrem Zuhause.

Mond

Ihre Gefühle spielen gerade verrückt. Treffen Sie jetzt keine unüberlegten Entscheidungen. Warten Sie ab, bis Sie sich etwas beruhigt haben. Der Mond kann außerdem für Besessenheit oder eine ungesunde Beziehung stehen, aus der Sie sich dringend befreien sollten.

Mord

Mord symbolisiert unterdrückte Wut auf sich selbst oder auf andere. Wenn Sie im Traum jemanden ermorden, den Sie kennen, sollten Sie die Beziehung zu dieser Person überdenken. Sind Sie selbst das Mordopfer, so kündigt der Traum vielleicht eine persönliche Veränderung an.

Morgen

Der Morgen symbolisiert einen Neustart oder eine überraschende Wendung zum Positiven. Von einem wolkenverhangenen Morgen zu träumen, weist auf schwerwiegende Probleme hin, die Sie erdrücken könnten.

Morgendämmerung

Die Morgendämmerung steht für Wiedergeburt und eine neu anbrechende Zeit des Wandels. Die Interpretation des Symbols hängt stark davon ab, wie Sie es wahrnehmen. Wenn Sie die Dämmerung als beängstigend empfinden, könnte sie ebenso für inneren Aufruhr stehen, den Sie beim Angehen neuer Projekte verspüren.

Motor

Wenn Sie davon träumen, einen Motor zusammenzusetzen, ist Ihr Unbewusstes sich bereits darüber im Klaren, dass Sie sich mit Grundsätzlichem beschäftigen sollten – dass Sie noch einmal von vorn anfangen und die Dinge von Grund auf angehen müssen. Der Traum bezieht sich möglicherweise auf Ihren Beruf oder auf Unsicherheiten und Zweifel in Bezug auf Ihre Beziehungen zu anderen.

Müll

Wenn Sie von Müll träumen, sollten Sie sich vermutlich von einer alten, ausgedienten Überzeugung oder einer unnötigen Last in Ihrem Leben trennen. Fragen Sie sich, ob Sie sich an einen Gegenstand oder Umstand klammern, den Sie eigentlich nicht mehr brauchen.

Münze

Eine Münze deutet im Traum auf eine Wendung des Schicksals hin. Viele Münzen auf einmal stehen für Geld und Wohlstand. Wenn Sie die Kopfseite der Münze sehen, verweist das auf eine Entwicklung zu Ihren Gunsten. Sehen Sie hingegen die Rückseite, wird sich das Blatt in Kürze wenden.

Muschel

Muscheln sind üblicherweise ein Bild für den Mutterleib. Je nach den genaueren Umständen des Traums kann das Symbol ein Vorzeichen für eine Geburt oder für ein neues Projekt sein. Eine Muschel kann außerdem für Schutz stehen.

Musik

Musik steht im Traum für alles Gefühlsbezogene. Achten Sie auf die Art der Musik, die Sie im Traum hören, und was Sie dabei empfinden. Hat sie Freude in Ihnen geweckt? Oder Sie vielmehr traurig oder wütend gestimmt?

Mutter

Im Traum Ihre Mutter zu sehen, deutet auf einen erfreulichen Ausgang all Ihrer Bemühungen hin. Es kommt dabei auf die genauen Umstände an: Sprechen Sie im Traum mit Ihrer Mutter, werden Sie vielleicht bald gute Neuigkeiten erhalten. Ruft sie nach Ihnen, sollten Sie vermutlich etwas in Ihrem Leben ändern.

Nachbar

Träumen Sie von einem Ihrer Nachbarn, sollten Sie sich darauf einstellen, viel Zeit mit dem Ausbügeln von Problemen zu verbringen, die durch üble Nachrede entstanden sind. Träumen Sie davon, dass Ihr Nachbar oder Ihre Nachbarin traurig ist, seien Sie auf der Hut: Es könnte ein Nachbarschaftsstreit bevorstehen.

Nachmittag

Träume, die sich am Nachmittag abspielen, stehen für Klarheit und Dauer. Sind Sie im Traum nachmittags mit Freunden zusammen? Wenn ja, könnten bald gute und dauerhafte Bindungen entstehen. Ist es ein sonniger Tag, werden Sie demnächst gute Nachrichten erhalten.

Nacht

Traumgeschehen, die sich in der Nacht abspielen, können darauf verweisen, dass etwas im Verborgenen liegt. Vielleicht ist es nötig, Licht in eine Angelegenheit zu bringen. Im Traum von Dunkelheit umgeben zu sein, kündet von Bedrängnis und Entbehrung.

Nachtisch

Ein Nachtisch verkörpert verbotene Genüsse und geheime Schuld. Fragen Sie sich, was Ihre Assoziationen in Bezug auf das Essen von Nachtisch sind.

Nacktheit

In einem Traum nackt zu sein, kann den Wunsch ausdrücken, gehört oder gesehen zu werden. Das Symbol kann auch für das Bedürfnis stehen, eine Wahrheit zu enthüllen. Auf der anderen Seite kann ein Traum von Nacktheit eine sexuelle Bedeutung haben und auf fallende Hemmungen hinweisen. Vom Nacktbaden zu träumen, könnte für eine verbotene Affäre stehen, die schlecht enden wird, oder aber dafür, dass Sie viele Bewunderer haben.

Nadel

Träume von Nadel und Faden können anzeigen, dass etwas geschickt eingefädelt wurde und zum Beispiel ein Geschäft abgeschlossen wird. Eine Nadel kann aber auch darauf verweisen, dass etwas Sie piesackt. Fädeln Sie im Traum einen Faden ins Nadelöhr, fühlen Sie sich vielleicht mit der Sorge um andere stark belastet. Suchen Sie hingegen nach einer Nadel, deutet das auf unnötige Sorgen hin. Im Traum eine Nadel zu zerbrechen, steht für Armut und Einsamkeit.

Nagel

Ein Nagel im Traum kann vieles bedeuten. Nageln Sie zum Beispiel etwas fest, müssen Sie vielleicht etwas zusammenfügen oder zusammenhalten. Treffen Sie »den Nagel auf den Kopf«, trifft Ihre Intuition vermutlich voll ins Schwarze. Treten Sie im Traum auf einen Nagel, so ist das als Warnung zu verstehen: Geben Sie mehr darauf acht, was um Sie herum geschieht. Falls Sie sich im Traum einen Fingernagel abbrechen, sollten Sie besser auf Ihren Körper achten.

Nahrung

Nahrung ist überlebenswichtig. Das Symbol bezieht sich meist auf geistige Nahrung, auf Ideen, Gedanken oder Beziehungen. Es kann auch dafür stehen, dass wir neue Sichtweisen und ihre Einbindung in unser Leben anerkennen (und sozusagen verdauen).

Name

Hören Sie im Traum jemanden Ihren Namen rufen, kann das zwei mögliche Bedeutungen haben: Entweder möchte jemand im Wachleben Ihre Aufmerksamkeit erregen oder Sie selbst wollen Ihren Geist auf etwas Wichtiges richten, das um Sie herum passiert.

Narr

Der Traum von einem Narren verweist auf ein Risiko, das Sie eingehen müssen, um Erfolg zu haben. Der Träumende muss sich überwinden, sich etwas trauen.

Nase

Die Nase steht für aufdringliches Verhalten, schließlich soll man »seine Nase nicht in fremde Angelegenheiten stecken«. Träumen Sie von einer Nase, kann das bedeuten, dass sich jemand in Ihr Leben einmischt, oder dass Sie selbst ein bisschen zu neugierig sind.

Nässe

Nässe verweist auf Unsicherheit oder Unkenntnis. Wenn eine junge Frau davon träumt, triefend nass zu sein, mag das eine schambehaftete Affäre mit einem bereits gebundenen Mann symbolisieren.

Navigieren

Träumen Sie davon, ein Schiff zu navigieren, so wünschen Sie sich vermutlich, in einer aktuellen Situation Durchsetzungsvermögen zu zeigen und den Kurs zu halten. Dieser Traum vermittel Ihnen, dass Sie mit etwas Umsicht trotz aller Widrigkeiten den Sieg davontragen können.

Nebel

Wenn Sie von einer nebligen Umgebung träumen, weist das auf mangelnde Klarheit in Bezug auf gewisse Aspekte in Ihrem Leben hin. Der Nebel kann auch ein Symbol für etwas Verborgenes oder von Ihnen Übersehenes sein. Denken Sie daran, dass Nebel sich meist schnell wieder verzieht. Sobald er sich lichtet, werden Sie neue Klarheit gewinnen.

Nervenzusammenbruch

Wenn Sie im Traum einen Nervenzusammenbruch erleiden, weist das darauf hin, dass Sie sich im Wachleben völlig überfordert und ohnmächtig fühlen. Es ist ein sehr ernstes Zeichen dafür, dass Sie sich Hilfe im Umgang mit Ihren Problemen suchen sollten. Wenden Sie sich am besten an einen Therapeuten oder eine Therapeutin.

Nest

Das Nest ist ein Sinnbild für das Zuhause und kann mit dem Wunsch nach Heimkehr assoziiert werden. Ziehen Sie gerade um, so kann Ihr Traum auf Bedenken in Bezug auf Ihr neues Heim hindeuten. Liegt ein Ei im Nest, kann das die Sorge um Ihr Erspartes symbolisieren. Viele Eier im Nest sind hingegen ein gutes Omen. Ein leeres Vogelnest kündigt schwierige Zeiten im Beruf an.

November

Novemberträume lassen meist auf eine Zeit nur mäßiger Erfolge in sämtlichen Angelegenheiten schließen.

Null

Die Null kann für Leere stehen, für einen Mangel in Ihrem Leben. Sie stellt außerdem einen Kreis dar und kann somit Ganzheit und Vollendung symbolisieren, oder sogar die

Geheimnisse des Unbekannten. Für Freud verweist die Form auf die Vagina und somit auf die Sehnsucht nach Sex.

Oase

Der Traum von einer Oase deutet an, dass Sie an einem Ort angekommen sind, an dem Sie gut versorgt werden und sich stärken können. Die Oase kann auch für eine Rast während einer Reise stehen; oder vielleicht haben Sie eine Etappe Ihrer Reise bereits erfolgreich absolviert. Alternativ kann das Symbol bedeuten, dass Sie dringend Erholung brauchen und eine Pause einlegen sollten.

Ochse

Von einem Ochsen zu träumen, verweist auf große Kraft, Ausdauer und den Willen, allen Widrigkeiten zum Trotz nicht aufzugeben.

Ofen

Ein Ofen steht in der Regel für Sicherheit in der Liebe. Das Anfeuern eines Ofens verweist auf eine junge Liebe oder eine mögliche Heirat. Ein erloschener Ofen ist ein Zeichen für Trauer in Liebesdingen, etwa weil man nicht den geeigneten Partner findet.

Ohren

Ein Traum von menschlichen Ohren kann eine Warnung sein, gut auf die eigenen Worte zu achten. Ohren können auch die Aufmerksamkeit auf eine bestimmte Sache lenken, Sie sollten also sorgsam auf alles lauschen, was um Sie herum geschieht.

Ohrringe

Ohrringe können für bevorstehende fröhliche Zeiten stehen. Sie können aber auch Wankelmut und vertane Zeit symbolisieren. Achten Sie auf die Art der Ohrringe: Sind sie eher bieder, sehnen Sie sich vielleicht danach, von Ihren Mitmenschen anders wahrgenommen zu werden. Sind sie dagegen sehr ausgefallen, sorgen Sie sich möglicherweise darum, wie Sie auf andere wirken.

Oktober

Vom Monat Oktober zu träumen, kündigt Erfolg an. Aus neuen Freundschaften oder Geschäftsbeziehungen werden langlebige Bindungen erwachsen.

Öl

Von Öl zu träumen, symbolisiert materiellen oder inneren Reichtum, etwa wenn Sie im Traum Erdöl an die Oberfläche fördern. Verwenden Sie in Ihrem Traum hingegen ätherische Öle, kann dies auf religiöse Sachverhalte verweisen. Eine Person, die mit Öl in Verbindung gebracht wird, könnte besonders raffiniert, schmierig oder ein Schwätzer sein.

Operation

Wenn Sie von einer Operation träumen, sorgen Sie sich vielleicht um einen bestimmten Aspekt Ihrer Gesundheit und wären gern fitter. Das Symbol kann außerdem für eine aktuelle Veränderung stehen.

Opfer

Wenn Sie sich im Traum als Opfer fühlen, sind Sie angesichts einer Situation in Ihrem Wachleben vermutlich hilflos. Wenn Sie in Ihrem Traum gerettet werden, ist Unterstützung nah.

Opfergabe

Werden Sie im Traum geopfert, kann das ein Hinweis darauf sein, dass Sie für andere etwas Wichtiges aufgeben. Ergründen Sie Ihre Gefühle in dieser Angelegenheit genau und entscheiden Sie, ob und was Sie verändern sollten.

Orkan

Orkane sind zerstörerisch und unvorhersehbar und können im Traum je nach Kontext verschiedene Bedeutungen haben. Ein herannahender Orkan steht für quälende Ungewissheit. Vermutlich versuchen Sie im Wachleben gerade, einen Misserfolg abzuwenden. Träumen Sie von den Zerstörungen nach einem Orkan, deutet das darauf hin, dass andere Sie vor Unheil bewahren werden. Wenn Sie sich in einem Haus befinden, das vom Orkan verwüstet wird, oder wenn Sie versuchen, jemanden aus den Trümmern zu retten, stehen Ihnen möglicherweise Veränderungen bevor, die in häuslicher oder geschäftlicher Hinsicht jedoch nicht unbedingt Frieden bringen werden. Wenn Sie von einem Orkan verletzte oder getötete Menschen sehen, sorgen Sie sich angesichts der Schwierigkeiten anderer.

Ozean

Der Ozean steht häufig für Ihre emotionale Grundstimmung. Segeln Sie auf stürmischer See, so sind Sie vermutlich in der Lage, mit den Höhen und Tiefen Ihres Lebens umzugehen. Hohe Wellen können auch bisher ungenutzte Kräfte oder das Unbewusste symbolisieren. Im Meer einen großen Fisch zu fangen, steht für neue Möglichkeiten oder dafür, den Reichtum Ihres Unbewussten zu ergründen. Haben Sie sich auf hoher See verirrt, sehnen Sie sich möglicherweise nach Rat und Anleitung. Wenn Sie in Ihrem Traum im Ozean vor Anker liegen, haben Sie womöglich Ihren Platz im Leben gefunden.

Papier

Hohe Papierstapel deuten auf einen erhöhten Stresspegel im Wachleben hin. Vielleicht haben Sie das Gefühl, Ihren Verpflichtungen nicht nachkommen zu können. Unterschreiben Sie im Traum Dokumente, verweist das auf eine baldige Entscheidung in Finanzdingen – und darauf, dass Sie die richtige treffen werden.

Paradies

Wenn Sie davon träumen, im Paradies zu sein, ist das ein ziemlich sicheres Zeichen dafür, dass Ihre engen Freunde ausnahmslos loyal sind. Träumt eine Mutter vom Paradies, werden ihre

Kinder anmutig und gehorsam. Von Adam und Eva im Paradies zu träumen, kann hingegen als Warnung verstanden werden: Seien Sie in den kommenden Monaten besonders vorsichtig.

Park

Von einem Park zu träumen, kann für den Wunsch nach Entspannung und Lebensfreude stehen. Bei Nacht durch einen unbeleuchteten Park zu gehen, könnte ausdrücken, dass Sie sich in dunkle und gefährliche Gefilde vorwagen oder sich mit etwas Verborgenem oder Geheimnisvollem auseinandersetzen.

Peitsche

Wenn Sie im Traum ausgepeitscht werden, kann das auf zwei Dinge verweisen: Sie haben ein Bedürfnis nach Schutz und Dominanz durch eine geliebte Person oder Sie fühlen sich von dieser ausgenutzt, manchmal beides zugleich. Das Kunststück besteht darin, ein gesundes Gleichgewicht zwischen diesen beiden Polen zu finden. Wenn Sie davon träumen, selbst jemanden auszupeitschen, sollten Sie ein aufmerksames Auge auf Ihre manipulativen und aggressiven Impulse haben.

Pelz

Ein Traum von Pelz oder Fell steht für Wärme, Nostalgie und alte Freunde. Haben Sie kürzlich einen Freund aus vergangenen Zeiten wiedergetroffen? Pelz ist in Träumen außerdem eine Mahnung, sich auf rauere Zeiten einzustellen.

Pelzmantel

Wenn Sie von einem Pelzmantel träumen, bedeutet das nicht unbedingt, dass Sie sich ein solches Kleidungsstück wünschen; selbst wenn Sie gegen die Herstellung oder den Besitz von Pelzmänteln sind, steht das Symbol für Luxus und ein angenehmes Leben.

Perlen

Wenn Sie davon träumen, Perlen zu besitzen, kündet das von geschäftlichem Erfolg und hohem gesellschaftlichen Ansehen.

Träumt eine Frau davon, Perlen von einem Liebhaber zu erhalten, darf sie sich auf baldige festliche Anlässe freuen. Sie wird sich außerdem einen treuen und liebevollen Ehemann wählen. Reißt in Ihrem Traum eine Perlenkette, sollten Sie sich gegen bevorstehende Trauer und Liebeskummer wappnen.

Pfau

Da der Pfau stolz sein buntes Federkleid zur Schau stellt, deutet der Traum von einem Pfau an, dass auch Sie Grund haben, stolz auf sich zu sein.

Pfeffer

Träumen Sie davon, dass Ihnen Pfeffer auf der Zunge brennt, kann das auf Freunde verweisen, die hinter Ihrem Rücken über Sie lästern. Löst Pfeffer im Traum Niesreiz bei Ihnen aus, so ist ein Verdacht, den Sie derzeit hegen, höchstwahrscheinlich wahr.

Pfeil

Ein Pfeil kann eine negative Entwicklung in der Liebe ankündigen, es kommt allerdings darauf an, wo der Pfeil hinzeigt. Wenn Sie sich damit gegen einen Feind wehren, bedeutet es, dass Sie stark genug sein werden, jedwede Situation zu bestehen, die demnächst auf Sie zukommen könnte.

Pferd

Ein Pferd symbolisiert Stärke, Kraft, Ausdauer, Erhabenheit und Potenz. Ein Mann, der von einem Pferd träumt, wünscht sich vielleicht mehr Manneskraft und sexuelle Leistungsfähigkeit; bei einer Frau steht das Pferd möglicherweise allgemein für das Verlangen nach Sex. Wenn Sie im Traum auf einem Pferd reiten, weist das auf eine Machtstellung hin. Weiße Pferde stehen für Reinheit, schwarze dagegen für den Aufschub bestimmter Freuden.

Pflaumen

Träumen Sie von reifen Pflaumen, so erwartet Sie ein freudiges Ereignis. Wer im Traum Pflaumen isst, sollte sich auf einen spannenden Flirt einstellen. Und wenn Sie davon träumen, Pflaumen aufzulesen, so trennt Sie nur noch eine kleine Anstrengung von Ihren sehnlichsten Wünschen.

Pfütze

In eine Pfütze zu treten oder durch sie hindurchzustapfen, steht für Sorgen, die sich auflösen, um den Weg für bessere Zeiten zu bereiten. Träumen Sie lediglich davon, sich in einer Pfütze nasse Füße zu holen, kann das bedeuten, dass auf eine schöne Erfahrung Schwierigkeiten folgen werden.

Pilot

Ein Pilot steht für jemanden, der in große Höhen aufsteigt und trotz hoher Geschwindigkeit die Kontrolle behält. Von einem Piloten zu träumen, kann bedeuten, dass Sie in einem bestimmten Lebensbereich das Steuer fest in der Hand halten.

Pilz

Pilze und Pilzbefall können für ein körperliches Leiden stehen, oder für eine Situation in Ihrem Leben, die außer Kontrolle gerät.

Planet

Sehen Sie im Traum einen fremden Planeten oder träumen Sie davon, einen zu besuchen, weist das auf ein neues Abenteuer, eine neue Art zu denken oder eine neue kreative Dimension hin.

Polizei

Polizisten stehen für Autorität, sie sind die Hüter des Gesetzes. Träumen Sie von der Polizei, ist das als Warnung gegen Gesetzes- oder Regelbruch zu verstehen oder drückt Angst vor Strafe aus. Gegenteilig gedeutet, kann ein solcher Traum auf den Wunsch nach Gerechtigkeit hinweisen.

Portemonnaie

In einem Portemonnaie befinden sich persönliche Wertgegenstände, etwa Ihr Ausweis. Dort verstauen Sie auch Ihre Zahlungsmittel. Wenn Sie davon träumen, Ihr Portemonnaie zu verlieren, könnte das für eine Sorge in Bezug auf Ihr Selbstempfinden oder Ihre Finanzen stehen. Bei der Deutung sollten Sie sich auch davon leiten lassen, was im Traum geschieht und wie Sie darauf reagieren.

Preis

Wenn Sie im Traum einen Preis verliehen bekommen, wünschen Sie sich insgeheim mehr Anerkennung für Ihre Leistungen. Das Symbol besagt auch, dass das Glück derzeit auf Ihrer Seite ist. Bringen Sie die Dinge ins Rollen: Bitten Sie um die Beförderung, auf die Sie schon so lange hoffen.

Priester

Der Priester verkörpert eine gütige, spirituelle Autorität, einen geistigen Führer. Er kann aber auch diktatorische Macht symbolisieren, oder jemanden, der urteilt und verurteilt. Ebenso kann ein Priester im Traum auf den Wunsch hindeuten, religiöse Konventionen entweder zu befolgen oder sie im Gegenteil zu meiden.

Professor

Professoren stehen für Wissen, Weisheit und höhere Bildung.

Prophet

Propheten vermitteln Wissen, sie gewähren Hilfe in spirituellen Dingen und vielleicht sogar einen Blick in die Zukunft. Das Symbol kann darauf hindeuten, dass Sie einen Rat benötigen.

Prozess

Wenn Sie im Traum vor Gericht stehen, verweist das darauf, dass Sie von anderen beurteilt werden oder Angst vor einem solchen Urteil haben. Ein Gerichtsprozess im Traum kann außerdem symbolisieren, dass Sie selbst andere zu streng beurteilen.

Prüfung

Wenn Sie davon träumen, eine Prüfung abzulegen, fürchten Sie sich vielleicht vor einem Versagen. Ein ganzer Stapel Klausuren kann bedeuten, dass Sie sich zu oft auf die Probe gestellt fühlen. Wenn Sie im Traum eine Unterrichtsstunde versäumen, ist das ein Hinweis darauf, dass Sie sich auf irgendeine Weise unvorbereitet fühlen.

Prügel

Prügel zu beziehen, steht nach freudscher Deutung in Zusammenhang mit Masturbation oder sexuellen Wünschen. Jemandem Prügel zu verpassen, weist hingegen auf unterdrückte Aggressionen und Hassgefühle für die im Traum verprügelte Person hin.

Pumpe

Sehen Sie im Traum eine Pumpe, dann wird Ihnen die nötige Kraft zufließen, sobald Sie sie brauchen. Eine funktionierende Pumpe kann außerdem für Gesundheit stehen. Ist die Pumpe defekt, lässt das auf eine Panne oder Störung schließen, sodass die Dinge nicht so weiterlaufen können wie bisher.

Puppe

Der Traum von einer Puppe verweist auf Gedanken und Erinnerungen aus der Kindheit. Befindet sich die Puppe in gutem Zustand? Falls ja, sind Sie mit Ihrer Vergangenheit vermutlich im Reinen. Wenn die Puppe hingegen abgenutzt oder kaputt aussieht, kann das ein Hinweis darauf sein, dass Sie gewisse Probleme aus der Vergangenheit beheben sollten.

Rasieren

Gibt es vielleicht etwas in Ihrem Leben, das größerer Ordnung bedürfte oder beseitigt werden müsste? Wenn Sie davon träumen, sich zu rasieren, gibt Ihnen das zu verstehen, dass Sie Ihre Zukunft in der Hand haben. Sich mit einer stumpfen Klinge zu rasieren, weist auf schmerzhafte oder lästige Themen hin. Ein glatt rasiertes Gesicht verheißt eine reibungslose Reise.

Ratte

Ratten werden im Allgemeinen mit Schmutz, Verwahrlosung und Verrat assoziiert. Von einer Ratte oder mehreren Ratten zu träumen, kann die Verschlechterung einer Situation ankündigen. Fragen Sie sich, wer in Ihrem Leben die Ratte, also der Verräter sein könnte.

Rauch

Wenn Sie von einem mit Rauch angefüllten Raum träumen, symbolisiert das eine undurchsichtige Situation. Wenn der Rauch sich andererseits auflöst, steht größere Klarheit bevor.

Raumschiff

Ein Raumschiff kann im Traum eine Reise ins Unbekannte oder eine spirituelle Suche symbolisieren.

Rauswurf

Wenn man Sie im Traum irgendwo hinauswirft, sind Sie vermutlich traurig, weil Sie in eine bestimmte Gruppe oder soziale Konstellation nicht hineinpassen. Das Symbol kann auch darauf verweisen, dass Sie andere im Wachleben zu sehr und zu häufig in Rage versetzen und an ihre Grenzen bringen.

Regen

Ein erfrischender Regenguss wäscht das Alte fort und reinigt. Ein regnerischer Tag lässt im Traum hingegen auf eine bedrückende Situation schließen. Das Prasseln von Regen auf ein Dach symbolisiert häusliches Glück, und den Regenschauer von drinnen zu betrachten, weist auf erwiderte Liebe und verdientes Glück hin. Geht der Regen auf andere nieder, so mag das heißen, dass Sie Ihre Freunde nicht ins Vertrauen ziehen.

Regenbogen

Wir sehen Regenbögen oft nach einem Gewitter, und so weist er auch im Traum auf glückliche Umstände hin, die auf kürzere unerfreuliche Phasen folgen. Ein tiefhängender Regenbogen über sattgrünen Bäumen steht für Erfolg in allen Lebensbereichen.

Regenschirm

Ein Regenschirm steht für Schutz vor widrigen Umständen oder vor einer Gefühlsflut aus dem Unbewussten. Wenn der Regenschirm geschlossen ist und Sie von einem Wolkenbruch durchnässt werden, verweist das auf Ihre Bereitschaft, auf Ihre seelischen Bedürfnisse einzugehen.

Reh

Ein Reh kann im Traum für eine Jagd stehen. Rehe sind zudem anmutige, sanfte und äußerst schreckhafte Geschöpfe. In Volkssagen dienen Rehe bisweilen als Feenboten und können deshalb auch Boten des Unbewussten darstellen.

Reis

Reis dient der Mehrheit der Weltbevölkerung als Grundnahrungsmittel. Von Reis zu träumen, symbolisiert Fruchtbarkeit und glückliche Fügungen.

Religion

Religion im Traum – gleich ob Sie sie ausüben oder darüber diskutieren – kann auf bevorstehende geschäftliche Probleme hindeuten. Hüten Sie sich vor potenziellen Widrigkeiten und vor sich gegen Sie verbündende Mitarbeiter oder Geschäftspartner. Sind Sie im Traum Teil einer religiösen Zusammenkunft, könnte das familiäre Probleme ankündigen. Sind Sie im echten Leben hingegen Landwirt oder arbeiten anderweitig mit Ihren Händen, deutet ein Traum von Religiosität auf zukünftigen Überfluss und Geldsegen hin.

Richter

Wenn Sie in Ihrem Traum selbst der Richter sind, müssen Sie im Wachleben vermutlich eine Entscheidung treffen. Ein Richter kann zudem für Gerechtigkeit und Fairness stehen. Oder er symbolisiert einen Teil Ihrer selbst, der mit Ihrer Impulsivität nicht einverstanden ist. Vielleicht sorgen Sie sich auch, von anderen beurteilt zu werden. Wer richtet gerade über Sie?

Riese

Wenn Sie Angst vor dem Riesen in Ihrem Traum haben, sind Sie sich drohender Schwierigkeiten bewusst, wollen sich ihnen jedoch nicht stellen. Wenn der Riese freundlich wirkt, steigen Sie im Ansehen anderer und ahnen von dem Glück, das Ihnen vermutlich bevorsteht.

Ritter

Ein Ritter symbolisiert Ehre und hohes Ansehen. Brauchen Sie einen Ritter oder verhalten Sie sich selbst wie einer? Ritter tragen zudem eine Rüstung und stehen somit für Schutz.

Rolltreppe

Der Traum von einer Rolltreppe zeigt an, dass man sich langsam, aber stetig emporarbeitet, ob im Beruf oder auf spiritueller Ebene. Wer befindet sich oben an der Rolltreppe? Kann diese Person Sie in Ihrem Vorhaben unterstützen? Hat sie Befehlsgewalt über Sie?

Rose

Die Rose ist ein Symbol für Weiblichkeit und wird mit Romantik, Schönheit und Liebe assoziiert. Bekommen Sie im Traum von jemandem eine Rose geschenkt, deutet das auf ein Liebesgeständnis hin. Eine Rose kann zugleich mit Gut und Böse in Zusammenhang stehen. Zertritt jemand in Ihrem Traum eine Rose, könnte diese Person unlautere Absichten hegen.

Rot

Die Farbe Rot verbindet man in der Regel mit Energie, Vitalität, dem Herzen und dem Blut. Rot kann in einem Traum aber auch auf Wut oder starke Emotionen verweisen, wie in »rotsehen«. Rot lässt darauf schließen, dass der Traum Ihrem tiefsten Innern entspringt.

Rücken

Wenn Sie im Traum Ihren eigenen Rücken sehen, weist das auf Angst vor dem Älterwerden hin. Es könnte aber auch eine Warnung vor einem gesundheitlichen Problem sein. Sehen Sie dagegen den Rücken von jemand anderem, haben Sie vielleicht das Gefühl, dass diese Person sich von Ihnen abgewandt hat, oder Sie befürchten, dass es dazu kommen könnte.

Ruder

Ein Ruder kann Männlichkeit und Stärke symbolisieren. Es taucht ins Wasser, in die Gefühlswelt ein. Starke Ruderbewegungen stehen für ein Bedürfnis nach Konfrontation oder deuten darauf hin, dass Sie gerade ein Problem zu bewältigen versuchen. Haben Sie im Traum nur ein Ruder und rudern im Kreis, kann das bedeuten, dass Sie im Leben nicht von der Stelle kommen und deshalb frustriert sind.

Ruinen

Ein Traum von Ruinen könnte die Verschlechterung einer Situation anzeigen. Bedenken Sie jedoch, dass aus Trümmern stets etwas Neues entstehen kann. Falls Sie eine Reise planen, könnten uralte Ruinen für die Abenteuer auf dieser Reise stehen. Das gilt besonders, wenn es in einen fremden Kulturraum gehen soll. Andererseits mag das Symbol auch ausdrücken, dass Sie Zugang zu verschüttetem Wissen und uralten Weisheiten erlangen können.

Salz

Träume, in denen Salz vorkommt, deuten im Allgemeinen auf unerquickliche Situationen oder ein nachteiliges Umfeld hin. Sind Sie reif für einen Umzug oder eine berufliche Veränderung? Wenn Sie davon träumen, Salz zu sich zu nehmen, kann das ein Zeichen für bevorstehende familiäre Streitigkeiten sein.

Sammeln

Was sammeln Sie in Ihrem Traum? Blumen? Bücher? Worum auch immer es sich handelt, genau diese Sache möchten Sie sich vermutlich auch im Wachen durch Ihre Anstrengungen verdienen. Achten Sie gut auf das Gesammelte und schlagen Sie die Bedeutung in diesem Glossar nach.

Sarg

Ein Sarg kann ein Gefühl der Beengung ausdrücken. Särge stehen außerdem mit dem Tod in Beziehung, also fragen Sie sich, wodurch Sie sich möglicherweise »wie tot« fühlen.

Säulen

Von einem Gebäude mit Säulen zu träumen, weist auf große Weisheit, Intelligenz und Kompetenz hin. Wenn Sie in der Nähe der Säulen stehen, sehnen Sie sich vermutlich nach intellektueller Anregung. Säulen können zudem für sexuelle Leistungsfähigkeit und Potenz stehen. Übrigens befindet sich die jenseitige Akasha-Chronik, in der die Bestimmung Ihrer Seele festgehalten ist, ebenfalls in einem Bauwerk mit mächtigen Säulen.

Säure

Wenn Sie im Traum mit Säure übergossen werden, verspüren Sie derzeit vermutlich starke Ängste. Wenn Sie davon träumen, Säure zu trinken, ist das eine Metapher dafür, dass etwas Sie innerlich »zerfrisst«. Finden Sie heraus, was Ihnen zu schaffen macht, und beheben Sie das Problem nach Möglichkeit.

Schaf

Sehen Sie sich im Traum selbst als Teil einer Schafherde? Das kann ein beruhigendes Bild sein, falls es die Zugehörigkeit zu einer Gemeinschaft symbolisiert. Es kann aber auch auf mangelnde Individualität oder Ihren fehlenden Willen hindeuten, selbst etwas auf die Beine zu stellen.

Schatten

Wenn Sie von Ihrem eigenen Schatten träumen, sollten Sie sich vielleicht mit verborgenen Aspekten Ihres Selbst auseinandersetzen. Möglicherweise akzeptieren Sie die dunkleren Seiten Ihrer Persönlichkeit nicht und projizieren sie auf andere. Der Traum kann Ihnen außerdem bedeuten, dass Sie Ihre Schattenseiten annehmen sollten.

Schatz

Der Traum von einem Schatz verweist auf ein verstecktes Talent oder auf verborgene Fähigkeiten, die Sie jetzt zutage fördern können. Das Symbol könnte zum Beispiel auf eine in Ihnen schlummernde hellseherische Gabe hindeuten.

Schatzkammer

In einer Schatzkammer befinden sich wertvolle Gegenstände. Für die Deutung Ihres Traums ist entscheidend, ob Sie die Schatzkammer öffnen können oder nicht. Falls Sie den passenden Schlüssel besitzen, könnte sie ein Symbol für Reichtum und Wohlstand sein. Wenn Sie die Kammer dagegen nicht öffnen können, mag der Traum bedeuten, dass Sie in Ihrem Streben, Vermögen oder ein bestimmtes Ziel zu erreichen, entmutigt wurden.

Schaufel

Als Werkzeug zum Graben kann die Schaufel im Traum auf die Suche nach etwas oder auf das »Heben« inneren Wissens verweisen. Ebenso symbolisiert sie bevorstehende körperliche oder mühsame Arbeit. Eine zerbrochene Schaufel könnte andeuten, dass Sie Frust im Beruf erleben.

Schauspieler / Schauspielerin

Vielleicht sehen Sie lediglich Ihre eigene oder jemandes Persona; so nennt man die Rolle, die ein Mensch nach außen hin vorzeigen möchte. Wenn Sie im Traum als Schauspieler oder Schauspielerin im Scheinwerferlicht stehen, verweist das auf einen Wunsch nach öffentlicher Aufmerksamkeit oder nach einem exponierteren Leben. Ein solcher Traum kann auch andeuten, dass Sie bloß eine Rolle spielen oder anderen etwas vormachen.

Schere

Gibt es in Ihrem Leben etwas, das Sie am liebsten »herausschneiden« würden? Eine Schere kann das Bedürfnis symbolisieren, etwas von sich abzutrennen. Oder vielleicht hat die Person, die im Traum die Schere benutzt, eine scharfe Zunge.

Schiedsrichter

Schiedsrichter können im Traum einen inneren oder äußeren Alltagskonflikt verkörpern. Können Sie den Streitpunkt ausmachen? Falls ja, wägen Sie beide Seiten ab, verhandeln Sie und finden Sie einen Kompromiss. Manchmal hilft es, einen neutralen Dritten hinzuzuziehen.

Schule

Ein Schultraum kann darauf hindeuten, dass Sie gerade tieferes Wissen erlangen oder Ihr Unbewusstes Lektionen aus dem Wachleben verarbeitet. Kommen Sie zu spät zum Unterricht oder müssen Sie einen Test schreiben, ohne darauf vorbereitet zu sein, fühlen Sie sich einer Sache in Ihrem Leben wahrscheinlich nicht gewachsen. Suchen Sie im Traum das Schulgebäude oder Ihr Klassenzimmer, könnte es an der Zeit sein, sich fortzubilden.

Schiff

Da ein Schiff auf dem Wasser fährt, kann der Traum eine Reise durch Ihr Unbewusstes oder Ihre Gefühlswelt versinnbildlichen. Der Zustand des Schiffs und die Wasserverhältnisse sollten bei der Deutung berücksichtigt werden. Ein Schiff im Sturm kann auf Bedenken hinsichtlich einer stürmischen oder unglücklichen Beziehung oder sonstigen Angelegenheit hinweisen, sei sie persönlicher oder geschäftlicher Natur. Träumen Sie von anderen Menschen, die Schiffbruch erleiden, fühlen Sie sich möglicherweise unfähig, Freunde oder Familienangehörige ausreichend zu schützen.

Schildkröte

Eine Schildkröte kann im Traum für langsame, mühevolle Veränderungen stehen, mit ihrem Panzer ist sie aber auch ein Symbol für spirituelle Entwicklung.

Schlagen

Wenn Sie davon träumen, geschlagen zu werden, haben Sie das Gefühl, dass Menschen in Ihrem Umfeld Sie ausnutzen oder strengstens beurteilen. Wenn Sie im Traum selbst jemanden oder etwas schlagen, hat sich vermutlich Ärger und Verbitterung in Ihnen angestaut, und Sie sollten Ihren Gefühlen freien Lauf lassen.

Schlange

Schlangen sind ein Symbol für Weisheit, Heilung und Fruchtbarkeit und aufgrund der regelmäßigen Häutung auch für Erneuerung. Schlangen können zudem für die Gefahren der Unterwelt stehen. Im Christentum symbolisiert die Schlange Versuchung und die Quelle des Bösen. In einigen östlichen Traditionen ist sie das Symbol für eine Macht, die vom unteren Ende der Wirbelsäule aufsteigt und für Veränderung steht. Die freudsche Deutung setzt die Schlange mit dem männlichen Geschlechtsteil gleich.

Schleier

Ein Traum, in dem eine Person oder ein Gegenstand verschleiert ist, lässt darauf schließen, dass Sie etwas verbergen oder dass etwas vor Ihnen verborgen wird.

Schloss

Ein so majestätisches Bauwerk wie ein Schloss oder eine Burg steht im Traum für Macht und Stärke, Schutz und Sicherheit. Himmelsschlösser sind »Luftschlösser«, sie symbolisieren Fantasien und Illusionen sowie den Wunsch, Ihrer gegenwärtigen Lebenssituation zu entfliehen. Hilfe wird Ihnen schnell zuteilwerden, wenn Sie sie brauchen.

Schluckauf

Möglicherweise sind Ihre Pläne durchkreuzt worden oder könnten bald vereitelt werden, und Sie fragen sich, was wohl der Grund dafür ist. Wenn Sie im Traum Schluckauf haben, verweist das außerdem darauf, dass Sie sich zu sehr an Banalitäten aufhängen.

Schlüssel

Ein Schlüssel kann für einen Teil Ihres Selbst stehen, den Sie weggesperrt haben oder den Sie nun erreichen können, falls Sie über den Schlüssel zu diesem Bereich verfügen. Das Symbol kann auch andeuten, dass Sie den Schlüssel für Ihre eigenen Anliegen besitzen.

Schmerz

Schmerzen im Traum können eine konkrete Warnung darstellen. Wenn Sie den Schmerz sehr deutlich spüren, erleben Sie wahrscheinlich gerade einen halbluziden Zustand und haben den Schmerz auch im Wachleben. Wenn der Schmerz imaginär ist, könnte er Sie mahnen, sich vorzusehen, was andere über Sie denken.

Schmetterling

Schmetterlinge sind friedliche, stille Geschöpfe. Als Traumsymbol stehen sie für Glück und Zufriedenheit, doch sie besagen auch, dass Sie sich vor wankelmütigen Freunden und Kollegen hüten sollten.

Schmuck

In materieller Hinsicht kann Schmuck für Fülle und Wohlstand stehen, allerdings sollten Sie diese Deutung durch zusätzliche Traumelemente bestätigt finden. Ansonsten kann Schmuck auch einen inneren Reichtum, psychische Widerstandskraft oder Heilung symbolisieren.

Schmutz

Eine schmutzige Umgebung kann sich auf für Sie schmutzige Gedanken beziehen. Oder sie kann die Überzeugung repräsentieren, unorganisiert oder unordentlich zu sein.

Schnee

In einer unberührten Landschaft kann Schnee für Reinheit stehen. Da Schnee erstarrtes Wasser ist, mag er zudem eisige Gefühle darstellen. Wenn der Schnee schmilzt, schmelzen vermutlich auch die erstarrten Emotionen. Wenn Sie im Traum in einen Schneesturm geraten, leiden Sie vielleicht unter einer Ungewissheit in Gefühlsdingen oder sind betrübt, weil Sie ein sehnlich erwartetes Vergnügen nicht richtig genießen konnten. Wenn Sie von schneebedeckten Bergkuppen in der Ferne träumen, ist Ihren derzeitigen Bestrebungen möglicherweise kein Erfolg beschieden. Essen Sie im Traum Schnee, verweist das auf Begriffsstutzigkeit.

Schneegestöber

Ein Traum von Schneegestöber symbolisiert bevorstehende Freude und Erregung. Er mahnt Sie außerdem, sich in einer künftigen Auseinandersetzung mit einer geliebten Person nicht zurückzunehmen und Ihre Gefühle offen zu zeigen.

Schokolade

Schokolade symbolisiert das Bedürfnis oder den Wunsch, sich etwas zu gönnen. Sie kann aber auch dafür stehen, dass man mit seinen Genüssen maßhalten sollte.

Schornstein

Von einem Schornstein zu träumen, symbolisiert spirituellen Aufstieg und eine spirituelle Lebenseinstellung. Ihre Träume nehmen derzeit vermutlich klarere Gestalt an, und Sie sollten Ihren Instinkten folgen. Der Traum ist positiv zu verstehen.

Schoß

Ein Schoß symbolisiert Sicherheit, ein bisschen wie bei einem vom Luxus verwöhnten Schoßhündchen. Wenn Sie davon träumen, auf jemandes Schoß zu sitzen, sind Sie vor einer beunruhigenden Situation in Ihrem Leben vermutlich gerade in Sicherheit. Träumen Sie von einer Katze, die jemandem auf dem Schoß liegt, verweist das auf Gefahr durch einen Feind und Verführer.

Schrift

Schrift, etwa ein Schriftzug an einer Wand, kann als Warnung dienen, ein wenig wie in der Redewendung »jemandem etwas ankreiden«. Geschriebenes kann aber auch darauf verweisen, dass Ihr inneres Selbst eine Verbindung zu Ihrem äußerlichen Bewusstsein sucht. Uralte Schriften könnten dafür stehen, dass der Träumende in einer fernen Vergangenheit nach Antworten und Wissen sucht.

Schublade

Der Traum von einer Schublade zeigt an, dass Sie sich nicht länger mit törichtem Zeug, sondern mit der aktuellen Lage befassen sollten. Vielleicht träumen Sie auch von Schubladen, weil Sie einen Teil Ihres Selbst lieber vor der Welt verbergen möchten. Falls Sie im Traum etwas aus der Schublade hervorholen, untersuchen Sie diesen Gegenstand genau, um herauszufinden, welche Seite Ihres Selbst Sie nun offenbar mit Ihren Mitmenschen teilen wollen.

Schuhe

In Schuhen bewegen wir uns vorwärts. Glänzende, neue Schuhe können den Beginn einer Reise ankündigen. Ausgetretene

Schuhe deuten an, dass jemand reisemüde ist oder eine Reise sich ihrem Ende zuneigt. Zwei nicht zusammenpassende Schuhe können dafür stehen, dass eine Reise sehr vielseitig ist. Bedenken Sie auch die Redewendung: »Diesen Schuh zieh ich mir nicht an.«

Schwangerschaft
Träumt eine Frau davon, schwanger zu sein, kann das für einen Kinderwunsch stehen oder ein Hinweis auf eine tatsächlich beginnende Schwangerschaft sein. Das Symbol kann auch etwas vollkommen Neues im Leben verkörpern, eine Idee oder ein Projekt, das im Träumenden heranreift.

Schwarz
Die Farbe Schwarz steht im Traum häufig für Wandel und die Neutralisierung negativer Energien. Sie kann ein gutes Omen sein, je nachdem, wie Sie gefühlsmäßig auf das schwarze Objekt im Traum reagiert haben. Die Farbe Schwarz kann zwar auch Langeweile symbolisieren, doch meistens trifft die erstgenannte Deutung zu.

Schweben
Hierbei kann es sich um einen Astraltraum handeln – Ihre Seele könnte tatsächlich schweben. Ein solcher Traum ist ein sehr gutes Zeichen für bevorstehende erfreuliche Ereignisse. Er steht für glücklichere, hoffnungsvolle und freudige Zeiten.

Schwein
Ein gut gemästetes Hausschwein steht im Traum für Überfluss, während ein mageres, hungriges Schwein etwas Beunruhigendes verheißen kann. Wenn sich Schweine im Dreck suhlen, haben Sie möglicherweise Ihre Ansprüche in Bezug auf eine bestimmte Sache gesenkt, oder Sie winseln wegen etwas um Gnade. Ein quiekendes Schwein weist darauf hin, dass etwas Unangenehmes passiert ist oder bald passieren wird.

Schwert

Das Schwert ist ein Zeichen für Macht und Stärke. Es kann zudem tiefe Einschnitte symbolisieren. Der Traum von einem Schwert könnte darauf hindeuten, dass ein aggressives Vorgehen erforderlich ist.

Schwiegermutter

Ein Traum, in dem Ihnen Ihre Schwiegermutter erscheint, weist auf die glückliche Klärung einer ernstlichen Unstimmigkeit hin.

Schwiegervater

Wenn Sie von Ihrem Schwiegervater träumen, haben Sie vermutlich Angst, auf eine bestimmte Sache nicht gut genug vorbereitet zu sein. Das kann sich auf die Arbeit oder auf ein bevorstehendes gesellschaftliches oder familiäres Ereignis beziehen.

Schwimmen

Ein Traum vom Schwimmen deutet darauf hin, dass der Träumende tief in die Erforschung von Gefühlsangelegenheiten oder seines Unbewussten eingetaucht ist.

See

Freud zufolge symbolisiert ein See die Vagina. C. G. Jung sieht in Seen und anderen Gewässern allerdings ein Symbol für das Unbewusste und für unsere Gefühle. Gemäß der ersten Auslegung kehrt der Träumende, der in einen See springt, in den Mutterleib zurück. Im zweiten Fall erkundet er sein Unbewusstes. Ergibt keine der beiden Deutungen für Sie einen Sinn, untersuchen Sie die anderen Elemente des Traums. Ist der See klar oder trüb? Klares Wasser deutet auf geistige Klarheit und Entschlusskraft hin, bei einem trüben See könnten verworrene Gefühle und Orientierungslosigkeit in Bezug auf ein aktuelles Problem vorliegen.

Seemann

Träumen Sie von einem Seemann, arbeiten Sie vielleicht ganz einfach auf einem Schiff. Im übertragenen Sinne könnte das Symbol darauf hindeuten, dass Sie sich mit Ihrem Unbewussten oder Ihren Gefühlen beschäftigen (s. *Schiff* und *Wasser*).

Segelflugzeug

Ein Flug in einem Segelflieger symbolisiert Hoffnung und Optimismus für die Zukunft. Vermutlich haben Sie das Gefühl, kürzlich einer bedrückenden Lage entkommen zu sein. Das Symbol könnte sich auch auf positive Entwicklungen in einer neuen Liebesbeziehung beziehen.

Selbstmord

Wenn Sie im Traum Selbstmord begehen, stellt das vermutlich eine symbolische Spiegelung der Vorgänge in Ihrem bewussten Dasein dar. Ein solcher Traum könnte eine persönliche Transformation, etwa eine Scheidung, einen Jobwechsel oder einen bedeutenden Einschnitt in Ihrem Leben widerspiegeln. Im Wesentlichen töten Sie Ihre eigene Vergangenheit – Sie werden ein neuer Mensch.

September

Vom September zu träumen, verheißt Glück und Erfolg.

Servietten

Servietten verkörpern im Traum emotionale Zufriedenheit in Ihrem Freundeskreis oder auch mit Ihrem Liebesleben. Andererseits können sie darauf hindeuten, dass Sie sich nach etwas mehr Ordnung in Ihrem Leben sehnen.

Sicherung

Wenn in Ihrem Traum eine Sicherung durchbrennt, lässt das unterdrückten Zorn auf eine bestimmte Person vermuten. Das Symbol kann auch für unerwartete, möglicherweise erschütternde Nachrichten stehen. Machen Sie sich am besten darauf gefasst.

Single

Wenn Sie davon träumen, Single zu sein, deutet das auf einen Unwillen hin, Ihr ungebundenes Leben aufzugeben, und auf die Angst vor erdrückenden Verpflichtungen. Bei einem älteren Menschen drückt ein solcher Traum allerdings das Gegenteil aus: die Angst, alleingelassen zu werden.

Sofa

Ein Sofa steht in Träumen für Selbstanalyse. Finden Sie das Sofa bequem? Falls ja, sind Sie vermutlich mit dem aktuellen Verlauf Ihres Lebens einverstanden. Ist das Sofa durchgescheuert und ramponiert? Dann sollten Sie Ihre Prioritäten überdenken.

Sonne

Ein Traum von der Sonne ist meist recht beliebig und potenziell vieldeutig. Die Sonne steht für Licht, Wärme und Energie. In der Sagenwelt der amerikanischen Ureinwohner symbolisiert sie den Vater oder das männliche Prinzip.

Spaziergang

Der Traum von einem Waldspaziergang steht für berufliche Schwierigkeiten. Wenn Sie von einem Spaziergang am Abend träumen, werden Sie voraussichtlich mit Mühen und Schwierigkeiten zu kämpfen haben. Gehen Sie hingegen an einem angenehmen Ort spazieren, verweist das auf Glück und Wohlwollen. Wenn Sie laufen, aber keinen Schritt weiterkommen, symbolisiert das eine eingefahrene Situation, die Sie ändern sollten.

Speer

Wenn Sie im Traum mit einem Speer auf jemanden zielen, wollen Sie dieser Person möglicherweise Ihren Willen aufzwingen. Wenn Sie den Speer über ein Feld in Richtung eines Berges oder Meeres werfen, kann der Traum andeuten, dass Sie der Welt gegenüber eine starke Aussage treffen.

Spiele

Um einen Traum zu deuten, in dem Sie ein Spiel spielen, sollten Sie gut auf das Spiel achten, und auch darauf, ob Sie gewinnen oder verlieren. Ist es ein Brettspiel, fühlen Sie sich in Ihren derzeitigen Beziehungen und Lebensumständen möglicherweise ein wenig bedeutungslos. Wenn Sie das Spiel gewinnen, ist das ein gutes Omen. Wenn Sie es verlieren, haben Sie im Wachleben vielleicht den Eindruck, dass andere bloß mit Ihnen spielen.

Spinne

Spinnen können eine sorgfältige und tatkräftige Herangehensweise an Ihre Arbeit symbolisieren und deuten zudem an, dass man Sie für Ihre Mühen auf angenehme Weise belohnen wird. Wenn Sie von einer Spinne träumen, die ihr Netz spinnt, wird Ihr Privatleben in nächster Zeit voraussichtlich glücklich und geborgen verlaufen. Mehrere Spinnen auf einmal stehen für Gesundheit und gute Freunde. Die Begegnung mit einer sehr großen Spinne repräsentiert oft einen schnellen Aufstieg zu Ruhm und Vermögen, es sei denn, die Spinne in Ihrem Traum beißt sie, dann symbolisiert sie vermutlich eher den Verlust von Geld und Ansehen.

Spitze (Stoff)

Ein Traum von Spitze verweist auf unerwiderte Liebe und ein starkes Bedürfnis, sich weiblicher zu fühlen. Wenn ein Mann von Spitze träumt, empfindet er vermutlich etwas für die Frau, die sie in seinem Traum trägt.

Sprechgesänge

Im Traum rhythmische Sprechgesänge zu hören, kann zweierlei bedeuten. Wenn die Gesänge laut sind und an Skandieren erinnern, gibt es in Ihrem Leben möglicherweise ein Problem, das Sie bisher übersehen. Ist der Gesang hingegen leise und meditativ, herrscht um Sie herum vermutlich zu viel Trubel, und Ihr Unbewusstes bedeutet Ihnen, dass Sie das Tempo drosseln und sich eine Pause gönnen sollten.

Springbrunnen

Der Traum von einem Springbrunnen steht für langes Leben und Lebenskraft. Ein Brunnen kann zudem auf einen starken emotionalen Sog hindeuten oder auf die eingehende Beschäftigung mit den eigenen Gefühlen. Ein klarer Brunnen symbolisiert große Reichtümer und Freude. Ein ausgetrockneter, verwitterter Brunnen steht dagegen für das Ende von Freude und Genuss. Ein im Mondlicht funkelnder Springbrunnen könnte wiederum auf törichte Genüsse hindeuten.

Springen

Suchen Sie sich die für Sie passende Metapher aus: Sind Sie im Moment dauernd »auf dem Sprung« oder etwa zu »sprunghaft«? Vollführen Sie »Freudensprünge« oder wünschen Sie sich einen »Sprung nach vorn«? Mehrere Sprünge hintereinander können die Vorbereitung für einen Traum vom Fliegen sein. Ein weiter Sprung kann für Erfolg oder große Leistungen stehen.

Spritzen

Spritzendes Wasser oder andere Flüssigkeiten stehen für eine Entladung – häufig eine sexuelle. Wenn eine Frau von spritzendem, quellendem Wasser träumt, verweist das auf unterdrücktes sexuelles Verlangen. Wasser, das aus einem Brunnen rinnt, kann jedoch auch bevorstehende Freude und Glück symbolisieren.

Staatsoberhaupt

Weiter verbreitet als gedacht, deutet ein geträumtes Gespräch mit einem Präsidenten oder anderen Staatsoberhaupt entweder auf ein Interesse an hehren Idealen oder politischen Angelegenheiten hin oder es verdeutlicht das starke Bedürfnis, ein politisches Amt zu übernehmen.

Stachel

Ein Stachel oder Dorn kann alle möglichen Arten von Ärgernissen und Beeinträchtigungen symbolisieren, analog zu der Redewendung vom »Stachel im Fleisch«.

Stapellauf

Der Stapellauf eines Bootes oder auch der Start einer Weltraumrakete steht im Traum für einen erfolgreichen Neubeginn. Üblicherweise bezieht sich das Symbol auf neue Ideen oder finanzielle Vorhaben. Achten Sie darauf, wie der Stapellauf vonstattengeht. Verläuft alles nach Plan?

Stars

Träume von Stars verraten den Wunsch, stärker am gesellschaftlichen Leben teilzuhaben. Sie verweisen zudem darauf, dass ein Teil von Ihnen sich nach Anerkennung für vollbrachte Leistungen sehnt. Ein Traum von Sex mit einem Star ist ganz einfach eine geträumte Wunscherfüllung.

Statue

Von einer Statue oder mehreren Statuen zu träumen, kann für einen Mangel an Dynamik in Ihrem Leben stehen. Außerdem sind Statuen kühl und können deshalb erstarrte Gefühle repräsentieren.

Steine

Steine können für kleine Irritationen oder Hindernisse stehen, die Sie überwinden müssen. Wenn Sie im Traum einen Stein werfen, haben Sie vielleicht Grund, jemanden zurechtzuweisen.

Sterben

Träume vom Sterben stehen für das Ende eines bestimmten Gefühlszustands oder einer noch vorherrschenden Situation. Vom eigenen Tod zu träumen, lässt darauf schließen, dass Sie einem bestimmten Aspekt Ihres Lebens zu wenig Beachtung schenken. Tiere im Todeskampf verweisen auf bedrohliche, negative Einflüsse.

Stickerei

Ein Traum von einer Stickerei kann für verstorbene Menschen aus Ihrem Leben oder für unerfüllte Träume der Vergangenheit stehen. Haben Sie den Eindruck, eine Gelegenheit verpasst zu haben, die mit Ihrer Gefühlswelt zusammenhängt? Gab es eine Trennung, über die Sie in letzter Zeit vermehrt nachdenken mussten? Das Symbol kann auch auf weniger einschneidende Erfahrungen als eine Liebesbeziehung verweisen.

Stier

Ein Stier verheißt den Triumph über schwierige Situationen, mit denen Sie bald konfrontiert werden könnten. Haben Sie Geduld.

Stimmen

Wenn Sie von angenehmen Stimmen träumen, verheißt das glückliche Versöhnung. Wenn die Stimmen dagegen ärgerlich klingen, sollten Sie sich auf Enttäuschungen gefasst machen. Wenn die Stimmen weinen und klagen, werden Sie vermutlich bald einen plötzlichen Wutausbruch haben.

Stirn

Der Traum von einer Stirn verweist auf Sorgen in Bezug auf ein akutes Problem. Vielleicht haben Sie es derzeit nicht leicht, doch das Symbol kündigt an, dass Sie bald eine Lösung finden werden.

Strand

Befinden Sie sich im Traum an einem Strand, stellt dies vermutlich einen Wunsch- oder Entlastungstraum dar: Sie würden gern einmal ausbrechen, Urlaub machen und alle Pflichten hinter sich lassen. Wenn Sie mit jemand anderem am Strand sind, achten Sie darauf, was diese Person tut, und gehen Sie der innewohnenden Symbolik nach.

Straße

Eine Straße bringt Sie von einem Ort zum anderen. Achten Sie auf den Zustand der Straße in Ihrem Traum: Ist sie glatt und gerade, so ist der vor Ihnen liegende Weg vermutlich ein leichter. Eine Straße voller Schlaglöcher und Biegungen kann Sie hingegen mahnen, wachsam und flexibel zu sein, um sich jederzeit auf Veränderungen einstellen zu können. Eine Straßensperre steht für Umwege in Ihrem Leben.

Streit

Wenn Sie im Traum mit jemandem streiten, kann es sein, dass Sie im Wachleben Angst vor zu viel Nähe zu dieser Person haben. Wenn die Person, mit der Sie Streit haben, im Traum eindeutig zu erkennen ist, nehmen Sie Ihre Beziehung zu ihr genauer unter die Lupe und versuchen Sie herauszufinden, wo Ihre Differenzen liegen. Der Traum kann auch darauf beruhen, dass Sie gerade Streit hatten oder einen Streit vorausahnen. Wenn Sie im Traum sehen, wie zwei Personen miteinander zanken, haben Sie vermutlich das Gefühl, dass um Sie herum gerade zu viel Durcheinander herrscht.

Streitwagen

Im Traum einen zweirädrigen Streit- oder Triumphwagen zu fahren, kündigt gute Nachrichten oder Erfolg in einer bestimmten Sache an. Es kann aber auch für eine baldige schicksalhafte Reise stehen.

Stricken

Stricken kann im Traum die kleinen Einzelheiten des Lebens symbolisieren oder auch Frieden im Privat- und Familienleben. Ein Traum vom Stricken könnte ein Rat sein, auf die Gefühlslage Ihrer Liebsten zu achten und sich zu versichern, dass alle glücklich und wohlauf sind.

Stromschlag

Wenn Sie davon träumen, einen Stromschlag zu erleiden, kann das zwei Bedeutungen haben: Erstens könnten Sie von bestimmten Vorgängen in Ihrem Umfeld geschockt sein. Oder aber Sie haben Angst, in einer für Sie wichtigen Beziehung oder in Ihrem Beruf an Macht einzubüßen.

Stromschnellen

Stromschnellen stehen für Gefahr und für die Angst, von den eigenen Gefühlen überwältigt zu werden.

Strudel

Wasser steht für Ihre Gefühle und Ihr Unbewusstes, deshalb kann der Traum von einem Wasserstrudel darauf verweisen, dass Ihre Gefühle sich im Fluss befinden und Sie möglicherweise verführen könnten, wenn Sie sich nicht vorsehen.

Stuhl

Ein Stuhl im Traum besagt gewöhnlich, dass bald Besuch ins Haus steht. Wenn Sie vom Stuhl gestoßen werden, sollten Sie sich auf Probleme am Arbeitsplatz gefasst machen. Wenn es sich bei dem Stuhl um einen Thron handelt, seien Sie vorsichtig bei der Unterzeichnung von Verträgen; ein Geschäft ist vielleicht zu schön, um wahr zu sein.

Sturm

Wenn Sie von einem heraufziehenden Sturm träumen, deutet das auf emotionalen Aufruhr hin. Ein dunkler Himmel und Donner können zudem eine Warnung vor nahender Gefahr sein. Ein Sturm könnte aber auch für rasche Veränderungen im Leben stehen.

Sturzflut

Von einer schäumenden Sturzflut zu träumen, lässt auf größte Unruhe im Gefühlshaushalt des Träumenden oder einer im Traum vorkommenden Person schließen.

Tablette

Im Traum eine Tablette einzunehmen, lässt auf etwas Unerfreuliches schließen, das es »zu schlucken« gilt. Doch sollten erfreulichere Dinge die Folge sein. Geht es in Ihrem Traum um die Antibabypille, ist das als Warnung zu verstehen, bei Ihren sexuellen Aktivitäten Vorsicht walten zu lassen.

Tagesanbruch

Der Tagesanbruch steht dafür, dass sich die Aussichten für ein bestimmtes Vorhaben bessern. Ein düsterer oder verhangener Himmel deutet dagegen auf Unglück bei einem neuen Projekt hin.

Tamburin

Ein Tamburin im Traum symbolisiert Vergnügen bei einer bevorstehenden ungewöhnlichen Unternehmung.

Tanzen

Ein Traum vom Tanzen ruft Assoziationen an Bewegung, Freiheit, Freude und eine glückliche Zeit hervor. Das Symbol deutet zudem auf die Befreiung von Beschränkungen und auf ein tiefes Verständnis Ihres aktuellen Gefühlszustands hin.

Tasse

Achten Sie auf weitere Elemente in diesem Traum. Eine Tasse deutet normalerweise an, dass sich die Antwort auf eine dringliche Frage direkt unter Ihrer Nase befindet.

Tattoo

Tattoos lassen an Fremdartigkeit und Exotik denken. Wenn Sie im Traum Ihren eigenen tätowierten Körper sehen, kann das darauf verweisen, dass eine Schwierigkeit Sie lange von zu Hause oder von Ihrem familiären Umfeld fernhalten wird. Wenn Sie davon träumen, Tätowierer zu sein, könnte das bedeuten, dass Ihre Sehnsucht nach einer außergewöhnlichen Erfahrung Sie von Ihren Freunden entfremden wird.

Tau

Tau verweist auf bescheidene Schätze oder kleine Freuden. Ein Traum von glitzerndem Tau kann baldigen Wohlstand oder Erfolg verheißen. Für Alleinstehende naht möglicherweise eine attraktive Partie.

Taube

Eine Taube ist immer ein positives Traumsymbol und steht für Frieden, Zuneigung, Liebe und Wohlstand. Achten Sie darauf, wohin die Taube fliegt. Entspricht das Ziel Ihrem tatsächlichen Herzenswunsch?

Tauchen

Wenn Sie davon träumen, in ein Gewässer einzutauchen, brechen Sie in Ihrem Wachleben vielleicht gerade zu neuen Ufern auf und stürzen sich ins Unbekannte. Auf einer anderen Ebene symbolisiert ein solcher Traum die Erforschung des Unbewussten. Aus freudianischer Sicht deutet das Symbol darauf hin, dass der Träumende sich in eine neue sexuelle Beziehung stürzt.

Tausch

Wenn Sie davon träumen, eine Sache gegen eine andere auszutauschen, verweist das auf eine kürzlich geänderte Denkweise oder sogar einen Stilwechsel, also auf eine neue Art, sich selbst gegenüber anderen darzustellen. Achten Sie auf die anderen Personen in Ihrem Traum und wie diese auf Sie reagieren.

Tauwetter

Träume vom Tauen stehen für Wiedergeburt und für die Rückkehr zu angenehmeren Umständen. Wenn Sie im Traum schmelzendes Eis sehen, wird eine Sache oder eine Person, die Ihnen derzeit Probleme bereitet, vermutlich bald Freude und Gewinn weichen.

Teich

Ein Teich steht für Seelenruhe und friedvolle Aussichten für den Träumenden oder eine im Traum vorkommende Person.

Telefon

Ein Telefon könnte den Versuch symbolisieren, eine Verbindung zu Ihrem Unbewussten herzustellen. Wenn in Ihrem Traum das

Telefon klingelt und niemand abhebt, ignorieren Sie vielleicht eine Botschaft Ihres Unbewussten. Wenn Sie die Person am anderen Ende der Leitung nur schwer verstehen können, steht das für Kommunikationsprobleme in einer Liebesbeziehung.

Termin

Ein verpasster Termin symbolisiert im Traum etwas Ähnliches wie ein verpasster Zug, Bus oder Flieger: Ihnen ist bewusst, dass Sie eine Chance verpasst haben oder dass sie eine verpassen könnten, wenn Sie nicht schnell genug handeln. Finden Sie heraus, welche Chance das ist, und geben Sie Ihr Bestes.

Teufel

Der Teufel verkörpert Schicksal – etwas, das vorherbestimmt ist – sowie bevorstehenden Wandel. Er kann auch für eine Glück verheißende Heirat stehen. Fürchten Sie sich vor dem Teufel in Ihrem Traum? Wenn Sie verheiratet sind, kann der Teufel Ihren Partner darstellen. Achten Sie gut darauf, was Sie ihm gegenüber empfinden.

Tiere

Tiere können für verschiedene Aspekte Ihrer animalischen Natur stehen – für einen Schutzgeist, Weisheit, Unschuld, raubtierhafte Impulse oder für Sexualität, je nachdem, wie Sie das Tier wahrnehmen. Ein Tier kann auch für den physischen Körper stehen oder eine Metapher für eine körperliche Erkrankung sein. Wenn Ihnen das Tier im Traum keine Angst macht, sondern Sie fasziniert, kann es sich um Ihr Totemtier oder Ihr persönliches Krafttier handeln.

Tiger

Mit seiner Angriffslust und Wildheit steht die Erscheinung eines Tigers für Verfolgung oder schweres Leid. Können Sie einen Tigerangriff im Traum jedoch abwehren, mag das bedeuten, dass Sie bei künftigen Vorhaben außerordentlich erfolgreich sein werden.

Tisch

Wenn Sie von einem leeren Tisch träumen, sorgen Sie sich vielleicht um einen Mangel an Besitz. Ein mit Essen beladener Tisch kündigt hingegen eine Zeit der Fülle an.

Tod

Ein Todestraum ist normalerweise keine Todeswarnung, kann aber auf den Tod verweisen. Wenn Sie im Traum keine Angst angesichts des Todes empfinden, kann das darauf hindeuten, dass Sie in Bezug auf eine gewisse Sache loslassen.

Tor

Ein Tor kann den Durchgang von einem Seinszustand in einen anderen symbolisieren. Gibt es einen Torwächter? Erfüllen Sie seine Anforderungen, um in die nächste Sphäre einzutreten?

Torbogen

Im Traum durch einen Torbogen zu gehen, kann einen Übergang symbolisieren – den Eintritt in eine neue Phase oder ein neues Stadium. Wenn Sie es im Traum vermeiden, den Torbogen zu passieren, deutet das darauf hin, dass Sie sich gegen Veränderung sträuben.

Töten

Wenn Sie davon träumen, jemanden zu töten, ist das keinesfalls eine Warnung, dass Sie zum Mörder werden könnten. Das Symbol stellt vielmehr eine symbolische, aggressive Handlung dar. Je nachdem, wen Sie töten und was die ermordete Person im Traum tut, könnte der Vorgang dafür stehen, dass Sie einen ungeliebten Teil Ihres Selbst abtöten. Was stört Sie an der im Traum getöteten Person?

Totenschädel

Träumen Sie von einem Totenschädel vor gekreuzten Knochen, so ist dieses althergebrachte Zeichen für Gefahr oder sogar Tod als Warnung zu verstehen.

Totgeburt

Der Traum von einer menschlichen Totgeburt symbolisiert ein vorzeitiges Ende oder einen schmerzlichen Umstand in Bezug auf eine aktuelle Angelegenheit.

Trampen

Wenn Sie im Traum trampen, ist das als Warnung zu verstehen, dass Sie sich in letzter Zeit zu sehr von anderen abhängig gemacht haben und mehr Verantwortung für Ihr Handeln übernehmen sollten. Oder das Symbol warnt Sie allgemein, dass Sie sich in Gefahr gebracht haben und in Zukunft vorsichtiger sein sollten.

Tratsch

Wenn Sie davon träumen, dass man über Sie tratscht, sorgen Sie sich vermutlich um Ihr Verhalten in der letzten Zeit und machen sich Gedanken darüber, was andere von Ihnen halten könnten. Wenn Sie selbst im Traum tratschen, haben Sie vielleicht das Gefühl, dass Ihr Einfluss auf eine bestimmte Person in Wirklichkeit nicht so groß ist, wie es scheint.

Treibsand

Träumen Sie von Treibsand, sollten Sie darauf achten, in welche Richtung sich Ihr Leben entwickelt. Stecken Sie bereits im Treibsand fest, so sind Sie vermutlich tief in eine emotionale Angelegenheit verstrickt und sehen keinen Ausweg mehr. Dabei kann es um persönliche wie auch geschäftliche Dinge gehen.

Treppe

Wenn Sie im Traum eine Treppe hinaufsteigen, sind Sie vielleicht gerade auf gutem Weg, ein bestimmtes Ziel zu erreichen. Wenn Sie die Treppe hinabsteigen oder hinunterfallen, verweist das auf einen Absturz in Bezug auf Ansehen oder Wohlstand. Wenn Sie auf einer Treppenstufe sitzen, halten Sie in Ihrem Alltag womöglich gerade inne, um sich Ihrer Lage bewusst zu werden.

Treten

Treten steht im Traum für Feindseligkeit und Wut. Das Symbol kann auch den Wunsch nach Rache an jemandem ausdrücken, der Ihnen Unrecht getan hat.

Trichter

Wenn Sie davon träumen, Flüssigkeit durch einen Trichter von einem Gefäß in ein anderes zu füllen, bezieht sich das meist auf sexuelles Verlangen und den Wunsch, einem bestimmten Menschen in Ihrem Leben näherzukommen. Manchmal tritt ein solcher Traum aber auch auf, wenn der Träumende im Schlaf Harndrang verspürt.

Trinken

Ein Traum vom Trinken kann bedeuten, dass Sie genährt werden oder nach emotionaler Teilhabe dürsten. Das Trinken von Spirituosen kann metaphorisch für die Suche nach spiritueller Nahrung stehen. Bei einem Alkoholiker oder jemandem, der dem Alkohol gefährlich zugeneigt ist, kann ein Traum vom Alkoholtrinken auch als Warnung gemeint sein.

Trommel

Der Traum von einer Trommel oder Trommelschlägen kann einen Urtrieb symbolisieren. Die Trommel steht zudem für Kommunikation, Magie oder sogar für Unternehmergeist, da man etwa auch die Werbetrommel rührt.

Tunnel

Aus freudscher Sicht verweist ein Tunneltraum auf die Vagina, und ein in den Tunnel einfahrender Zug steht für Geschlechtsverkehr. Ein Tunnel kann aber auch die Verbindung zweier Zustände ausdrücken. Wenn Sie den Tunnel verlassen, treten Sie in eine neue seelische Verfassung ein.

Tür

Türen stehen für Öffnung und sich eröffnende neue Chancen. Eine verschlossene Tür deutet auf etwas Unerreichbares oder Verborgenes hin. Wenn Sie eine kaputte Tür sehen, hindert Sie vielleicht etwas daran, eine neue Gelegenheit zu nutzen.

Türklingel

Wenn Sie im Traum eine Türklingel hören, stellen Sie sich darauf ein, bald zu einem Freund oder Verwandten in Not gerufen zu werden.

Türknauf

Wenn in Ihrem Traum ein Türknauf vorkommt, könnte das ganz einfach dafür stehen, dass Sie eine bestimmte Sache besser in den Griff bekommen sollten. Türknäufe oder -griffe sind zudem ein Symbol dafür, von einem Raum, einer Lebensweise in eine andere zu wechseln.

Turm

Der Traum von einem Turm steht im Fall eines Wachturms für Wachsamkeit und im Fall eines Gefängnisturms für Bestrafung und Isolation. Wenn Sie oder eine andere Person sich im Traum in einem Elfenbeinturm befinden, deutet das darauf hin, dass Sie oder die betreffende Person den Kontakt zum Alltag verloren haben.

Turnen

Wenn Sie im Traum Turnübungen vollführen, fühlen Sie sich vermutlich glücklich und befreit, oder Sie wünschen sich diese Art von Gefühlen. Wenn Sie anderen beim Turnen zusehen, sehnen Sie sich nach mehr Einfachheit und Unbeschwertheit.

Überschwemmung

Ein Traum von Überschwemmung oder Hochwasser kann darauf hindeuten, dass Sie von einem steigenden Bewusstsein bisher unbewusster Aspekte Ihres Daseins überwältigt werden.

Eine geträumte Überschwemmung dient manchmal auch als Warnung, weil sich persönliche Angelegenheiten möglicherweise auf andere Lebensbereiche ausdehnen. Eine Überflutung kann zudem für sexuelles Verlangen oder für den Wunsch nach Erlösung oder Entspannung stehen.

Uhr

Eine Uhr ist ein Symbol für Gesundheit. Sie kann aber auch für etwas Vergangenes stehen, das Sie am liebsten nachträglich ändern würden. Seien Sie nicht so streng mit sich.

Umarmung

Wenn Sie jemanden im Traum umarmen, heißt das ganz einfach, dass Sie eine neu erwachte Zuneigung zu diesem Menschen verspüren. Wenn man Sie zu einer Umarmung zwingt, werden Sie im Leben vermutlich gerade streng beurteilt oder kritisiert – nicht unbedingt von der Person, die Sie im Traum umarmen müssen, aber von Ihnen nahestehenden Menschen. Eine Umarmung kann auch dafür stehen, dass Sie sich nach Zuneigung sehnen. Wenn Sie die Person kennen, die Sie im Traum umarmen, hängt die Deutung von Ihrer Beziehung zu ihr ab.

Unfall

Der Traum von einem Autounfall ist normalerweise eine konkrete Warnung, dass man in den nächsten Wochen oder Monaten gut auf sich aufpassen sollte. Ein Traum von einem Skiunfall oder einem Zusammenprall bei sehr hohem Tempo ist ein Entlastungstraum über einen Kontrollverlust: Sie müssen Ihr Leben in den Griff bekommen, bevor alles noch komplizierter wird. Ein Flugzeugabsturz steht in der Regel für geschäftliche oder finanzielle Ängste. Unfälle auf dem Wasser verweisen auf Probleme oder Sorgen in einer Liebesbeziehung.

Ungehorsam

Ein Traum über mangelnden Gehorsam Ihrerseits deutet darauf hin, dass Sie sich in Ihrem Leben gerade zu vielen Einschränkungen unterworfen fühlen.

Uniformierte

Soldaten, Offiziere, Polizisten oder andere uniformierte Personen stellen Autoritäten dar. Erscheinen diese Ihnen im Traum – vor allem, wenn sie Ihnen nicht näher bekannt sind –, kann das auf eine gewisse Skepsis oder Furcht gegenüber Autoritätspersonen hinweisen, oder auf den Wunsch nach Führung durch einen verlässlichen Menschen.

Unkraut

Ein Traum von Unkraut deutet an, dass etwas in Ihrem Leben ausgemerzt werden muss. Ein überwucherter Garten kann symbolisieren, dass etwas in Ihrem Leben vernachlässigt wird.

Unmoral

Wenn Sie davon träumen, unmoralisch zu handeln, ist das als Forderung zu verstehen, Ihren eigenen Ansprüchen und den Ansprüchen anderer besser gerecht zu werden. Das Symbol kann außerdem auf Angstgefühle oder eine akute Furcht vor dem Älterwerden hinweisen.

Unsichtbarkeit

Wenn Sie träumen, unsichtbar zu sein, ist das metaphorisch zu deuten. Sie fühlen sich vielleicht von anderen missachtet und möchten mehr um Ihrer selbst willen geschätzt werden und nicht nur für das Bild, das sich Ihre Mitmenschen von Ihnen machen.

Untergrund

Wenn Sie träumen, sich unter der Erde zu befinden, verweist das häufig auf eine Verbindung zu Ihrem Unterbewusstsein. Die weiteren Traumbilder können Ihnen die Art dieser Verbindung verdeutlichen. Fragen Sie sich, wie Sie sich in der Traumsituation fühlen. Wenn Sie von einer unterirdischen Bahnstrecke träumen, könnte das den Übergang in einen neuen Seinszustand symbolisieren – eine persönliche Transformation.

Unterwäsche
Ein Traum von Unterwäsche kann ein Ausdruck dafür sein, dass Sie etwas preisgeben, was zuvor verdeckt oder verborgen war. Das Symbol zeigt vielleicht an, dass Sie Dinge aus Ihrem Unbewussten an die Oberfläche holen.

Untreue
Oft drückt der Traum von einem untreuen Partner bloß Ihre eigene Angst aus, im Stich gelassen oder betrogen zu werden. In seltenen Fällen kann er jedoch auch eine Warnung sein, dass Ihr Partner tatsächlich fremdgeht.

Urinieren
Ein Traum, in dem Sie urinieren, kann ganz einfach bedeuten, dass Sie eigentlich aufwachen und auf die Toilette gehen müssten. Symbolisch könnte ein solcher Traum auch für den Wunsch stehen, gewisse Unreinheiten in Ihrem Leben zu beseitigen.

Urlaub
Wenn Sie davon träumen, im Urlaub zu sein, handelt es sich in der Regel um eine geträumte Wunscherfüllung. Vielleicht war es Ihnen in letzter Zeit ein bisschen zu langweilig oder aber zu hektisch. Durch einen solchen Traum will Ihr Unbewusstes Ihnen vermitteln, dass Sie eine Verschnaufpause gebrauchen könnten.

Vampir
Der Traum von einem Vampir könnte darauf verweisen, dass Ihnen jemand Ihre Energie entzieht oder Sie ausnutzt. Sie sollten sich in diesem Fall vor Personen hüten, die Ihnen zu viel Zeit und Kraft rauben. Wenn Sie davon träumen, gegen einen

Vampir zu kämpfen oder ihn zu pfählen, verheißt das einen Triumph über einen Menschen mit schändlichen Absichten.

Vater

Die Erscheinung Ihres Vaters in Ihren Träumen kann viele Bedeutungen haben, es kommt ganz auf die Umstände und Ihre persönliche Beziehung zu ihm an. In vielen Fällen symbolisiert ein solcher Traum das Bedürfnis nach gutem Rat in einer schwierigen Situation.

Vaterfigur

Wenn Sie allgemein von einer Vaterfigur träumen, drückt das ein Verlangen nach mehr Beständigkeit aus. Vielleicht möchte Ihr Unbewusstes Sie aber auch vor etwas warnen, das auf Sie zukommt. Wenn Sie der Vaterfigur im Traum negative Gefühle entgegenbringen, zweifeln Sie möglicherweise an Ihrem Platz innerhalb Ihrer Familie. Werden Sie von Ihren Mitmenschen und Verwandten respektvoll behandelt?

Verbannung

Ein Traum davon, verbannt zu werden, kann für drei Dinge stehen: Entweder fühlen Sie sich ausgeschlossen oder bestraft, ob von einem bestimmten Personenkreis oder in einer Beziehung, die Sie sich wünschen. Oder Sie werden beurteilt und kritisiert. Oder aber Sie sind derzeit einfach nur einsam.

Verbluten

Wenn Sie im Traum zu verbluten drohen, empfinden Sie Ihr Gesellschafts- oder Liebesleben möglicherweise als unbefriedigend. Jemand lässt Sie emotional so sehr ausbluten, dass Sie sich völlig kraftlos fühlen.

Verdauung

Ein Traum von Verdauung kann sich sehr direkt auf etwas beziehen, das Sie am Vortag gegessen haben. Das Symbol kann aber auch für spirituelle Nahrung stehen und anzeigen, dass Sie sich gefühlsmäßig enger an die Menschen binden, die Ihnen wichtig sind.

Verfall

Ein Traum von Verfall kann andeuten, dass der Träumende bereit ist, Altes hinter sich zu lassen und Platz für Neues zu schaffen. Auch die Vernachlässigung von Körper oder Geist kann eine mögliche Interpretation sein. Fragen Sie sich, was genau in Ihrem Traum in Verfall begriffen ist.

Verfinsterung / Sonnenfinsternis

Eine kosmische Verfinsterung deutet auf einen Bruch des Alltäglichen hin. Wenn sich etwas verfinstert, endet damit eine Phase der Aktivität. Es kann außerdem bedeuten, dass in Ihrem Leben kosmische Kräfte wirksam sind.

Vergnügungspark

Von einem Vergnügungspark zu träumen, kann bedeuten, dass Sie dringend eine Auszeit von der Beschäftigung mit einem belastenden Problem brauchen. Wenn Sie davon träumen, eines der Fahrgeschäfte zu benutzen, steht das für Lebenslust und Unbefangenheit.

Verkörperung

Wenn Sie davon träumen, jemanden zu verkörpern, also in seine oder ihre Rolle zu schlüpfen, oder auch davon, dass jemand anderes Sie verkörpert, verweist das auf Neidgefühle, die Sie einem nahestehenden Menschen entgegenbringen. Das Symbol zeigt zudem an, dass Ihr Selbstempfinden gefährdet ist.

Verlassenwerden

Träume darüber, von einem Partner, Freund oder von Angehörigen verlassen zu werden, sind ein Hinweis darauf, dass Sie im Wachleben Angst davor haben. Oft steht das Symbol auch für eine schwierige finanzielle Situation – Sie haben Angst, dass Sie nicht in der Lage sind, Ihre Lasten zu schultern. Teils noch präsente kindliche Ängste vor dem Ausgeschlossensein zeigen sich ebenfalls in Verlassensträumen.

Verletzung

Wenn Sie davon träumen, verletzt zu sein, bezieht sich das meist auf Ihre aktuelle Gefühlslage. Vielleicht hat Ihnen kürzlich jemand etwas an den Kopf geworfen oder Sie auf andere Weise enttäuscht, sodass Sie nun tief getroffen sind.

Verlobung

Der Traum von einer Verlobung ist in der Regel ein Entlastungstraum oder eine geträumte Wunscherfüllung. Vielleicht sehnen Sie sich nach mehr Verlässlichkeit in Ihrer Beziehung, um die Zukunft besser planen zu können. Ein Verlobungstraum kann auch ein gutes Omen für bevorstehende erfreuliche zwischenmenschliche Erfahrungen sein.

Verlust

Wenn Sie im Traum etwas verlieren, verarbeitet Ihr Unbewusstes vermutlich gerade den Verlust von etwas sehr Realem in Ihrem Wachleben. Das, was Sie im Traum verlieren, stimmt meist nicht mit dem tatsächlich Verlorenen überein, es ist nur ein Platzhalter für den verlorenen Gegenstand, die verlorene Beziehung oder verpasste Chance.

Verschwinden

In sehr häufig auftretenden Träumen über Verschwundenes sucht der Träumende nach einer Person oder Sache. Wenn Sie nach einem Gegenstand suchen, geht es bloß um einen geringfügigen Verlust. Wenn Sie jedoch nach einer Person suchen, die unauffindbar zu sein scheint, sehnen Sie sich in Wahrheit nach einer engeren Verbindung zu ihr oder möchten sich mit ihr versöhnen, doch Ihr Unbewusstes ahnt bereits, dass diese Hoffnung vergebens ist.

Verseuchung

Dieser Traum kann eine Warnung in Bezug auf Ihre Gesundheit sein. Wenn Sie sich im Traum verseucht oder verunreinigt fühlen, spürt Ihr Körper vielleicht bereits, dass etwas nicht in Ordnung ist. Dieses Traumsymbol kann sich zudem auf zwanghafte Verhaltensmuster beziehen.

Verstecken

Wenn Sie sich im Traum verstecken, sind Sie vermutlich wegen irgendetwas verlegen oder fühlen sich aufgrund Ihres Verhaltens in jüngster Zeit schuldig. Das Symbol könnte auch auf ein neues Gefühl verweisen, gewissen starren Mustern Ihres Alltagslebens zu entkommen.

Verstorbene

Die Erscheinung von bereits Verstorbenen im Traum stellt gewöhnlich eine Warnung dar. Wenn die Personen munter und glücklich wirken, symbolisieren sie mögliche Einflüsse auf Ihr Leben. Wenn Sie von einer verstorbenen Person träumen, die Ihnen nahestand, kann es sich aber auch um einen tatsächlichen Besuch des Verstorbenen im Traum handeln.

Verstümmelung

Geträumte Verstümmelung steht dafür, dass etwas zerfällt, bevor man es wieder zusammensetzen kann. Es bezieht sich auf das Zusammenfügen der Teile Ihres eigenen Lebenspuzzles.

Vertrag

Wenn Sie im Traum einen Vertrag sehen, haben Sie im Alltag vermutlich finanzielle Sorgen. Wenn Sie den Vertrag unterzeichnen, sollte sich alles wieder zum Guten wenden. Tun Sie es nicht, könnte das Symbol eine Warnung vor schlechten beruflichen Entscheidungen sein.

Vieh

Von gesundem, zufriedenem Vieh auf einer grünen Weide zu träumen, verheißt Wohlstand und Glück. Umgekehrt weisen schwache, unterernährte Rinder im Traum darauf hin, dass Sie Ihre Energie auf die falschen Dinge richten. Eine panisch davonstürmende Viehherde lässt vermuten, dass etwas in Ihrem Leben außer Kontrolle geraten ist.

Vögel

Das Erscheinen eines Vogels im Traum steht möglicherweise für den Wunsch, frei zu sein, davonzufliegen oder auch vor etwas zu fliehen. Ein Vogel ist fast immer ein gutes Omen. Er kann zudem ein spirituelles Symbol sein; bei einigen Stämmen amerikanischer Ureinwohner steht der Adler für spirituelles Wissen. Wenn eine Frau von schön gefiederten Vögeln träumt, wird sie vermutlich bald einen Liebespartner finden, der gut zu ihr passt.

Vorfahren

Wenn Sie von einem Vorfahren träumen, kann das bedeuten, dass Sie sich Sorgen wegen Ihrer Ehe oder bevorstehenden Eheschließung machen. Vielleicht suchen Sie in der Vergangenheit nach Antworten. Was sagt Ihnen der Vorfahre im Traum? Nehmen Sie seine Worte nicht als Ratschlag, denn normalerweise sind Sie selbst der Sprechende und artikulieren Ihre Ängste.

Vulkan

Ein Vulkanausbruch oder ein rauchender Vulkan können dafür stehen, dass sich starke Gefühle in Ihnen Bahn brechen und geäußert werden sollten, bevor Sie explodieren.

Wachstum

Wachstum bezieht sich im Traum auf Ihren Gefühlszustand. Wenn Sie gerade und weit in die Höhe wachsen, ist das ein gutes Omen. Wenn Sie in irgendeiner Weise verkrümmt wachsen, deutet das auf emotionale Kämpfe hin, aus denen Sie jedoch klüger und stärker hervorgehen werden.

Wächter

Wenn Sie im Traum einen Wächter sehen, könnte das darauf hindeuten, dass Ihnen etwas für Sie Wertvolles vorenthalten wird. Was liegt derzeit außerhalb Ihrer Reichweite? Hat die Sache etwas mit Ihren Gefühlen oder mit einem wertvollen Gegenstand zu tun? Vermutlich sehnen Sie sich vor allem nach Zuneigung oder Liebe von einem Menschen, der Ihnen nahesteht.

Waffe

Waffen können die männlichen Genitalien symbolisieren. Die Bedeutung des Traums lässt sich am besten ergründen, indem Sie untersuchen, wer die Waffe hält und wie sie eingesetzt wird.

Wahlen

Wenn Sie im Traum um ein Amt kandidieren, sehnen Sie sich vermutlich nach mehr Macht und Einfluss auf andere. Das Symbol kann aber auch darauf hindeuten, dass Sie sich für Ihre Mühen nicht ausreichend gewürdigt fühlen. Wenn Sie die Wahl im Traum gewinnen, können Sie darauf hoffen, dass wunderbare Veränderungen Sie in Ihrem Leben erwarten.

Wahrsager

Sie wünschen sich einen guten Rat von einem Menschen, dem Sie vertrauen. Es geht allerdings nicht um eine grundlegende Entscheidung, die Ihr Leben völlig verändern könnte. Wägen Sie alle Risiken ab und erstellen Sie eine Liste mit Vor- und Nachteilen.

Wal

Wale sind gewaltige Säugetiere, der Traum von einem Wal kann deshalb bedeuten, dass Sie sich mit einem enormen Projekt herumschlagen. Das Symbol kann in diesem Fall auch für Überforderung stehen. Als Wasserbewohner können Wale zudem auf die Beziehung zwischen Ihrem Selbst und Ihren Gefühlen beziehungsweise Ihrem Unbewussten verweisen.

Wald

Ein Wald steht für die Erforschung des Unbewussten. Er kann außerdem das Bedürfnis oder die Sehnsucht symbolisieren, sich aus dem Alltag zurückzuziehen, um die Lebensenergie zu erneuern und zu stärken. Wenn Sie von einem üppigen, dicht belaubten Wald träumen, kann das Wohlstand und Genuss verheißen, doch ein sehr dichter, düsterer Wald mag auch für Unannehmlichkeiten in Privatleben und Familie stehen.

Waldbrand

Ein Waldbrand symbolisiert die erfolgreiche Umsetzung Ihrer Vorhaben – Reichtum und Wohlstand werden folgen. Der Brand kann aber auch für Leidenschaft und ein gesundes Verlangen nach einem geliebten Menschen stehen. Achten Sie darauf, wer eventuell sonst noch in Ihrem Traum vorkommt.

Wandschrank

Wandschränke oder auch Abstellkammern sind Orte, in denen man etwas lagert oder versteckt. Falls Sie im Wachleben etwas verbergen, könnte der Traum ein Hinweis darauf sein, dass es an der Zeit ist, das Geheimnis zu lüften.

Waschen

Wenn Sie im Traum etwas waschen, versuchen Sie vielleicht, Ihr Selbst zu reinigen oder zu läutern. Wenn ein Fleck sich nicht auswaschen lässt, verweist der Traum möglicherweise auf eine Sorge aus der Vergangenheit, die sich um Schuldgefühle dreht.

Wasser

Wenn in Ihrem Traum Wasser eine Rolle spielt, bezieht sich das meist auf Gefühle oder das Unbewusste. Aus freudscher Sicht steht Wasser für Sexuelles, häufig für die weiblichen Geschlechtsorgane (s. auch *See, Ozean, Fluss* und *Wellen*). Wenn Sie von klarem Wasser träumen, kündigt das Freude an. Trübes, schlammiges Wasser deutet dagegen darauf hin, dass Ihnen Kummer bevorstehen könnte. Wenn eine junge Frau davon träumt, durch klares Wasser zu waten, wird sich aller Wahrscheinlichkeit nach ihr Herzenswunsch erfüllen. Wenn man davon träumt, wie Kinder durchs Wasser waten, symbolisiert das künftiges Glück. Bewegtes Wasser steht für Probleme in Herzensangelegenheiten oder in der Kommunikation mit einem geliebten Menschen.

Wasserfall
Da Wasser für Gefühle und das Unbewusste steht, kann der Traum von einem Wasserfall entsprechend eine plötzliche bis einschneidende Veränderung im Gefühlshaushalt des Träumenden symbolisieren.

Weggabelung
Sie werden bald eine Entscheidung treffen müssen. Das Symbol bedeutet Ihnen, in Ihrer aktuellen Situation den Weg des geringsten Widerstands zu wählen.

Wein
Wenn Sie im Traum Wein trinken, kann das auf einen Grund zum Feiern hindeuten. Es kann außerdem für einen gehobenen oder sonst wie veränderten Gemütszustand stehen. Aus spiritueller Sicht symbolisiert Wein oftmals einen Wandel. Für einen Alkoholiker oder für eine Person, die schon einmal unter einem Alkoholiker gelitten hat, können Wein und andere alkoholische Getränke aber auch für einen negativen Einfluss stehen.

Weinen
Wenn Sie im Traum weinen, kann das verdrängte Trauer ausdrücken, häufig in Liebesdingen. Es kann aber auch auf sich lösende Schwierigkeiten hindeuten. Versuchen Sie dieses spezielle Symbol nicht krampfhaft auszudeuten, sondern lassen Sie Ihr Unterbewusstsein die Lösung für Sie finden.

Weintrauben
Trauben verweisen im Traum auf bevorstehenden Spaß und freudige Zeiten. Seien Sie weniger pragmatisch und nehmen Sie

die Dinge, wie sie kommen. Handeln Sie spontan, und alles wird sich zum Guten wenden. Weintrauben stehen außerdem für den Wunsch nach Liebe oder Flirten. Das Symbol könnte aber auch eine Warnung sein, darauf zu achten, wofür Sie in den kommenden Monaten Ihr Geld ausgeben.

Wellen

Wellen stehen für die Kraft des Unbewussten. Mächtige, sich brechende Wellen können entsprechend machtvolle Gefühle ausdrücken, sanfte Wellen dagegen ein ruhiges Gemüt.

Wertgegenstände

Wenn Sie im Traum Wertgegenstände finden, kann das für ein gesteigertes Selbstwertgefühl oder die Entdeckung innerer Ressourcen stehen.

Wettrennen

Rennen oder fahren Sie im Traum um die Wette, befinden Sie sich vielleicht gerade in einer ungesunden Wettbewerbssituation oder stehen unter Zeitdruck. Ein Wettrennen kann als Botschaft verstanden werden, dass es Zeit ist, die Dinge entspannter angehen zu lassen.

Widder

Träumen Sie davon, dass ein Widder mit gesenkten Hörnern auf Sie zustürmt, so sind Sie auch in Ihrem Wachleben vermutlich gerade Angriffen ausgesetzt. Ist Ihnen der Widder bereits sehr nah, werden Sie wahrscheinlich wenig Zeit zum Reagieren haben. Greift er aus der Ferne an, so bleibt Ihnen Zeit, um sich gegen den Angriff zu wappnen. Grast der Widder friedlich auf einer Weide, weist das auf mächtige Verbündete an Ihrer Seite hin.

Wiege

Falls Sie bereits ein Kind haben, kann eine Wiege sehr buchstäblich zu deuten sein. Sie kann jedoch auch einen Kinderwunsch ausdrücken. Wiegen stehen für Schutz und Geborgenheit. Wenn die Wiege Schäden aufweist, haben Sie vielleicht das Gefühl, einem geliebten Menschen keine ausreichende, verlässliche Stütze zu sein.

Wind

Weht in Ihrem Traum ein sanfter Wind, könnten Sie bald ein beträchtliches Erbe von einer Ihnen nahestehenden Person erhalten, und nach einer Zeit der Trauer winkt Ihnen neues Glück. Wenn Sie davon träumen, sich gegen starke Böen zu stemmen, besagt dies, dass Sie mutig und willensstark sind und Versuchungen widerstehen können. Sie werden Erfolg haben. Wenn Sie im Traum allerdings gegen Ihren Willen vom Wind davongeweht werden, erleben Sie möglicherweise gerade Enttäuschungen in der Liebe und im Berufsleben. Der Traum von stürmischem Wind verheißt geschäftliche Fehlschläge.

Wirbelsturm

Wirbelstürme sind rasend schnelle, schreckliche und zerstörerische Naturgewalten. Im Traum deuten sie darauf hin, dass Ihr Wunsch nach einer schnellen Lösung für ein bestimmtes Problem enttäuscht werden könnte.

Witz

Wenn Sie im Traum selbst Zielscheibe des Spotts sind, fühlen Sie sich möglicherweise ausgenutzt oder glauben, dass andere schlecht über Sie reden könnten. Erzählen Sie im Traum jedoch selbst den Witz, wünschen Sie sich mehr Aufmerksamkeit und sollten öfter unter Leute gehen.

Wolf

In den Sagen der amerikanischen Ureinwohner steht der Wolf für gute Heilkunst und gilt als symbolischer Spurensucher – er ist also ein weiser Lehrmeister. Der Traum von einem Wolf ist in der Regel glückverheißend. Andererseits kann das Symbol auch für einen einsamen Mann stehen, der auf aggressive Weise einer jungen Frau nachstellt, ähnlich wie im Märchen vom Rotkäppchen.

Wolken

Dunkle, tief hängende Gewitterwolken, die mit Wetterleuchten oder Blitzen heranrollen, können für den Zorn stehen, den eine bestimmte Situation in Ihnen auslöst. Ein grauer, verhangener Himmel könnte anzeigen, dass Sie in einer bestimmten Angelegenheit nicht klar sehen. Was bedarf in Ihrem Leben der Klärung? Weiße, bauschige Wolken, die an einem blauen Himmel dahinziehen, deuten darauf hin, dass sich Dinge klären werden.

Wüste

Unter einer Wüste stellt man sich gemeinhin eine karge Landschaft vor, in der so gut wie nichts gedeiht. Sie kann symbolisch für Angst vor dem Tod oder auch vor Unfruchtbarkeit stehen. Doch eine Wüste kann ebenso verborgene Schönheit und verborgenes Leben versinnbildlichen, das sich der normalen Wahrnehmung entzieht.

Wut

Wenn Sie im Traum wütend sind, deutet das darauf hin, dass Sie sich aufgrund kürzlich getroffener Entscheidungen über sich selbst ärgern. Sind Sie auf jemand anderen wütend, hegen Sie möglicherweise einen Groll gegen diese Person und sollten sich bald damit auseinandersetzen.

Zahnarzt

Ein geträumter Zahnarztbesuch muss nicht unbedingt symbolisch zu verstehen sein. Steht Ihnen bald eine Untersuchung bevor oder sollten Sie dringend mal wieder einen Termin vereinbaren? Falls nicht, können Zahnärzte im Traum auch für Schmerz oder für Autoritätspersonen stehen. Der Traum von einem Zahnarzt kann zudem auf Ihr Vertrauen zu Ihren Mitmenschen anspielen.

Zähne

Im Traum Zähne zu verlieren, kann einen Macht- oder Gesichtsverlust ausdrücken. Das Symbol könnte zudem eine Metapher für ein loses Mundwerk oder gedankenloses Gerede sein. Wenn Sie im Traum Ihre Zähne begutachten, behandeln Sie einen aktuellen Umstand vermutlich mit Vorsicht. Zähneputzen steht dafür, dass eine gewisse Anstrengung notwendig ist, um Ihre Stellung zu wahren. Wenn Sie Ihre Zähne bewundern, weil sie so strahlend weiß sind, deutet das darauf hin, dass der Wunsch nach einer angenehmen Beschäftigung und ganz allgemein nach Glück sich erfüllen wird. Wenn Sie davon träumen, sich selbst Zähne zu ziehen und dann mit der Zunge die Zahnhöhle abzutasten, verweist das auf Furcht vor einer bevorstehenden Situation. Schadhafte Zähne drücken negative Gefühle in Bezug auf Ihr Aussehen oder Wohlbefinden aus.

Zaun

Der Traum von einem Zaun könnte bedeuten, dass Sie sich »eingezäunt« fühlen. Ein Zaun kann Ihnen den Weg versperren, Sie aber auch schützen.

Zebra

Ein Traum von galoppierenden Zebras deutet darauf hin, dass Sie sich flüchtigen Dingen hingeben. Träumen Sie von einem wilden Zebra in freier Wildbahn, wagen Sie sich möglicherweise an etwas heran, das unbefriedigend enden könnte. Hüten Sie sich vor Zebras mit bunten Streifen.

Zeder

Die Zeder ist ein Symbol für feste Überzeugungen und Gesundheit. Sie kann aber auch für Erdung stehen. Sollten Sie sich vielleicht wieder mehr auf die elementaren Dinge des Lebens besinnen?

Zeitung

Träumen Sie von einer Zeitung, so sind Sie vielleicht nicht ganz auf dem neuesten Stand und Ihr Unbewusstes rät Ihnen, sich einen besseren Überblick zu verschaffen. Eine Zeitung ist zudem ein positives Omen für bevorstehende fröhlichere Zeiten.

Zelt

Ein Zelt bietet Schutz und erinnert viele Menschen an Ihre Campingurlaube. Ein Zelt im Traum könnte andeuten, dass Sie mal wieder rauskommen und dem Alltag entfliehen sollten.

Zeltlager

Was ein Zeltlager im Traum symbolisiert, hängt stark von Ihrer Gefühlslage ab. Wenn es Ihnen im Zeltlager gefällt, steht es vermutlich für die Sehnsucht nach Jugend, Spaß, Freiheit und dem Abschütteln von Alltagszwängen. Fühlen Sie sich dagegen unwohl, haben Sie vielleicht den Eindruck, dass Ihnen jemand die Schau stiehlt und Sie um die einfachen Freuden des Lebens bringt.

Zeremonie

Ein Traum von einer Zeremonie zeigt an, dass Sie gerade in eine neue Lebensphase eintreten. Begrüßen Sie die Veränderungen? Gefällt Ihnen die Zeremonie in Ihrem Traum? Von einer Zeremonie zu träumen, ist ein gutes Zeichen: Etwas Positives bricht an.

Ziege

Eine Ziege steht für die Natur und für Weiblichkeit – für Pflege und Umsorgen. Wenn die Ziege in Ihrem Traum frisst, wünschen Sie sich vermutlich mehr Verlässlichkeit in Ihren Beziehungen. Die Ziege steht zudem für den Monat Januar und das Zeichen des Steinbocks.

Zigarette

Dieses Traumsymbol kann eine Ermahnung darstellen, sich mehr auf die wichtigen Dinge zu konzentrieren, statt sich mit

Unsinnigem abzugeben. Falls Sie rauchen, kann dieser Traum auch eine ganz konkrete Mahnung sein, damit aufzuhören.

Zoo
Wenn Sie von einem Zoo träumen, fühlen Sie sich vielleicht wie in einem Käfig. Das Symbol kann zudem für Chaos stehen, weil man sich in turbulenten Situationen manchmal »wie im Affenhaus« vorkommt. Der Zoo kann auch eine Zeit der Erholung, Entspannung und Freude heraufbeschwören.

Zug
Ein Zug steht fürs Reisen. Wenn der Zug stillsteht, könnte der Traum auf ein gewisses Hindernis in Ihrem Leben verweisen. Wenn Sie Ihr Gepäck im Zug nicht finden können, machen Sie sich möglicherweise Sorgen, dass Sie für eine bestimmte Reise nicht bereit sind. Wenn Sie in einem ruhig dahingleitenden Zug sitzen, für den es aber keine Gleise gibt, sind Sie vielleicht über etwas beunruhigt, das sich am Ende jedoch zur allgemeinen Zufriedenheit lösen wird. Sitzen Sie im Traum im falschen Zug, sollten Sie vermutlich Ihre Reiseroute oder Ihren Weg im Allgemeinen ändern.

Zuhause
Der Traum von einem Zuhause oder von Heimat verweist in der Regel darauf, wie der Träumende sich gerade fühlt. Das Symbol kann sich auch auf das Familienleben beziehen. War das Heim in Ihrem Traum gemütlich oder chaotisch? Haben Sie sich dort wohlgefühlt? Wer war sonst noch da?

Zwerg
Zwerge bringt man traditionell mit besonderen Zauberkräften in Verbindung. Der Traum von einem Zwerg ist meist recht beliebig und schwer zu deuten, er kann beispielsweise auf einen verkümmerten Zustand verweisen. Wenn das Wachstum eingeschränkt ist, muss man andere Wege finden.

Zwillinge

Ein Traum von Zwillingen kann andeuten, dass es bei einem Anliegen zwei verschiedene Seiten gibt oder dass Ihre Persönlichkeit zwei Eigenschaften vereint. Wenn Sie im Traum Zwillinge sehen, symbolisiert das häufig auch Sicherheit in Bezug auf eine geschäftliche Angelegenheit oder Treue innerhalb der Familie.

Zypresse

Eine Zypresse kann eine Reise ans Mittelmeer symbolisieren. Sie steht außerdem für Ganzheit und Unsterblichkeit. Darüber hinaus ist der Baum ein Zeichen für Sicherheit und Weisheit.

Endnoten

1   Deutsche Übertragung von Friedrich Behrmann, aus: *Die Lyrik des Abendlandes*, hrsg. von Simone Frieling (Anaconda, 2009)

2   C. G. Jung: *Erinnerungen, Träume, Gedanken*. Hrsg. von Aniéla Jaffé. Olten: Walter 1971, S. 306.

3   Judith Orloff: *Jenseits der Angst – Eine Ärztin findet den Weg zu ihren außersinnlichen Fähigkeiten*. München: Heyne 1997, S. 266.

4   William Brugh Joy: *Der Weg der Erfüllung*. Interlaken: Ansata 1985, S. 97.

5   Brugh Joy: Der Weg der Erfüllung, S. 99.

6   Ann Faraday: *Deine Träume – Schlüssel zur Selbsterkenntnis. Ein psychologischer Ratgeber*. Frankfurt am Main: S. Fischer 1978, S. 72.

7   Faraday: *Deine Träume*, S. 75.

[8]   Patricia Garfield: *Kreativ träumen.* Interlaken: Ansata 1980, S. 109.

[9]   Orloff: *Jenseits der Angst*, S. 133.

[10] Orloff: *Jenseits der Angst*, S. 134.

[11] Orloff: *Jenseits der Angst*, S. 135.

[12] P. D. Ouspensky: *Ein neues Modell des Universums.* Basel: Sphinx 1986, S. 266.

[13] Ouspensky: *Ein neues Modell des Universums*, S. 273.

[14] Jane Roberts: *Die Natur der persönlichen Realität – Ein neues Bewußtsein als Quelle der Kreativität.* Genf: Ariston 1985, S. 309.

[15] Roberts: *Die Natur der persönlichen Realität*, S. 311 f.

[16] Malcolm Godwin: *Der Traum – Ein Führer durch die Welt des Wachens und Schlafens.* München: Knesebeck 1995, S. 176.

[17] Godwin: *Der Traum*, S. 189.

[18] Orloff: *Jenseits der Angst*, S. 266.

[19] Michael Harner: *Der Weg des Schamanen – Das praktische Grundlagenwerk zum Schamanismus.* München: Ariston 1999, S. 53.

[20] Harner: *Der Weg des Schamanen*, S. 154.

[21] Harner: *Der Weg des Schamanen*, S. 155.

[22] Godwin: *Der Traum*, S. 106.

[23] John Perkins: *Und der Traum wird Welt.* Wessobrunn: Integral 1995, S. 229.

[24] Perkins: *Und der Traum wird Welt*, S. 43 f.

Register